마음 지구력
MENTAL ENDURANCE

마음 지구력

삶의 경로를 재탐색하는 발칙한 끈기에 대한 이야기

윤홍균 지음

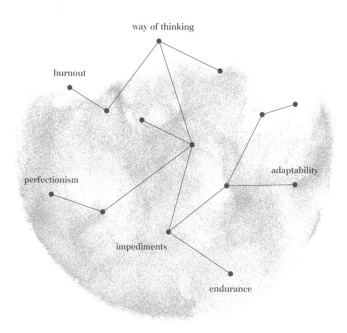

way of thinking

burnout

perfectionism

adaptability

impediments

endurance

MENTAL ENDURANCE

21세기북스

진료실에서 듣는 이야기는 힘들기만 할까? ———————

내가 정신과 의사라고 하면 사람들은 "정말 힘드시겠어요"라는 말을 자주 한다. 내가 해야 하는 말인데, 오히려 듣는 경우가 더 많아서 민망할 지경이다. 하루 종일 우울한 얘기만 들을 텐데, 얼마나 지치겠냐며 걱정해주는 분들이 많다. 사실 내담자들의 이야기를 듣는 건 그다지 힘들지 않다. 가끔 이 일을 그만둘까 고민도 하지만, 의료 정책이나 행정적인 문제 때문에 스트레스를 받아서지 내담자 때문에 지치는 경우는 거의 없다.

게다가 내담자들이 항상 힘든 얘기만 하는 것도 아니다. 치료 초반에는 힘겨웠던 이야기, 아픈 이야기를 털어놓지만 시간이 지나면 달라진다. 증상이 사라지고 편안해지면서 건강한 이야기를 많이 한다. 내용만 달라지는 게 아니다. 목소리, 표정, 삶을 대하는 태도와 인간관계의 기술까지 확연히 다른 사람이 된다. 내담자 이 야기를 들으며 '나도 저렇게 살아야겠구나'라고 감탄할 때가 많다.

치료자들은 회복의 과정을 함께한다. 아팠던 사람이 건강한 사람이 되고, 중독자가 회복자가 되고, 도움이 필요했던 사람이 남을 돕는 사람으로 변하는 과정을 본다. 소진을 반복하며 패배주 의에 빠지고, 낮은 자존감으로 악순환하던 사람이 똑같은 환경과 유전자를 지니고도 꾸준하게 도전하는 사람, 성공할 때까지 버티 는 사람으로 변화하는 과정을 본다.

의료 서비스의 범위가 넓어지면서 정신의학의 범위도 달라진 결과다. 공황 증상, 우울감, 무기력과 충동성 같은 증상을 끊어내 는 것뿐만 아니라, 성격이 순화되고, 매력을 획득하고, 리더십을 익혀서 성공으로 가는 과정까지 함께한다. 마치 피부과 의사들이 습진이나 무좀 같은 병만 치료하는 게 아니라 뷰티와 항노화까지 다루는 것처럼 말이다.

성장은 전염된다

그렇게 20년 동안 참 많은 사람과 이야기를 나눴다. 때로는 내담 자가 너무 연약해서 측은지심이 들었지만, 그 사람들이 강해지고 능력 있는 사람으로 변화하는 과정을 생생히 목격했다. 그건 참 아름다운 광경이었다. 겨울 같았던 마음이 녹고, 성장하고, 결실을 맺는다.

나는 오랫동안 내담자의 성장 스토리를 들었다. 그들은 본인의 경험담을 들려주었고, 나는 그 이야기를 통해 성장했다. 그런 경험이 지금 아픈 사람들을 도와줄 수 있는 중요한 힘이 되었다.

성장은 상호적으로 일어나며 선순환한다. 나도 내담자들에게 배우고, 감탄하고, 서로를 응원한다. 그들을 더 돕고 싶어서 책을 읽고, 강연을 듣고, 스승님들에게 배웠다. 내담자와 함께 중독에서 벗어나고, 무기력을 떨치고, 감사하는 능력을 키웠다.

나도 많이 변했다. 예전에는 속 좁고 나약한 치료자였는데, 그때보다 능력 있고, 건강한 사람이 되었다. 베스트셀러 작가가 되고, 여러 매체에서 부름을 받고, 그러면서 성공한 사람들도 많이 만나게 되었고 그들의 노하우와 성공 비결까지 듣게 되었다.

의사가 쓰는 성공 이야기, 그 핵심은 회복력 ─────────

그래서 이번에는 성공에 관한 책을 쓰기로 했다. 의사라고 해서 "이러면 안 된다", "이건 나쁘다"라고만 말하던 시대는 지났다. 아픔을 위로하고 지식을 전파하는 과정도 중요하지만, 그것만으로는 현대인에게 충분하지 않다. MZ세대 젊은이들이 배고픔에서 벗어났다고 만족하지 않는 것처럼, 이제는 성공한 인생을 살아야 건강하다고 느끼는 시대가 됐다. 기분은 행복해야 하고, 사람들과 교류하며 사랑해야 하고, 경제적으로도 남들에게 뒤지지 않으면서 자유로운 삶이 진짜 건강한 삶이 됐다. 이를 악물고 버티는 것을 넘어 잘 사는 것을 꿈꾸고, 그 꿈에 다가서게 도와주는 것이 전문가가 할 일이다.

이제까지 실패만 반복하던 사람들이 어떻게 회복하고, 성공할 수 있었을까? 나는 그 과정에서 공통적인 특징 몇 가지를 발견했다. 회복하는 과정에서 나오고, 회복을 앞당기는 힘이기에 회복력이라 부르고 있다. 회복력은 세 가지 힘이 복잡하게 얽히면서 작용한다.

첫째는 지구력이다. 이는 정신의 체력이기도 하고 끈기나 인내, 무언가를 시작하면 오래 지속할 수 있는 능력을 말한다. 지구력이 부족하면 번아웃, 즉 소진 증후군에 시달리기에 항소진력, 안티 번아웃 포스라고도 이름 붙였다. 운동으로 치면 심폐 지구력과 비슷하다. 재미와 성과가 없어도 꾸준히 지속하며 그만두지 않고 버티는 힘. 정신적 체력을 얼마나 많이 만들고 낭비하지 않는가가 마음 지구력을 유지하는 비결이다.

둘째는 공감 능력이다. 이 능력은 가장 유명하면서도 가장 평가절하를 받고 있다. 중요하다는 것을 알지만 공감 능력을 키우려는 사람은 거의 없다. 공감 능력은 체격으로 치면 등이나 어깨, 가슴이나 하체 근육처럼 쓸모도 많고 매력이 발산되는 커다란 골격근이다. 이 능력이 부족하면 자신의 감정에도 공감하지 못하기 때문에 작은 상처에도 크게 다친다. 그리고 남들에게 받는 시기나 질투, 분노 같은 부정적인 감정에 쉽게 흔들린다. 공감은 일종의 방패 역할을 한다. 공감 능력을 키우면 부정적인 감정을 쉽게 소거시키고, 긍정적인 감정은 에너지원으로 승화시킬 수 있다. 지구력이 현재의 소진에서 벗어나도록 돕는다면, 공감 능력은 상처가 덧나지 않고, 잘 아물 수 있도록 돕는 새살 연고 같은 역할을 한다. 과거를 치유하는 능력이다.

셋째는 적응력이다. 이 개념은 완벽주의나 완고함, 지조나 고집에 대비된다. 나에게 맞춰 상황을 바꾸려고 의지를 불태우는 게 아니라 상황에 맞춰 자신을 바꿔나가는 힘이다. 융통성이라고 불리고 도전 정신, 경험주의와도 상통하는 개념이다. 적응력이 있는 사람들은 과감하게 시도하고, 일이 잘 안 풀릴 때 좌절하지 않고 플랜 B를 가동시킨다. 앞서 말한 지구력과 공감 능력과 어우러지면 가볍지 않고, 선을 넘지 않으면서 활력과 에너지를 만들어 낸다. 몸의 근육으로 비유하면 심폐 지구력과 큰 골격근 사이에서 탄력을 만들어주는 코어 근육으로 작용한다. 복싱 선수들이 통통 튀면서 스텝을 밟듯이 우리의 인생을 경쾌하게 만드는 힘이다. 이 힘은 우리에게 새로운 미래를 만들어준다.

왜 회복력이 중요할까?

현재 대한민국 사회는 코로나에서 벗어난 정신적 해방감과 고금리, 고물가, 전쟁 여파에 억눌린 경제적 침체기가 맞물려 있다. 국민의 평균 학력은 높아졌지만 그로 인한 취업 문제가 생겼고, 자존감이 중요하다는 사실은 상식이 되었지만 SNS 발달로 인한 비교와 자괴감 문제는 어느 때보다 정신건강을 위협하고 있다. 여기에 남녀 간의 갈등, 세대 간의 갈등, 연애도 어려운 각자도생의 세파 속에서 다들 화가 났지만, 위로나 지지를 받을 수 없는 외로움까지 더해지고 있다.

이런 이중적인 상황에서는 희망적인 청사진에 거부감이 들고, 힐링과 위로를 전하는 감성은 비현실적으로 다가온다. 성공에 대한 열망은 있지만 그만큼 도태될까 봐 공포를 느낀다. 지금이야말로 회복력이 중요한 상황이다. 상처는 치유하고, 불안과 공포를 버티면서, 자신의 잠재력을 완전 연소시켜야 하는 위기와 기회가 혼재되어 있다. 그런 상황에서는 앞에 말한 세 가지 힘 지구력, 공감 능력, 적응력을 각각 관리하는 것이 중요할 수밖에 없다.

이 책은 여러분에게 회복력을 향상시키고 유지하는 방법을 알려줄 것이다. 글이 다소 투박하고 무료하더라도 잘 읽어주길 바란다. 친절하고 따뜻한 글을 쓰고 싶지만, 아직 냉소와 차가운 습성이 남아서 독자 여러분의 마음을 아프게 하지나 않을지 걱정이 된다. 하지만 글을 읽으면서 여러분이 회복력을 체험하고 강해질 수 있도록 최선을 다할 예정이다. 모두가 건강하게 회복하고, 더불어 성공까지 나아가는 데 이 책이 도움이 되길 바란다.

2024년 1월
마포에서 윤홍균

차례

PART 2
어제의 결승선이 오늘의 출발선이 되는 순간

CHAPTER 3
공감이 능력이다
▸▸▸ 감정의 방해물 치우기

CHAPTER 4
나를 살리는 제1시스템

▶▶▶ 방어력 강한 사람들의 생각법

PART 3

주저하는 당신을 위한 '조금 특별한 끈기' 이야기

☑ 소진되어갈 때 나타나는 증상들

☐ 만성 피로에 시달리거나 커피, 술, 담배 등의 물질로 버틴다.

☐ 운동을 해야 한다는 건 아는데 운동할 기운이 없다.

☐ 식사를 거르거나 대충 때우는 횟수가 늘었다.

☐ 짜증이 나고 화가 나는데, 지나고 보면 사소한 일이었다.

☐ 모든 게 내 잘못 같고, 자책이 늘었다.

☐ 감정 기복이 심해져 주변에서 걱정을 한다.

☐ '내 인생은 어디서부터 잘못된 걸까?'라는 생각을 한다.

☐ '내가 하는 일이 다 이렇지 뭐'라는 생각을 한다.

☐ 열심히 해도 예전처럼 성과가 나지 않는다.

☐ 자기 전에는 잠들기가 아깝고, 아침에는 더 자고 싶다.

☐ 과거에 안 좋았던 일이 자주 떠오른다.

'지쳤다'는
마음을
이해하는 일

CHAPTER I

큰 성공이 아닌
'적당한' 성공이 답이다

▶▶▶ 번아웃의 출구 찾기

토끼는 거북이와의 경주에서 낮잠을 잤다.
왜 그랬을까?
피곤해서 그런 게 아니었을까?

왜 하필
번아웃부터
시작하는가

성공하기 위해서는 실패를 이해해야 한다 ————————

다이어트에 실패하던 사람이 열심히 노력해서 5킬로그램을 빼는 데 성공했다. 그런데 그동안 너무 지쳐서 다시 폭식을 하고 6킬로그램이 쪘다. 이를 과연 성공이라고 할 수 있을까? 아니다. 1킬로그램이 쪘으니 실패다.

돈을 버는 것도 마찬가지다. 열심히 절약하고 재테크를 해서 10억을 벌었다. 그런데 10억을 버는 동안 쌓인 극도의 스트레스를 풀어보겠다고 다음 날 20억을 써버렸다. 결과적으로 이 사람은 10억을 잃은 사람이 된다.

이 책은 '성공'에 관한 책이지만 먼저 '실패'를 이해하는 것이 중요하다. 원하는 목표를 이루었어도 다음 단계에서 무너져버리면 결과가 달라지기 때문이다.

우리는 실패에 대해 제대로 알고, 예방하고, 건강하게 수습하는 법에 대해 이야기할 것이다. 그런 관점에서 당신이 지금 실패했다고 너무 움츠러들 필요는 없다. 당신은 누구보다 실패에 대해 잘 알고 있는 사람이다. 앞으로는 시행착오를 미루고, 작더라도 잔잔한 성공을 쌓아가는 경험을 통해 큰 성공에 도달할 수 있다.

실패의 또 다른 이름, 소진

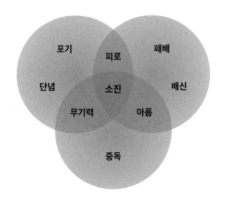

실패가 발생하는 방식은 무수히 많지만, 모든 실패를 관통하는 공통점이 있다. 바로 '소진 증후군'이다. 소진 증후군이란 일에 몰두하던 사람이 극도의 신체적·정신적 탈진 상태에 빠져 아무것도 못하겠다는 생각과 패배주의에 빠지는 현상을 말한다.

돌이켜 보면, 내가 이제까지 만났던 수만 명의 환자들이 공통적으로 호소하던 증상도 "지쳤습니다"였다. 자존감이 낮은 사람들은 자신을 믿지 못하고 금방 단념하는 것에 지쳤고, 끔찍한 기억 때문에 고생하는 사람들은 악몽과 과민성, 재경험 되는 증상에 지쳤다. 공황 장애를 앓고 있는 사람들은 두근거림과 숨참, 죽음에 대한 공포에 지쳐서 병원을 찾았다.

과도한 자책에 시달리는 사람들, 남 탓이나 자기합리화 같은 미숙한 방어기제를 사용하는 사람들도 마찬가지였다. 이들은 성장 과정에서 적절한 롤 모델을 찾지 못했거나 애정결핍에 시달린 경우가 많았다. 흉흉한 뉴스 속에서 안전지대를 확보하지 못했기 때문에 정서적으로 기댈 곳이 없었다. 그러니 심리적 여유가 없고, 만성적인 스트레스와 이로 인한 세로토닌 결핍에 시달리고 있었다.

중독 문제도 마찬가지다. 자주 지치니까 자꾸 뒤처지고, 그래서 불안하고, 불안을 잠재우느라 중독 물질에 의지하는 현대인들이 얼마나 많은가? 밤에는 스트레스를 이유로 술에 의존하고, 낮에는 멍하다는 이유로 카페인에 기대어 하루하루를 살아간다.

사실 심리 문제를 호소하는 현대인 대부분은 소진 증후군에서 벗어나고자 발버둥 치는 사람들이다. 에너지가 충전되고 의욕이 생겨야 증상이 치료된다. 스스로 에너지를 관리할 줄 알아야 치료를 졸업하고 자신을 돌볼 수 있다.

번아웃만 막아도 실패하지 않는다 ─────────

정신과 의사들은 번아웃과의 전쟁을 치르고 있다. 진료실에서 자주 만나는 감정 기복, 자존감 저하, 세상에 대한 부정적인 선입견,

불면이나 식욕 부진 등의 신체 기능 저하, 모든 게 불가능해 보이고 하기 싫은 양가감정 등의 증상은 모두 소진 증후군의 대표 증상들이다. 열심히 살다 보니 자주 지치고, 힘을 내보려고 발버둥을 치다가 인간관계까지 영향을 받는다.

요즘처럼 문명이 급속도로 발달하는 사회에서는 적응해야 할 것들이 너무나 많다. 일상생활을 영위하는 것 자체가 에너지 소모이기 때문에 정신 에너지를 어떻게 관리하느냐가 성공과 실패를 나누는 시발점이 된다. 뇌의 에너지를 흑자로 유지하면서 성공까지 가느냐, 그리고 그 성공을 지키면서 100세 시대를 살아가느냐가 진짜 문제다. 그렇기에 번아웃을 예방하고, 삶의 에너지를 지속하는 힘이 인생의 핵심 기술이 될 것이다.

하지만 신중하게 접근해야 한다. 열심히 하는 것만 강조하면 에너지가 바닥날 것이고, 힐링과 만족만 강조하면 포기하는 삶을 살라는 뜻으로 비칠 수 있기 때문이다. 우선 정신 에너지의 개념부터 알아야 한다. 의욕이 생긴다는 것이 뇌에서 어떤 반응을 일으키는지를 알아야 에너지를 관리할 수 있다. 뇌에서 어떤 회로가 반짝거려야 가슴이 두근거리는지, 도전 정신이 생기고, 동기가 부여되는지 알아보자. 정답은 뇌 깊은 곳에 자리 잡은 '보상 중추'에 숨어 있다.

보상 중추, 인생의 가속페달

02

도대체 어떤 기분이길래

중학교 1학년 애국 조회 시간, 쌀쌀맞기로 유명했던 3학년 누나가 단상 위에 올라가 상을 받은 적이 있었다. 전교 1등을 했다는 호명을 받자 평소에는 상상할 수 없던 너털웃음을 짓는데, 좀 바보 같아 보일 정도로 입이 함박만 했다. 복권이라도 당첨된 사람처럼 세상을 다 가진 표정이었다. 나는 운동장 맨 뒤에서 그 모습을 보며 난생처음으로 강렬한 부러움을 느꼈다. '1등을 하면 얼마나 기분이 좋길래 저런 표정이 나오나?' 하는 호기심도 발동했다. 소심하고 늘 소극적이던 나에게 그날 처음으로 '나도 1등 해보고 싶다'라는 갈망이 생겼다.

그 일을 계기로 나는 중요한 사실 두 가지를 체험했다. 첫째는 욕심이 생기니 괴로움을 잊는다는 사실이었다. 욕구는 진통 효과가 강력했다. 그날 이후로 내 머릿속에는 1등이 된 내 모습이 새겨져 있었다. 단상에 올라가 박수를 받고, 짝사랑하는 여학생 앞에서 당당하게 어깨를 편 장면이 재생됐다. 그런 상상은 나를 각성하게 했다. 주말에 공부해도 억울하지 않았고, 좋아하는 드라마나 코미디 프로그램 앞에서 TV를 끄는 것도 가능해졌다. 성취에 대한 욕구는 사사로운 감정을 억압시켰다.

둘째로 무언가를 하겠다고 선언하는 행동이 상당히 효과적이라는 사실을 알게 되었다. 그날 가족들과 저녁을 먹으면서 "앞으로 1등을 해볼 겁니다"라고 말을 꺼냈다. 어머니는 "그래, 해봐라. 너라고 못할 거 없다"라고 하시며 조용히 웃었다. 그건 참 특별한 경험이었다. 행동을 하니 관심을 받았고, 기분이 좋으니 진짜 열심히 했다.

물론 그렇게 이야기가 끝나지는 않았다. 모든 사람이 내가 원하는 반응을 준 것도 아니고, 다시 예전 모습으로 되돌아가기도 했다. 하지만 내가 변하자 세상도 변하는 경험은 나에게 상당히 의미 있는 사건이었다.

행동을 가능하게 하는 보상 중추의 힘

돌이켜 보면, 그때 내가 겪은 일련의 과정은 뇌의 보상 중추가 작용한 결과였다. 인간의 뇌에는 측좌핵(복측피개 영역)이라는 부위가 있다. 뇌 가장 깊은 곳에 자리한 이 부위가 활성화되면 기분이 좋아지기에 쾌락 중추, 쾌감 중추라고도 부른다.

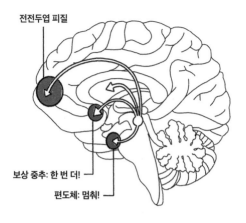

전전두엽 피질

보상 중추: 한 번 더!

편도체: 멈춰!

인간의 행동을 결정하는 3대 영역
1. **보상 중추** 긍정적인 감정과 "한 번 더!" 신호를 만듦
2. **편도체** 부정적인 감정과 "멈춰!" 신호를 만듦
3. **전전두엽 피질** 감정적인 판단에 치우치지 않고 현명한 판단을 돕는 이성을 추구함

보상 중추가 중요한 이유는 인간의 행동을 이끌어내는 가속페달 역할을 하기 때문이다. 무언가를 했더니 기분이 좋아지면 인간은 그 행동을 더 하고 싶어진다. 감정적으로 행복해야 동기가 부여되고 해내고 싶은 욕구가 생긴다. 이성(rationality)이 중요한 것은 사실이지만, 이성적으로 행동하는 것도 기분이 좋아지는 결과가 있어야 가능하다. 만족감은 갈망을 만들고, 뇌에서 "한 번 더!"라는 메시지가 생성된다.

1등 누나의 웃음을 보면서 활성화된 나의 보상 중추는 그 후로도 계속 자극을 받았다. 결심하면서 한 번, 선언하면서 한 번, 어른들의 피드백을 받으면서 한 번 더 활성화됐다. 공부는 힘든 것, 하기 싫은 것이라고만 생각했는데, 나중에는 공부가 기회로 느껴졌다.

인간은 보상에 약하다. 이반 파블로프(Ivan Pavlov)의 실험에 나오는 개와 비슷하다. 종소리가 날 때 간식을 주다 보면, 나중에는 종소리만 들어도 개가 침을 흘린다. 생각하고 뭐고 할 것 없이 이미 몸이 반응한다.

베르나르 베르베르(Bernard Werber)의 소설 《뇌》에도 비슷한 이야기가 나온다. 보상 중추에 전극을 꽂고 성공할 때마다 자극을 줬더니 평범한 사람이 엄청난 동기 부여를 얻어 세계 체스 챔피언이 되었다는 이야기다.

'부모가 행복해야 자식이 행복하다'는 말도 비슷한 맥락이다. 긍정적 피드백을 자주 받을 수 있는 환경이 자녀의 보상 중추를 자극할 가능성이 높기 때문이다. 기분이 좋아야 도전 정신이 생긴다.

인생의 활력소가 될 것인가, 급발진이 될 것인가

보상 중추는 우리의 인생에 속도를 부여한다. 자동차로 치면 액셀러레이터 역할이다. 의욕을 불러일으키고 심장을 두근거리게 만든다. 하지만 늘 성공의 길로 이끄는 것은 아니다.

이 보상 중추의 존재가 가장 두드러지는 장소가 카지노라고 생각한다. 도박 중독에 빠지는 사람들은 공통적으로 승리기(winning phase)라고 불리는 강렬한 자극을 경험하며 시작된다. 생각하지 못했던 행운의 순간을 경험하면 뇌의 보상 중추는 강한 자극을 받는다. 이런 경험을 한 이후의 뇌는 더 이상 이성적인 판단이 불가능할 정도가 된다. 도박 중독자들은 다들 "다시는 도박 안 해! 이번이 마지막이야!"를 외치지만, 뇌에서는 이미 "한 번 더!"라는 강력한 메시지가 생성된 상태다.

이처럼 보상 중추가 우리에게 해로운 것과 만나면 에너지는 엉뚱한 방향으로 흐른다. 인생을 성공으로 이끄는 것도 보상 중추지만, 파멸의 길로 이끄는 시작점에도 보상 중추가 있다. 돈, 성공, 명예, 인류애가 보상 중추와 닿아 있다면 다행이지만 흡연, 과소비, 탄수화물, 음주, 쾌락이 연결되면 인생은 급발진 사고를 일으킨다.

우리 모두에게는 인생의 가속 스위치가 있다. 하지만 무엇이 그 버튼을 누르냐에 따라 행복한 삶과 실패한 삶으로 나뉜다. 뜨거운 열정과 패기로 성공의 반열에 올랐던 사람들이 마약이나 불륜 등의 스캔들로 주저앉는 경우가 얼마나 많은가. 뇌 깊은 곳에 자리 잡은 이 뜨거운 액셀러레이터를 어떻게 다루느냐는 성공을 추구하는 모든 사람의 딜레마다.

더 이상
열정이 생기지 않는
사람들

03

재밌는 것도 없고, 하고 싶지도 않고 ────────────

우리의 뇌에 보상 중추가 있다고 해서 늘 의욕적이고, 무언가를 하고 싶은 마음만 생기는 건 아니다. 자동차에 연료를 넣고 시동을 걸면 앞으로만 나갈 것 같지만 고장이 나기도 하고 멈추기도 한다.

나를 찾아오는 많은 내담자가 보상 중추가 식어버린 증상을 이야기한다. "선생님, 요즘 아무 의욕이 없어요. 아무것도 하고 싶지 않아요"라고 말하는 어른들도 있고 "공부를 왜 해야 해요? 저는 학교에 갈 필요가 없어요"라는 청소년들도 있다. "선생님, 우리 부부는 이제 완전히 끝났어요. 부부 치료나 상담도 필요 없어요. 해봤자 소용도 없고요"라며 관계에서 희망을 잃은 사람들도 보상 중추가 차갑게 식어버린 사람들이다. 이들에게는 '한 번 더!'라는

목표가 생기지 않는다. 이런 현상을 번아웃, 소진 증후군이라고
부른다.

어쩌다 이렇게 되었을까? 특히 열정적이고 성실한 사람들이
소진 증후군을 겪는 경우가 많기에, 이들은 당황해하고 죄책감을
느끼며 우울증으로 이어지기도 한다. 자기 탓도 해보고, 성격 탓
이나 세상 탓도 해보지만, 원인을 찾는다고 해서 에너지가 생기는
것도 아니기에 소진에서 벗어나는 게 쉽지 않다.

그럴 땐 인생을 돌아보는 시간이 필요하다. 오늘 어떤 일이 발
생했다면 그것은 분명히 과거가 원인이 되어 일어난 사건이다. 우
리의 보상 중추가 식어버리기 전까지 어떤 과정이 있었을까? 일의
관점에서 봤을 때 우리의 인생은 크게 다섯 시기로 구분할 수 있다.

1 │ 환상이 꽃피는 시기

인생의 봄날이며 아름다운 순간이다. 보통 10대 때 이렇다. 하고
싶은 것이 생기고, 욕심이 나기 시작하는데, 대개 환상이 함께한
다. 에너지를 만들기 위해서는 어쩔 수 없다. 가수를 꿈꾸는 사람
은 가수에 대한 환상, 의사를 꿈꾸는 사람은 의사에 대한 환상을
가진다. 그 일을 하면 행복할 것 같고, 내가 그걸 잘할 것 같고, 긍
정적인 기대가 꿈을 만들어낸다.

2 │ 초록의 나무처럼 성장하는 시기

폭풍 성장을 하는 시기다. 취업을 원하는 사람에게는 취준생 시

기, 운동선수에게는 훈련을 하는 시기다. 일에 대한 생각으로 머릿속이 꽉 차고, 하나하나 만들어가는 느낌이 든다. 지칠 때도 있지만 성장하고 있다는 사실이 보상 중추를 자극한다. 무언가를 준비하는 시기는 외롭지만 매력적이다. 대개 20대 초반이 이렇다. 외모도 많이 바뀌고, 어른 대접을 받는다.

이때의 문제는 결과물이 없다는 것이다. 성장세는 가파르지만 사회적 쓸모를 획득하지는 못한다. 노력은 했는데 결과가 없으니 점차 다급해진다. 이대로 미완성으로 끝나면 어쩌나 하는 공포와의 싸움이다. 불안이나 부담감이 보상 중추를 식혀버리지 않게 하는 것이 관건이다.

3 | 땔감의 시기

나무를 베고 목적에 맞게 가공하면 드디어 인간에게 이바지하기 시작한다. 싱그러움은 사라지지만 사회적 쓸모를 획득한다. 가구나 자재가 될 수도 있고 땔감이 되어 따뜻함과 안전감을 만들 수도 있다. 사회 초년생, 직장을 다니기 시작한 때는 땔감의 시기다. 사회화가 이루어지면서 인간 사회에 필요한 역할을 한다. 잘 마른 목재처럼 이리저리 뛰어다니며 일을 한다.

그렇다고 사회적 가치가 충분한 건 아니다. 이들의 기능에는 한계가 있다. 캠핑 갔을 때를 떠올려보자. 바비큐 초보자들은 장작에 불이 활활 타오를 때 고기를 굽는다. 센 불에 구워야 맛있다고 생각하기 때문이다. 하지만 겉만 타고 속은 그대로다. 사회 초년생 시절이 그렇다. 열정은 불타오르지만 성과를 내기는 어렵다. '길을 잘못 택했나?', '동기들은 일도 척척 해내는데, 난 언제까지 잡일만 하고 있어야 해?' 하는 자괴감과의 싸움이다.

4 | 숯처럼 최대의 효율을 내는 시기

나무에 붙었던 불이 사그라들어야 진가를 발휘한다. 숯이 되었을 때, 그제야 고기를 제대로 구울 수 있다. 사회인으로도 은은한 화력을 내는 숯과 같은 시기가 있다. 일중독의 시기다.

이때는 일이 보상 중추를 자극하고, 쾌감과 성취 사이에서 선순환이 일어난다. 조직을 이끄는 에이스가 되는 시기이며 생산성이 높다. 일을 얼마나 잘하느냐가 그 사람의 가치와 함께 간다. 일이 재밌고, 일을 할 때는 괴로움을 잊는다. 의욕도 올라간다.

하지만 이때도 문제는 있다. 경쟁이 치열한 현대사회에서 일이 잘된다는 것은 분명 무리를 하고 있다는 의미이기 때문이다. 자신이 가진 것을 100퍼센트 이상 쏟아붓고 있는 상황이다.

우리말에 '애쓰다'라는 표현이 있는데, 애는 간을 뜻한다고 한다. 내 속을 다해 건강을 갈아 넣고 있거나 사랑을 포기하고 있거나 가족들에게 무심한 경우가 많다. 일에 집중하고 있다는 것은 다른 무언가를 외면하고 있다는 뜻이다.

5 | 모든 게 타버리고 재만 남은 시기

결국 모든 것은 타버린다. 아무리 보상 중추가 도파민과 천연 모르핀을 만들어도, 뇌는 영구 기관이 아니다. 인간은 음식 없이는 에너지를 만들 수 없고, 일정 시간의 휴식 없이는 방전될 수밖에 없다.

이런 일이 사춘기 때 발생하면 청소년 우울증, 육아를 할 때 발생하면 육아 우울증, 중년에 발생하면 갱년기의 위기라고 한다. 아무것도 하기 싫고, 해봤자 안 될 것 같고, 힘을 내서 반짝 에너지를 당겨보지만 결국 지친다. 잔불만 남은 잿더미처럼 더 이상 불타오르지 않는다. 고기나 고구마를 구울 수도 없고, 자연 그대로의 매력도 상실했다. 이런 시기를 우리는 소진 증후군의 시기라고 한다. 여러 단계를 통해서 도달하는 복합적인 단계다.

소진을 인식하지 못하는 이유

사람은 대부분 소진 증후군이 다가오고 있음을 깨닫지 못한다. 의사가 얘기를 해줘도 받아들이지를 못한다. "다들 이 정도로 열심히 하지 않나요? 내가 뭘 했다고 지쳐요?", "제가 가장인데 지치면 어떡해요. 다른 집 아빠들은 이러지 않는데 저는 왜 이리 나약하죠?"라는 반문은 아주 흔한 일이다.

소진은 갑자기 생성되는 게 아니다. 중독의 단계를 포함해 여러 과정을 거치는 복합적인 결과물이다. 그래서 본인이 인식하기 어렵다. 중독이라는 병의 가장 큰 특징이 '부정(denial)'이다. 술 취한 사람이 "나 안 취했어!"를 연발하는 것과 같은 이치다. 뇌의 전전두엽 피질에서 이성적인 판단을 해줘야 하는데, 뇌가 지쳤으니 상태를 제대로 인지하지 못한다. 그래서 본인은 지칠 자격이 안 된다고 생각하는 사람들이 많다. 엄마 배속에서부터 머리둘레와 키를 비교당하는 게 우리의 인생인데, 스트레스가 없을 리가 있나. 태어날 때부터 시작된 경쟁과 평가는 모두를 소진의 위험군에 속하게 만든다.

특히 일에 대한 환상이 있고, 업적을 통해 자존감이 높아진 경험을 해본 사람들이 많이 지친다. 이들은 쉬어야 한다는 사실을 받아들이기 어려워한다. 일중독은 다른 중독과는 달리 칭찬을 받으면서 진행된다. 알코올 중독자가 되기 위해 조기 유학을 떠나거나 도박 중독자가 되기 위해 학원에 다니는 사람은 없다. 하지만 어릴 때는 공부 중독, 커서는 일중독은 사회적으로도 추앙받는 분위기다. 소진 증후군은 현대인이 가지는 영광의 상처다. 경쟁 사회에서 살아남은 영예로운 훈장이다.

그러니 의사로부터 일을 줄이고 휴식을 취하라는 말을 들었다고 "아, 그렇군요! 쉬겠습니다" 하는 내담자는 없다. 헤어지라는 연애 조언을 들은 사람처럼 허탈해한다. 쉬는 방법도 모르고, 이미 일상이 톱니바퀴처럼 빼곡하게 일로 채워져 있다. "제가 쉬면 누가 대신 일해주나요?", "선생님이야 여유가 있으니까 그런 말씀을 하시죠. 저에게는 너무 이상적인 얘기라고요!" 같은 반응을 보인다.

그래서 나도 "쉬세요", "자신만의 시간을 가져보세요", "그렇게 애쓰지 않아도 세상은 돌아갑니다" 같은 말은 하지 않을 것이다. 그게 가능했다면 당신이 이 책을 열어보지도 않았을 테니까. 실현 불가능한 충고는 잔소리에 불과하다. 나까지 그러고 싶지는 않다.

지금 우리가 해야 할 일은 소진을 이해하는 것이다. 처음에는 열심히 해보려고 덤볐는데 어쩌다가 정신 에너지가 바닥난 것인지 그 과정을 알아야 자신을 이해할 수 있다. 우리는 왜 소진 증후군에 취약한지, 그게 우리 인생에 어떤 문제가 되고 어떤 식으로 작용하는지를 알아야 한다. 이해와 공감이 있어야 에너지를 충전할 수 있다. 우리는 어쩌다 이렇게 된 걸까?

한국인은
왜 소진 증후군에
취약할까

04

대프리카와 강베리아

6.25전쟁에 참전했던 미군 상이용사의 인터뷰를 본 적이 있다. 처음 경북 지역에 배치받아 전투를 시작했는데 하필이면 그때가 여름이었다. 그래서 그는 한반도가 열대 지방이라고 생각했다. 습기와 열기가 너무 강해서 일사병에 걸리는 전우들이 속출했기에 그의 부대는 반소매 전투복을 많이 요청했다. 그러다 연합군의 승리가 거세지며 북진을 시작했다. 그때 하필 강원도 인근을 지나고 있었는데 산간 지역의 겨울은 얼마나 추운가. 시베리아의 강풍이불어 장비와 식량도 다 얼어붙었다. 수많은 병력이 동사했다고 말하며 그는 눈물을 흘렸다.

가슴 아픈 이야기지만, 나는 그 얘기를 들으면서 한 가지 궁금증이 해결됐다. 한국인들이 왜 이렇게 열심히 살고, 투쟁적으로 움직이는지 그 원인을 찾은 것이다. 인간은 자연환경의 영향을 받을 수밖에 없다. 그런데 한국은 게으르거나 느긋하게 살기에는 겨울이 너무 춥다. 추수가 끝나면 바로 김장하고, 이불 챙기고, 땔감을 모아야 얼어 죽지 않는다. 우리 부모님 세대가 근면 성실과 남눈치, 시간 지키는 것에 강박적으로 집착했던 것은 연교차가 큰 기후와 그 와중에 농사를 짓고 살던 생활의 소산이다.

수만 년 동안 한반도에서 살아남은 조상들은 우리에게 '부지런'이라는 유전자를 물려주었다. 봄에 씨 뿌릴 때는 일사불란하게 움직여야 하고, 여름에는 병충해와 잡초를 제거하지 않으면 이웃 주민에게까지 피해를 주고, 가을에 추수 시기를 놓치면 한 해 농사가 모두 물거품이 된다. 성실과 협동 정신을 갖춘 선조들만 이런 기후에 살아남았다. 여름에는 대프리카, 겨울에는 강베리아가 혼재한 한반도에서 부지런은 곧 생존을 의미했다.

선조들은 왜 소진되지 않았을까?

그렇게 근면한 유전자를 물려받았음에도 불구하고, 우리는 왜 소진되고 있을까? 왜 무기력에 빠지고 우울증에 걸릴까? 기성세대는 MZ세대를 보면서 "요즘 젊은것들은 고생을 안 해서 그래!", "약해 빠져서 그래!"라고 하는데 과연 그 말이 맞는 걸까?

결론부터 말하자면 현재의 젊은 세대가 약하다는 말은 틀렸다. 유전 정보와 기질 특성이 수십 년 사이에 변할 리는 없기 때문이다. 하지만 베이비붐 세대로 대표되는 기성세대는 소진 증후군

따위는 모르고 쉼 없이 달려온 것이 사실이고, 젊은 세대가 빨리 지쳐가는 것도 사실이다. 왜 이런 차이점이 생겨난 걸까?

나는 그 답이 예방 문화의 유무에 있다고 본다. 농업 중심의 전통사회에서는 지쳐서 포기하는 것을 방지하는 고유한 문화가 함께 발달했다. 우리 선조들은 부지런히 일했지만, 노는 것도 잘 놀았다. 특히 생산적인 작업 활동과 놀이를 연결시켜서 스트레스를 관리한 점은 정말 놀라운 수준이다.

예를 들어, 겨울이 끝나가고 봄이 시작되기 전에 동네마다 짚풀과 잡초 더미를 태우는 작업을 했다. 농사를 시작하기 전에 해충도 잡고, 거름으로 쓸 재도 마련해야 했기 때문이다. 어른들은 이 작업을 동네 꼬마들에게 전담시켰다. 그러면 동네 아이들은 신나게 불장난을 했는데, 이름하여 쥐불놀이라는 전통 놀이다. 지금은 화재 위험성 때문에 금지되었지만, 노동을 놀이로 승화시키고, 그해의 길흉화복을 점치는 의미 부여까지 하면서 공동체가 화합하고 번영을 비는 예식으로 만든 것이다.

또 다른 예로, 노동요가 있다. 단체 작업을 할 때는 박자를 맞춰 노래를 불렀는데, 이는 노동의 고단함을 잊게 할 뿐만 아니라, 중장비를 사용하는 협동 작업에서 위험을 방지하는 역할까지 했다.

마지막으로, 음식을 나눠 먹는 잔치 문화가 있다. 이는 이웃 간의 갈등을 방지하고 충전의 기회를 주었다. 엄격한 신분제 사회였고, 서민들이 풍족한 삶을 누린 것은 아니지만, 음식으로 차별하지 않고 비빔밥처럼 어우러지는 문화가 있었다. 결혼식, 장례식,

제사, 명절 등의 행사가 있으면 고깃국을 나누어 먹으며 단백질을 보충하고, 귀신에게 준다는 명목으로 음식을 대문 옆에 놓아두어 빈민들이 가져갈 수 있게 인정을 베풀기도 했다.

새로운 문화가 생겨나는 시기

우리 민족은 긴 세월에 걸쳐 일하고, 쉬고, 놀고, 나누고, 낭비를 금기시하는 문화를 발전시켰다. 잘 살려면 일을 해야 하고 행복하게 살려면 쉬어야 하는 인생의 아이러니 속에서 균형을 맞춰온 것이다. 이런 문화는 산업화가 진행되는 동안에도 이어졌다. 공장에서 생산물을 만들던 2차 산업의 시기, 즉 1970년대에서 1980년대까지는 같은 문화가 통용되었다. 생산의 장소가 논과 밭에서 건축 현장, 제철소와 미싱 공장으로 옮겨갔을 뿐이다. 동료와 선후배들과 친교를 나누고, 직장에서 만난 어른들을 가족처럼 예우했다. 함께 나누고, 같이 노는 문화 덕에 덜 지치고 일했다.

하지만 지금은 상황이 다르다. IMF 사태와 세계적인 경제 위기로 국가 전체가 휘청거리는 경험을 하면서 산업구조가 달라졌다. 국가 주력 산업은 반도체, 금융, IT, 관광, 로봇, 엔터테인먼트 등 다양화되었고, 직장을 가족처럼 여기던 문화는 사라졌다. 취직하고, 결혼하고, 아이 낳고, 집 사는 게 모두의 목표였던 통일성도 깨졌다. 이제는 사람들이 모여 고기를 굽는다고 힐링이 되지 않는다. 전 직원이 모이는 회식 문화는 부담스러운 일이 되었고, 개인 취향 존중, 각자도생의 시대가 되었다.

모두가 일을 하고 있지만, 각자 따로 놀아야 하는 시대가 열렸다. 세대와 성격에 따라 누군가에게는 휴식이지만 누군가에게는 노동인 세상이다. 요즘 젊은이들이 작은 규모의 모임을 만들고, 감성 카페나 팝업 스토어에 열광하는 것은 나름대로 휴식과 오락 문화를 만들려는 노력이다. 새 시대에 맞는 소진 예방책을 만들어 가는 중인 것이다. 산업 현장에서 일을 하고 돈을 버는 방식은 발달했지만, 이를 뒷받침하는 놀이와 휴식 문화 시스템은 아직 따라가지 못했다.

생산 활동과 문화 활동 사이의 괴리, 그 틈에서 소진은 피어난다. 21세기 한국 사회에 걸맞는 새로운 노동요와 새로운 쥐불놀이를 찾아내야 하는 시점이다. 일과 휴식 그리고 놀이를 접목시키지 못했을 때, 마음 지구력이 바닥난다. 이때 어떤 일이 생길까? 소진이 다가올 때 우리는 본능적으로 회피 증상을 보인다.

직장인의
소진과
회피

05

평범한 직장인의 평범한 소진

많은 직장인이 아메리카노 샷 추가를 마시며 업무를 하는 건 자연스러운 풍경이 되었다. 커피로 버티는 직장인이 한두 명인가? 근본적인 해결책이 아니란 걸 알지만 어쩔 수 없다. 퇴근해서도 소통 없이 지낸다. 가족이 있더라도 제각각 스마트폰을 보는 게 나름의 휴식이다. 이 또한 평범한 일이다. 사춘기에 접어든 아이와 실랑이하는 게 정신적으로 여간 버거운 게 아니다. "남들도 다 그렇겠지"하며 조용히 식사를 한다.

부모님과 통화하고, 집안일을 마무리한 후 맥주를 마신다. 이것도 합리화가 된다. "이마저 없으면 무슨 낙으로 살아?" 릴렉스도 되고, 지친 자신에게 선물을 주는 느낌이다. "안 마시고 짜증내는 것보다는 낫지" 스스로를 안심시키며 소파에 누워 넷플릭스를 켠다. 한참을 고르지만 막상 선택이 끝나면 눈이 감긴다.

새벽에 깨면 잠이 안 온다. 수면제를 먹자니 내일 몽롱할 것 같고, 박차고 일어날 기운도 없다. "도대체 언제쯤 이 쳇바퀴가 끝날까?" 돈을 모은 것도 아니고, 미래가 촉망되는 산업에 종사하는 것도 아니다. 아이 사교육을 포기할 수는 없고, 노후 대비는 막막하다. 미래의 문제는 그때 걱정하라는데, 그게 되면 도인이지 싶다.

잡념을 지우려고 스마트폰을 연다. SNS 속 친구들은 잘 살고 있다. 맛집도 가고, 호캉스도 가고 애들도 참 야무지게 잘 키운다. "나는 잘하는 게 아무것도 없네. 우리 애는 어쩌나" 자식 걱정은 부모님 걱정으로 이어진다. 여기저기 아프다는 말씀이 늘었다. "목돈이라도 필요하면 어쩌나" 이 와중에 돈 걱정을 하는 자신이 싫고, 해결책이 없는 배우자도 싫다. 말만 번지르르한 직장 상사도 싫고, 대놓고 싫은 티를 내는 후배들도 싫다.

자는 둥 마는 둥 뒤척이다 하루가 시작된다. "언제까지 이렇게 살아야 여기서 벗어날까? 그런 날이 오기는 할까?" 학교 다닐 때는 열심히 공부했고, 누구를 괴롭히거나 못된 짓을 한 것도 아닌데, 왜 항상 이 모양일까? 어차피 내 인생이니 내가 해결해야 하는데 점점 자신감을 잃어간다.

본능적인 회피, 본능적인 변형

정신 에너지가 떨어졌다고 완전히 탈진해 쓰러지는 건 아니다. 대부분은 일상생활을 유지하고, 남들의 부러움도 받으면서 살아간다.

그래서 마음 지구력이 바닥나고 있을 때 우리가 하게 되는 반응을 알고 있어야 한다. 문제의 중심이 소진이고 이것이 실패를 앞당긴다는 것을 알고 있어도 무엇을 체크해야 할지를 모르면 어느 날 갑자기 소진에 압도되고 갑작스러운 실패나 포기를 경험하게 된다.

마음이 지쳐갈 때 우리는 본능적으로 회피 반응부터 한다. 그런데 회피의 방어기제는 억압되고 변형된다. 앞서 말했듯 우리에게는 근면 성실의 유전자와 일중독의 경험이 내재되어 있기 때문이다. "네가 뭘 했다고 힘들어? 나 때는 말이야"라는 말이 들릴 것 같아 떠나고 싶은 마음의 내적 표현도 허용하지 못한다. 그래서 다음 세 가지 방식으로 변형된다.

첫째, "싫다"는 말이 늘어난다. 회사에 계속 다니기도 싫고, 그만두고 쉬는 것도 싫다. 음식 하나 주문하려고 해도 단점만 떠올라 정하지 못한다. 애정이 식은 연인과 이대로 지내는 건 싫지만, 헤어지는 것도 싫다. 이른바 '싫다, 싫다, 다 싫다 병'이다.

혹자는 이를 두고 결정 장애라고 표현한다. 엄밀히 말하면 결정 회피 증상이다. 본인이 결정하면 수행하기 위해 에너지를 쓰고 책임을 져야 하는데, 그럴 기운이 없다. 차라리 '싫다'는 감정만 내세워서 부담감을 피해간다.

둘째, 질문이 늘어난다. "이게 과연 잘될까?", "이 길이 맞는 길일까?" 하며 미래에 대한 질문을 던지거나 "나는 도대체 왜 이럴까?", "어디서부터 잘못된 걸까?" 하며 과거로 돌아가는 질문을 한다. "그 사람은 나를 싫어할까?"라고 남의 마음을 읽으려는 독심술을 시도하기도 하고, 끊임없는 "어떡하지?", "어떻게 해야 하지?"를 질문하며 자신에게 퀴즈를 내기도 한다.

머릿속이 질문으로 가득 차는 것은 감정의 회피 증상이다. 에너지가 바닥나면 무기력, 두려움, 억울함 등의 감정이 채워져서 괴롭다. 이때 자신에게 여러 가지 질문을 던지면 '호기심'이라는 중립적인 감정이 만들어진다. 뇌에 궁금증을 유발해 감정 중추보다는 이성 중추가 활동할 수 있도록 마음가짐을 변화시키는 자기 방어 증상이다.

그래서 마음이 지친 상태에서는 독서나 공부에 대한 열망이 높아지는 경우가 많다. 이렇게 생긴 호기심이 생산적인 활동으로 이어지는 좋은 예도 있지만 대부분은 그렇지 않다. "이론적으로는 알겠는데, 현실에 적용하려면 어떻게 해야 하지?", "전문가가 진짜 하고 싶었던 이야기는 무엇일까?" 하면서 여전히 물음표만 남발한다. 잠깐의 감정은 피할 수 있지만, 쓸데없는 질문에 시달리느라 더 큰 소진으로 이어진다.

셋째, 공상이나 환상에 빠져드는 현실 회피가 발생한다. 시간을 되돌리고 싶다거나 누군가 나타나서 모든 일을 대신했으면 하는 바람을 가진다. 평범한 사람에게 구원자적 환상을 품었다가 실망을 느끼기도 하고, 타인의 SNS를 뒤적이면서 "이 사람은 모든 걸 가졌겠지" 하며 부러움과 질투에 시달리기도 한다.

알코올이나 담배, 도박, 커피가 우리를 도와줄 거라 기대했다가 중독으로 이어지거나 의사에게 의지하면서 닥터 쇼핑에 빠지는 경우도 있다. 마음이 약해졌을 때를 노리는 사기꾼도 많기 때문에 현실 회피는 경제적 파국의 위험도 있다.

힘들면 힘들다고 중얼거리자

회피는 우리가 문제를 만났을 때 가장 먼저 하는 방어 행동이다. 햇빛이 강렬하면 인상을 찡그리고, 불쾌한 냄새가 나면 숨을 참는 것처럼 인간은 불편한 것을 피하려고 한다. 이처럼 불만과 결정 회피, 끝없는 질문, 현실 회피성 의존으로 변형되기 때문에 본인이 지금 힘든지 모르는 경우가 많다. 이런 증상이 나타나고 있으면 "아, 내가 요즘 힘이 들어서 회피하고 있구나"라고 중얼거려야 한다. 그래야 자신의 상태를 인식할 수 있다.

회피가 나쁜 것만은 아니지만 현실을 외면하고만 살 수는 없다. 본인이 무엇을 힘들어해서 어떻게 하고 있는지는 알고 있어야 한다. 자기 인식 없이 무의식적으로 회피만 하면 문제의 핵심을 잊어버리게 된다. 회피가 가진 방어기제로써의 기능도 감소한다. 본인도 모르게 실패로 향한다는 뜻이다.

질문을 위한 질문을 하느라 친구를 진 빠지게 하고, SNS에 중독되어 시간을 낭비하는 식이다. 마음의 문제는 관계의 문제로 이어지기 때문에 소진된 마음이 소진된 집단을 만들고, 다시 그 집단에서 영향을 받으면서 점차 현실과 멀어진다.

일단 "내가 요즘 자꾸 지치다 보니 피할 생각부터 하고 있었네"라고 다시 한번 중얼거리자. 혼동하고 있는 우리의 뇌에게 현실을 알려줄 필요가 있다.

'사는 게 원래 힘든 건데, 왜 힘들어하고 회피하죠? 남들은 다 버티면서 살잖아요?'라는 생각이 들 수도 있다. 그렇다면 나는 이렇게 말해주고 싶다. "남들도 힘들다고 해서 당신이 힘들지 않은 것은 아닙니다" 부모님은 더 힘든 시절을 보냈다고 해서 내가 나약한 건 아니다. 설령 우리가 게으르거나 몸이 약하다고 한들, 힘든 게 힘들지 않다고 우길 수는 없다.

그러니 힘든 건 힘들다고 말이라도 해야 한다. 공감해줄 가족이나 친구가 있다면 고맙겠지만, 그렇지 않다면 우리 뇌에는 알려줄 필요가 있다. "나는 누구인가?"라는 본질적 질문의 답이 그것이다. 우린 지쳤고, 그 사실을 회피하며 지냈다.

내 마음의
브레이크
편도체

06

좀 더 과학적인 이야기로 들어가 보자. 열정이 식고, 에너지가 떨어진다는 것은 더 이상 보상 중추가 활성화되지 않는다는 뜻이다. 도대체 뇌에서 어떤 일이 생긴 것일까?

보상 중추는 의욕을 불러일으키는 화력 발전소 같은 곳이다. 이 발전소는 도파민이라는 연료를 공급받아야 활성화된다. 도파민은 고속도로처럼 뻗어 있는 경로를 따라다니며 뇌의 이곳저곳을 활성화시킨다. 보상 중추를 활성화시킬 때는 긍정적인 감정, 편도체를 활성화시킬 땐 부정적인 감정을 느끼며, 전전두엽 피질을 자극할 때는 이성적인 판단과 논리적인 사고를 가능하게 한다. 여러 부분을 돌아다니면서 다양한 일을 하지만 마음의 관점에서는 보상 중추(긍정적인 감정), 편도체(부정적인 감정), 전전두엽 피질(이성 중추) 이 세 가지가 가장 중요하니 이번 기회에 알아두면 좋겠다.

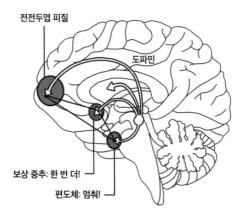

전전두엽 피질

도파민

보상 중추: 한 번 더!

편도체: 멈춰!

1. 보상 중추 긍정적 감정, 쾌감 중추, 도파민 공급받아 "한 번 더!"
2. 편도체 부정적 감정, 기억 중추와 자율신경계에 연결 "멈춰!"
3. 전전두엽피질 이성 중추, 논리 중추, 표현성 언어 중추 포함

보상 중추가 의욕, 활기, 기쁨 등의 긍정적인 감정을 만들어낸다면, 편도체는 불안, 우울, 분노 등의 부정적인 감정을 활성화시킨다. 그런데 편도체는 두 가지 뇌의 영역과 연결되어 있다.

첫째는 기억 중추인 해마와 닿아 있다. 그래서 부정적인 감정은 부정적인 기억을 자극한다. 직장 상사에게 질책을 듣고 창피한 감정이 느껴지면, 친구들 앞에서 선생님께 꾸중 들었던 기억이 생생해지고, 동생 앞에서 부모님께 차별당했던 서러운 감정으로 이어지는 경험을 해본 적이 있을 것이다. 이처럼 편도체가 자극되면 기억을 관장하는 해마라는 부위가 부정적인 기억을 떠올리기에 부정적인 감정이 자극을 받아서 한 번 더 편도체가 활성화된

다. 슬플 때 슬픈 기억이 나고, 그래서 더 슬퍼지는 악순환이 일어나는 것은 편도체와 해마가 긴밀히 연결되어 있기 때문이다.

둘째, 편도체는 자율신경계와도 연결되어 있다. 자율신경계란 인간의 의도대로 움직이는 게 아니라, 자기들 마음대로 알아서 활동하는 신경 시스템으로, 주로 생리적인 기능을 한다. 심장 두근거림, 위장 운동, 땀샘 같은 기관은 우리가 움직이고 싶다고 움직이고 멈추고 싶다고 정지되지 않는다. 인간이 땅을 소유하고, 재산권을 행사할 수는 있지만 그 땅에 비가 올지, 눈이 올지, 바람이 불지 컨트롤할 수는 없는 것처럼 인간의 몸이지만 인간의 말은 듣지 않는 신체 기능이다.

이런 자율 통제 시스템 때문에 불안할 때 심장이 제멋대로 두근거리고, 긴장하면 화장실에 가고 싶고, 무섭고 두려울 때 털끝이 곤두서면서 식은땀이 흐른다. 편도체와 자율신경계의 긴밀한 연결 때문이다. 그래서 공황 증상을 앓고 있는 사람들에게 "신경 쓰지 마!", "마음 편하게 가져!"라고 충고하는 것은 효과가 없다. 스트레스를 받고 싶은 사람이 어디 있겠나. 자율신경계가 몸을 흔들고, 흔들린 몸이 마음을 불편하게 만들기 때문에 마음을 편하게 먹는 게 쉽지 않다.

브레이크가 더 발달된 이유

편도체가 해마와 자율신경계와 긴밀하게 연결되었다고 해서 보상 중추는 단절되어 있다고 생각해서는 안 된다. 뇌 조직은 유기적으로 얽히고설킨 복잡한 신경 회로망이다. 즉, 편도체의 연결성이 더 두드러졌다는 이야기지, 보상 중추는 연결성이 전혀 없다는 뜻은 아니다.

기분이 좋을 때도 기억이 선순환되며 자율신경계를 타고 신체적인 반응으로 이어진다. 기분이 좋은 날에는 컨디션도 좋고, 만성 통증도 줄어들고, 계속 좋은 일이 생길 것 같은 예감이 든다. 하지만 인간의 뇌는 부정적인 감정을 다루는 편도체의 연결망이 더 강하기 때문에 부정적인 감정에 적극적으로 반응하고 기억하도록 진화되었다.

인류가 부정적인 사건에 더 민감하게 반응하는 이유는 그것이 생존에 유리했기 때문이다. 예를 들어, 원시인 한 명이 길을 가다가 바나나 밭을 발견했다고 생각해보자. 얼마나 기분이 좋겠나. 마치 복권에 당첨된 것 같은 날일 것이다. 하지만 그 기억을 오래 가져가는 것은 위험하다. 인간에게 먹기 좋은 것은 다른 동물도 먹기 좋다. 그 바나나 밭으로만 계속 채집을 간다면 곰이나 침팬지 같은 경쟁 관계의 맹수에게 공격을 당할 위험도 늘어난다.

반면에 독사나 사자 무리를 만났다면 어떨까? 그 정보는 평생을 기억해야 한다. 그래야 위험을 피해갈 수 있기 때문이다. 절대 그 길로 가서는 안 된다는 사실을 생생하게 기억해야 하고, 사랑하는 사람들에게 알려줄 수 있을 정도로 표현 방법도 강렬해야 한다. 인간의 기억과 망각은 생존에 유리하게 학습되고 유전된다. 인류에게 세상은 위협이었고, 그 속에서 오랜 기간 버티며 생존했다. 그러다 보니 우리의 신경망은 행복하고 만족하는 삶보다 위험을 기억하는 방식으로 진화했다.

편도체가 활성화되는 것이 나쁜 일만은 아니다. 편도체가 있어야 "멈춰!"라는 신호가 발생해 우리를 위협에서 지켜준다. 마치 자동차 브레이크와 같은 역할이다. 아이를 키워본 사람들은 이해가 될 것이다. 아이를 행복하게 키우고 싶고 하고 싶은 건 모두 해주고 싶지만, 막상 아이에게 가장 많이 쓰는 단어는 "안 돼!"가 아닌가. 아이를 사랑하기 때문에 움직이는 것, 먹는 것, 만지는 것에 "No!"을 외치게 된다. 편도체는 우리 인생에 브레이크를 걸어준다. 얼마나 중요한 기관이겠나.

소진 증후군: 어쩌면 우리를 살리려는 신호가 아닐까? ────

정신 에너지가 바닥난 뇌는 보상 중추가 식어 있고, 편도체는 활성화되어 있다. 뇌의 연료인 도파민이 더 이상 보상 중추로 향하지 않고, 편도체에 집중된다. 부정적인 기억과 신체 반응이 우리 몸 전체에 "멈춰!"라는 신호를 내리고 있으니 움직여지지 않는다. 사이드 브레이크를 채우고 파킹 기어에 묶인 자동차와 같다.

보상 중추뿐 아니라, 이성과 논리를 관장하는 전전두엽 피질 또한 소진 증후군이 오면 비활성화된다. 그래서 몸과 마음이 지쳤을 때는 현실적인 판단을 하지 못한다. 오로지 생리 현상과 본능이 이끄는 대로 방향을 잡는다. 지구력이 약한 사람들이 충동성과 중독에 취약해지는 이유다.

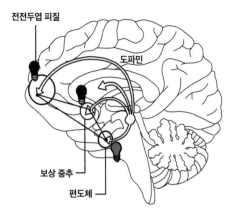

전전두엽 피질

도파민

보상 중추

편도체

● 지쳤을 때는 생명 유지에 필수적인 편도체만 활성화되어 있다. 그래서 긍정적인 감정은 느껴지지 않고, 판단력도 둔화되어 있다. 오로지 부정적인 감정과 생존 본능만이 남아 있다.

생리증후군에 시달릴 때 쇼핑과 폭식이 심해지고, 육아 우울증에 걸린 부부들이 사소한 일로 다투며 원수가 된다. 평소 같으면 참았을 말을 쏟아내고, 지난 기억을 들추어낸다. 갈등을 수습하고, 세련된 언어로 포장하는 표현성 언어 중추가 전전두엽 피질에 속해 있기 때문이다. 편도체만 달아올라서 행동하니 열심히 할수록 엉뚱한 결과가 나타난다.

많은 사람에게 이 사실을 설명하면, 다들 편도체를 원망한다. "선생님! 저는 편도체 같은 거 없으면 좋겠어요. 맹장 떼어내듯 그냥 잘라버리면 안 되나요?" 극단적으로는 이렇게 질문하는 이도 있었다. 절대로 그래서는 안 된다. 그건 마치 "선생님, 제 차는

씽씽 잘 달렸으면 좋겠어요. 급정거 같은 거 안 하게 브레이크를 떼주세요"라고 말하는 것과 같다. 아무리 달리는 것이 중요해도 제동장치 없는 자동차를 누가 타겠나. 인간의 삶도 마찬가지다. 편도체는 우리의 브레이크이며 안전장치다.

어쩌면 소진 증후군은 신이 우리에게 준 선물일지도 모른다. 노는 법, 쉬는 법을 모르고 있을 때 소진 증후군마저 없었다면 많은 사람이 과로와 성인병에 시달렸을 것이다. 일단 우리는 소진 증후군을 긍정적인 관점에서 바라볼 필요가 있다.

하지만 무작정 낙관만 하고 있을 수는 없다. 브레이크도 너무 자주 걸리거나 심하게 잠겨버리면 실패로 이어지기 때문이다. 우리가 가지고 있는 것이기에 나쁜 것만은 아니지만, 수리가 필요한 상태로 봐야 한다. 잦은 급발진과 급제동 사이에서 우리의 뇌는 병들어간다.

결국 정답은 적절함에 있다. 적당한 가속, 적당한 감속 둘 사이의 균형을 잡는 게 우리가 획득해야 할 기술이다. 지금 당장 그 기술을 익히고 싶겠지만, 그럼 또 새로운 급발진만 반복할 뿐이다. 하나하나 단계별로 접근할 계획이니 적당한 긴장감과 함께 마음의 준비를 하자.

모르는
사람에서
아는 사람 되기

아는 사람과 모르는 사람의 차이 —————————————

마음을 다친 사람들은 크게 두 그룹으로 나뉜다. 첫 번째 그룹은 자신을 이해하지 못하는 사람들이다. 똑같이 우울해하면서도 이들은 더욱 괴로워한다. "선생님 저는 우울할 이유가 없어요. 몸도 멀쩡하고, 저를 사랑하는 사람도 있는데 뭐가 문제일까요? 전 왜 이렇게 유난스럽죠?" 하며 스스로를 책망한다.

이런 경우 치료 과정이 복잡하다. 우울감이나 불면, 식욕 저하 같은 의학적인 증상 제거뿐 아니라, 그 과정을 이해시켜야 하기 때문이다. 자신을 이해하지 못한다는 것은 자존감이 떨어지거나 자기 공감 능력에 문제가 있을 가능성도 있다. 그래서 심리적 분석과 사회 기술적인 업그레이드까지 필요한 경우가 많다.

두 번째 그룹은 자신을 이해하는 사람들이다. 자신이 왜 아픈지 알고 있는 사람들은 그나마 여유가 있다. "선생님, 제가 요즘 통 입맛이 없어요. 그런데 그게 다 사연이 있어요. 얼마 전에 아버님이 쓰러지신 다음에…" 하면서 자신의 사연을 이야기한다. 이들은 본인이 힘들다는 사실을 인정하고 있다. 그래서 증상만 걷어내도 많이 좋아진다. 적어도 "원인이 뭘까?", "정말 모르겠어"를 반복하며 자포자기하지는 않는다.

마음이 아픈 문제뿐 아니라, 일에서 실패했을 때도 마찬가지다. 실패만 반복하며 벗어나지 못하는 사람들의 특징은 모르는 게 많다는 것이다. 자신이 왜 실패했는지 모르고, 어떻게 대책을 세워야 하는지 모른다. 실패하고 있다는 사실조차 모르는 경우도 있다. 아직도 모르고 있는 사람들을 위해 핵심을 적겠다.

"그동안 우리가 실패했던 이유는 지쳐서다. 그것을 요즘 용어로 소진 증후군이라고 부른다."

인생을 마라톤에 비유하면, 소진은 다리가 풀려서 넘어진 상태다. 그러니 얼마나 마음이 불편하겠나. 남들은 다 잘 뛰는 것 같고, 쌩쌩해 보이고, 나만 실패한 것 같아 괴롭다. 일이 잘 안 될 때는 자책과 비교가 늘어날 수밖에 없다. 마라톤을 뛰다가 주저앉은 사람들은 여기저기 흩어져 있어 서로를 알아볼 수가 없다. 주변에는 잘 뛰는 사람만 스쳐 지나가니 자괴감이 올라오고 혼란스럽다.

"도대체 어디서부터 잘못된 걸까? 무엇이 잘못이었을까?"라는 질문이 스친다면, 본인의 뇌에 알려줘라. "아, 내가 소진되어 있었구나. 그래서 자꾸 실패했구나" 시험에 자꾸 떨어지는 사람은 지치다 보니 시험 준비를 제대로 하지 못하는 것이다. 사랑하는 사람과 자꾸 헤어지는 사람도 지친 상태로 사랑을 하다 보니 안 좋게 끝나는 것이다. 부모님께 자꾸 화를 내고 원망하는 사람은 인생에 지쳐서 그러는 것이고, 학교에 가기 싫은 학생도 사회가 주는 경쟁과 스트레스에 지쳐서 그런 생각을 한다.

문제의 원인을 알았다면, 앞으로 해야 할 일

앞으로도 안 될 것 같고, 못할 것 같고, 감정 기복과 만성 피로에 시달린다면 소진 증후군이라는 단어를 떠올리기 바란다. 편도체의 과잉 활성화로 부정적인 감정과 이성의 기능 감퇴가 나타난 상태다. 작심삼일로 끝나는 이유도, 집중력이 떨어지는 이유도, 마음 지구력이 바닥나 뇌가 지쳐서 그렇다.

그래도 계속 질문이 생길 수 있다. "지금 문제가 소진 때문에 생기는 건 알겠는데, 그럼 왜 자꾸 소진되는 거죠? 남들은 지구력 있게 잘하는데 말이에요!" 그것도 앞으로 이야기하겠다. 그런데 먼저 알아봐야 할 것이 있다.

바로 마음 지구력을 가진 사람들은 어떤 사람들인지를 알아야 한다. 우리는 문제를 해결하기 위해 이 책을 읽고 있기 때문이다. 근본적인 원인만 찾다 보면 또 지친다. 그러니 지치지 않는 사람들은 어떤 사람들인지 먼저 파악하고 넘어가자.

CHAPTER 2

인생의 실패를
경쾌하게 건너는 방법

▶▶▶ 마음 지구력

1등을 하든 꼴등을 하든 결승선까지 가야 한다. 그게 마음 지구력이다.

해피
엔딩적
인생관

긍정적인 예감과 예후

어려움을 겪고 있던 사람이 진료실을 찾아오는 건 한 편의 드라마가 시작되는 것과 같다. 여러 가지 고민 끝에 치료자를 찾아오는 한 사람, 그리고 그를 맞이하는 의사. 이 장면을 떠올릴 때 가장 궁금해지는 것이 무엇인가?

내가 내담자에게 가장 자주 듣는 질문은 "선생님, 제가 나을 수 있을까요? 앞으로 달라질 수 있을까요?"다. 이 드라마의 끝이 해피 엔딩일지 새드 엔딩일지 얼마나 궁금하겠나. 이처럼 치료의 성공 유무를 판단하는 것을 예후라고 하는데, 예후는 여러 가지 요인에 의해 결정된다. 일반적으로는 잘 살고 있었던 사람들이 치료 결과도 좋다. 똑같은 증상을 앓더라도 지능, 지지 환경, 경제적 여유, 병전 기능의 정도 등이 좋은 사람들이 회복이 빠르다.

흥미로운 것은 긍정적 정서가 습관화된 사람들이 행복의 기본 수준도 높다는 점이다. 김주환 교수의 《회복 탄력성》에 따르면 스스로 행복하고, 남을 행복하게 해주는 긍정적 정서의 소유자가 강한 회복 탄력성을 지니고 있다고 한다. 임상에서도 '지금은 아프더라도, 앞으로 잘 낫겠지. 치료 결과가 좋겠지'라고 생각하는 사람들이 치료가 잘된다. 긍정적인 인식이 치료 순응도를 높이고, 이는 좋은 예후를 만드는 중요한 부분으로 작용한다.

관점이 뭐 그리 중요하냐고 할 수도 있다. 하지만 생각해보자. 나머지 예후 인자들은 우리가 선택할 수 없는 고정 변수다. 지능은 어느 정도 선천적인 부분이 많고, 당장 부자가 될 수도 없다. 공격적이거나 냉소적이었던 주변 환경이 갑자기 지지적인 환경으로 변하는 것도 불가능하다. 하지만 예감은 선택이 가능하다. "앞으로 치료가 잘될 것 같은가요? 안 될 것 같은가요?"라는 질문을 받았을 때 "잘될 것 같다"를 선택하는 사람이 성공 확률도 높다. 해피 엔딩을 생각하고 있는 게 절대적으로 유리한 이유다.

해피 엔딩이 의욕을 만든다

미래를 긍정적으로 예측하느냐는 치료뿐만 아니라 지속성의 측면에서도 매우 중요한 요소다. 무엇이든 꾸준히 하려면 해피 엔딩을 떠올리는 사람들이 유리하다. 예를 들어, 부자가 되는 과정을 생각해보자.

돈을 모으기 위해서는 반드시 번 돈보다 적게 써야 한다. 그런데 긍정적 예감을 가진 사람과 부정적 예감을 가진 사람 중에 누가 돈을 모으는 데 성공할 수 있을까? "이렇게 노력하면 좋은 일이 생기겠지"라고 믿고 있어야 소비의 욕구를 참을 수 있다.

범죄를 저질러 돈을 번 사람들이 부자가 될 수 없는 것이 이런 이유 때문이다. "언제 잡혀 들어갈지 모른다"라는 불안감이 엄습하는데 어떻게 돈을 모을 수 있겠나. 도박과 유흥, 방탕한 생활의 유혹을 이길 수가 없다.

드라마를 볼 때도 마찬가지다. 많은 사람에게 인기 있는 드라마에는 희망적인 요소들이 섞여 있다. 중간중간 눈물도 나고, 갈등이 격화되는 장면이 있더라도 "끝까지 보면 문제가 해결되겠지" 하는 클리셰가 숨어 있다. 시청자들을 조마조마하게 만들면서도 마지막에는 후련하게 해피 엔딩으로 끝나는 시나리오, 그때 시청자들의 보상 중추가 활성화된다. "이 작가의 다음 작품도 꼭 봐야지!" 하는 동기 부여도 생성된다.

인생이라는 드라마는 어떤가? 새로운 사업을 준비하는데, 여차저차 하더라도 성공으로 끝날 것 같다고 생각하는 사람과 처절한 실패로 끝날 것 같다고 생각하는 사람 중에 누가 꾸준하게 노력할 가능성이 높을까? 헬스클럽에서 운동을 할 때도 그렇다. 잘되는 것 같고, 잘하고 있다는 느낌이 들어야 뇌에서 "내일 또 와야지!"라는 메시지가 생성된다. 만일 코치가 "어휴! 회원님 오늘도 못하시네요. 다른 회원들은 다 하는 동작을 본인만 못하세요"라고 한다면 아무리 그것이 사실이어도 환불 신청부터 할 것이다.

상처 때문에 생긴 부정적 예감

잘될 것 같다는 예감만으로 성공할 수는 없지만, 안 될 것 같다는 예감보다는 유리한 자원이다. 그리고 이런 긍정적인 마인드는 어린 시절부터 축적된 주변 환경 덕인 경우가 많다. "이미 너는 잘하고 있어", "괜찮아 그 정도면 잘한 거야. 시도해 본 게 어디야" 이런 메시지를 많이 들은 사람들은 그 피드백을 내재화시킬 수 있다. "엄마"라는 단어를 수만 번 들은 아기들이 "엄마"를 내뱉듯 자신이 들었던 응원과 격려의 메시지를 자신에게 들려주는 자아가 생성된다. 힘들 때마다 지칠 때마다 자신에게 해주는 동기 부여는 엔딩까지 끌고가는 힘이 되고 자신을 성장시키는 선순환이 이루어진다.

외부에서 받은 응원의 메시지가 별로 없다는 건 슬픈 일이다. "넌 이미 틀렸어", "왜 너는 그렇게 예민하니?", "힘들어하고 투덜거릴 거면 하지를 마" 이런 기억이 많은 사람이 미래를 긍정적으로 생각하는 건 상당히 어려운 일이다. 부정적인 피드백이 귓전에 맴도는 것은 우리의 인생을 맥 빠지게 한다. 의욕을 떨어뜨리는 나쁜 친구 하나를 어깨에 짊어지고 다니는 상태다. 아마 지금도 "이런 책을 읽으면 뭐 해! 나는 출발선 자체가 다른데"라는 속삭임이 들릴지도 모른다. 얼마나 억울한 일인가.

이런 경우 무의식적으로 실패를 바라는 경우도 있다. 처음부터 성공이 목표가 아니라, 실패를 하고, 실패의 원인이 상처 준 사람들에게 있음을 밝히는 것을 목표로 삼곤 한다. 그 사람들이 잘못을 인정하고, 뉘우치기를 바라다 보니 자신의 인생이 새드 엔딩으로 향해 가는 것에는 별다른 신경을 쓰지 못한다. 그런데 막상 실패를 해도 상처 준 사람들은 뉘우치지 않는다. 사과도 하지 않고 남을 탓하는 경우가 대부분이다. 원래 그런 사람들이었기 때문이다.

상처받은 사람들에게 하고 싶은 말

좋은 얘기를 많이 듣고 미래에 대해 긍정적 예감을 가진 사람들은 계속 그렇게 하면 된다. 힘이 되는 피드백을 준 사람들에게 감사해하며, 계속 자신을 응원하며 살아가면 된다. 시간은 좀 걸리겠지만 그들은 끝까지 갈 것이다. 결승선에 도착할 때까지 계속 시도할 테니까 말이다.

반대로, 미래가 잘 안 될 것 같다는 사람들이나 부정적인 피드백의 상처가 쌓인 사람들에게는 두 가지를 전하고 싶다. 첫째, 여러분은 이미 이 책을 읽고 있다. 이 책은 엄연히 자기 계발서이며, 성공과 관련된 책이다. 그런데 이미 50쪽 넘게 이 책을 읽고 있다. 당신 마음속에 부정적인 예감만 가득했다면 이 재미없는 책을 여기까지 읽지 않았을 것이다. 당신의 머릿속에는 잘 안 될 것 같다는 생각과 염려도 있지만, 혹시나 잘되지 않을까 싶은 생각도 있다는 의미다. 당신은 지금도 노력하고 있다. 그러니 "내 미래가 잘될 거라는 생각도 있긴 있구나"라는 것을 인식하기 바란다. 당신의 머릿속에도 해피 엔딩적 인생관이 숨어 있다.

둘째, 당신의 성공을 바라는 사람들도 있다. 당신이 아는 사람 중에도 있고, 모르는 사람 중에도 당신을 응원하는 사람들이 있다. 예를 들면, 나 같은 사람이다. 당신에게 긍정적인 피드백을 주고 싶고, 당신이 성공하는 데 일말의 도움이 되고 싶다. 그리고 나와 비슷한 일을 하는 동료들은 어떻게든 당신에게 긍정적인 메시지를 보내는 중이다. 상처 주는 사람뿐 아니라 우리가 보내는 메시지에도 귀를 기울여주기 바란다.

당신이 어린 시절부터 상처 받는 말, 실패를 예감하는 언어에 노출되어 살아온 것은 정말 유감스러운 일이다. 나에게도 책임이 있다. 나 같은 사람이 진작에 예방 사업을 열심히 했어야 했다. 그러지 못했던 점에 대해 늘 미안한 마음을 품고 있다.

이제는 당신도 반박하는 마음을 가져보는 게 어떨까? "아니야! 내 인생을 함부로 단정 짓지 마! 그 누구도 내 미래를 점칠 능력은 없어!" 하면서 억울해할 필요가 있다.

앞으로는 수많은 콘텐츠가 전하는 위로도 느끼고, 공감도 받고, 새로운 에너지도 받았으면 좋겠다. 세상은 넓고, 메시지는 많다.

해피 엔딩적 인생관을 가지는 방법

성장 드라마 다시 보기

인생관은 언어로 표현된다. 그래서 인생관을 장착하는 방식은 언어적 학습에서 시작한다. 학습 방법 중 가장 원초적인 학습은 모방이다. 아기들이 세상을 배우는 것도 모방에서 시작한다. 어른들의 표정과 입 모양을 따라 하면서 뇌의 거울 신경 세포 시스템이 자극된다. 엄마가 울면 따라 울고, 웃으면 따라 웃는 모방 행동이 모든 학습의 시작이다.

인간은 눈앞에 있는 것을 보고 배운다. 폭력물에 자주 노출된 사람들은 공격적으로 변해간다. 가정 내 행동 문제가 대물림되는 경향도 이 때문이다. 세상을 살아가는 방식이나 방어기제도 눈앞에 보이는 사람의 행동을 모방 학습한 경우가 많다.

"어떻게 해야 해피 엔딩적 인생관을 가질 수 있을까요?"라는 질문을 받으면 해피 엔딩으로 끝나는 드라마를 반복해서 보라고 답해준다. 인간은 가까이 있는 것에 영향을 받고, 본인도 모르게 따라 하는 본능이 있기 때문이다. 좋아하는 사람이 쓴 글을 읽거나 성공한 사람의 말을 열심히 듣는 것도 좋은 방법이다.

특히 성장 이야기가 담긴 드라마를 반복해서 보자. 한 번 보고 끝나는 게 아니라, 한 번 더 보는 게 중요하다. 처음 볼 때는 대사나 표정 같은 디테일에 집중하지 못한다. 아무리 몰입감이 높은 작품이라도 이야기의 결말이 궁금해서 의구심과 불안을 안은 채 첫 감상을 한다. 그러면 주인공이 성장하는 장면을 놓칠 때가 많다. 작가가 시청자들에게 진짜 하고 싶었던 이야기를 보지 못하고 넘어간다.

결과를 어느 정도 알고 봐야, 그런 장면까지 제대로 습득하고 내재화할 수 있다. 나는 영화 〈맘마미아〉, 드라마 〈나의 해방일지〉, 〈스물다섯 스물하나〉를 여러 번 봤는데 볼 때마다 감동받는 포인트가 다르다.

세상의 수많은 이야기는 우리를 성장시킨다. 상처받고, 희망을 잃었던 사람들이 어떤 이야기를 듣고 회복되는지, 어떻게 받아들이면서 긍정을 얻는지 학습해야 한다. 작가의 메시지를 찾아내고 해석하는 재미까지 있으니 즐거운 마음으로 읽은 책을 다시 읽고, 드라마 다시 보기를 해보자.

한 방
인생이 아닌,
과정으로서의 세계관

어른이 되면 다를 줄 알았는데 ────────────

"홍균아, 10년 보고 가자. 앞으로 10년 하다 보면 어떻게든 달라져 있을 거야" 내가 학회 활동을 시작하던 때 한 선배가 이런 말을 했다. 30대 중반쯤이었다. 전문의가 되고, 두 아이의 아빠가 되고, 직장에서는 과장 소리를 듣는 어른이 되었는데도 여전히 힘들었다. 내가 단단한 멘털을 타고났을 거라 생각하는 사람들이 있는데, 사실은 아니다. 크면서 나아지긴 했지만 어른이 되어서도 불안이 많고, 강박이 있었다. 남들과 비교도 많이 했고 시기와 질투도 많았다.

학회에서 활동하는 동료들을 보면 스스로가 참 작게 느껴졌다. 다들 영어도 잘하고, 통계나 자료 정리도 깔끔하게 했다. 바쁜 일정 속에서 언제 공부를 한 건지, 나만 뒤처지는 느낌이었다. 회의에서도 자꾸 맥락을 놓쳤다. "나 때문에 작업이 더뎌지면 어쩌나?" 하는 걱정을 달고 살았다. 위축되다 보니 모르는 게 있어도 물어보질 못했고, 점점 더 맥락을 놓쳤다.

결국은 사고를 쳤다. 공동 연구를 하는 팀에서 엉뚱한 준비를 해서 프레젠테이션을 한 것이다. 바쁜 사람들 모아놓고 시간을 버렸으니 미안하고 창피한 마음에 어쩔 줄 몰랐다. 그날 식사를 하면서 선배들 앞에서 신세 한탄을 했다. "도대체 뭐부터 해야 할까요? 전공의 땐 교수님이라도 계셨고, 시험 땐 족보라도 있었는데, 지금은 아무도 길을 알려주지 않아요. 차라리 이거 해라, 저거 해라 잔소리 듣던 시절이 그리워요" 정신과 의사가 되면 멘털이라도 강해질 줄 알았는데, 그건 또 다른 영역이었다.

그나마 다행인 건 주변에 정신과 의사들이 많다는 거였다. 그날 10년 이야기를 들었다. 잘하고 있다는 피상적인 위로보다 훨씬 현실적인 팁이었다. "10년 버티다 보면 어떻게든 되겠지. 일 못한다고 쫓겨나는 곳은 아니니까, 할 수 있는 일을 하면서 착하게 살자" 그날 그렇게 다짐했다.

한탕주의적 세계관

노력한 결과가 바로 나타나면 좋겠지만 그렇지가 않다. 노력과 결과 사이에는 시간차가 있다. 도박에 빠진 내담자들을 만나다 보면 이런 생각을 특히 많이 한다. 병원을 찾아온 도박 환자들은 앞으로는 도박을 하지 않고 회복으로 쭉쭉 나아가기를 바란다. 하지만 회복의 길은 직선 도로가 아니다. 치료에 성공하는 듯하다가 퇴행하고, 포기할까 고민할 때 길이 열린다. 그리고 잘되다가 또 고비가 온다. 어쩌면 그게 자연스러운 과정일 수도 있다. 나빠질 때도 한번에 나빠진 것이 아니기 때문이다.

도박에 빠지는 과정은 단순하지가 않다. 즐기려고 시작했다가 초심자의 성공을 경험하고, 그 맛에 또 했는데 돈을 잃고, 그만두려 했지만 몇 번 딴 기억 때문에 다시 하고, 또 잃고, 돈을 빌리고, 거짓말을 하고, 가족들이 알게 되고, 그만두겠다고 다짐했다가 몰래 했는데 조금 따고, 그래서 더 하다 또 잃고, 이번에는 가족에게 도움을 청하면서 각서까지 쓰고, 사랑했던 사람들이 떠나가고, 비난받고, 비난하기를 반복하다가 병원에 온다. 이쯤 되면 가족에게도 병이 생길 지경이다.

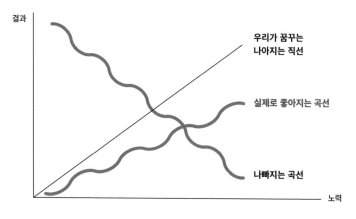

* 노력과 결과가 항상 정비례 하는 건 아니다.

이 과정을 겪으면서 사람은 생각 체계를 변화시킨다. 가늠이 되지 않을 정도로 쌓여 있는 빚, 엉망이 된 신용뿐 아니라 습관이 된 거짓말과 도박 때문에 변해버린 인생관이 진짜 문제다. 일명 도박적 인생관이 탑재되어 생활 전반에 영향을 끼친다.

도박적 인생관의 대표적인 예는 '한탕주의'다. 인생의 성공과 실패가 한 판에 결정된다는 논리다. 한탕주의는 긍정주의의 겉모습을 하고 있기에 위험하지 않은 척 가치관을 잠식한다. 아무리 돈을 잃어도, 크게 한 판만 따면 만회할 수 있다는 도박의 논리가 인생 전반에 스며든다. 그래서 도박 중독자들은 치료도 한 판에 결정하려고 한다. "선생님에게 치료받으면 확실히 낫습니까? 그러면 계속 다니겠습니다"라며 자신의 미래를 두고 시간과 노력을 베팅한다. 무서운 것은 이런 중독적 가치관이 주변 사람에게도 전염된다는 점이다. 도박 중독자들의 가족은 자신의 노후 자금과 대출금을 중독자의 빚을 대신 갚아주는 데 올인하려 한다. 중독은 참 무서운 병이다. 본인뿐만 아니라, 사랑하는 사람들의 인생도 뒤틀리게 만드니 말이다.

내 인생에도 오랫동안 한탕주의가 깔려 있었다. 나 또한 공부 중독에 일중독이었으니 여러 가지 문제를 안고 있었을 터였다. "의사가 되면 인생이 확 달라지겠지"라며 입시를 준비했고, "정신과 전문의가 되면 강력한 멘털을 갖출 수 있겠지"라고 수련 기간을 견뎠다. 전문의만 되면 모든 게 확 달라질 줄 알았다. 마녀를 무찌르면 마법이 풀리고, 세상이 다시 평화로워진다는 동화 속 이야기처럼 말이다. 하지만 인생은 그렇게 단순하지가 않다.

긍정성을 보완하는 단계적 세계관 ───────────

앞에서는 해피 엔딩을 배워야 한다고 하더니, 이제는 한탕주의를 경계하라고 하니 도대체 희망을 품으라는 건지 말라는 건지 혼란스러울 수 있다. 해피 엔딩적 인생관이 중요하긴 하지만 그것만으로는 충분하지 않다. 그래서 하나 더 추가해야 할 것이 '단계적 세계관'이다. 결국은 해피 엔딩으로 끝날 것이라 믿지만, 여러 단계를 통해 완성될 거라는 모델을 추가해야 한다.

단계를 염두에 두는 습관은 상당히 중요하다. 그래서 유능한 심리학자들은 '단계'를 업적으로 남겼다. 엘리자베스 퀴블러 로스 (Elizabeth Kubler Ross)의 죽음을 받아들이는 5단계(부정-분노-협상-우울-수용), 제임스 프로차스카(James Prochaska)와 카를로 디클레멘트(Carlo Diclemente)의 변화 5단계(숙고 전 단계, 숙고 단계, 준비 단계, 행동 실천 단계, 유지 단계)는 많은 치료자에게 영감을 주었고, 동기 강화 면담 등 다양한 치료 프로그램을 만드는 데 기초를 제공했다.

아무리 굳은 의지를 지닌 사람도 무언가를 성공하려면 단계를 거쳐야 한다. 자연에는 항상성을 유지하려는 힘이 있어서 무언가를 시도하면 저항이 걸린다. 어떤 기술을 익히려면 될 듯 안 될 듯 애태우는 시간이 지나야 하고, 무거운 물건을 들려면 중력의 저항을 이겨내야 하듯이, 정신적인 성장을 하려면 반대되는 힘 때문에 발생하는 고비를 넘겨야 한다.

인생을 과정으로 보는 관점의 두 가지 예 ─────────

1 | 실패, 죽음, 이별 등의 나쁜 소식을 받아들이는 5단계

예) 투자 실패를 받아들이는 5단계

부정 아니야, 이대로 끝날 리가 없어. 이건 잠깐 지나가는 과정
일 뿐이야. (현실을 외면하고, 아니라고 함)

분노 다 그 전문가 때문이야! 나는 아무것도 잘못한 게 없어!
남들도 다 이렇지 뭐. 내가 뭘 잘못했다고? (억울, 원망, 외부
탓을 하며 화가 남)

협상 한 번만 기회를 줘. 이번에 본전만 찾으면 다시는 투자 같
은 거 안 한다. 그렇게만 되면 평생 착한 일만 하면서 살
게! (자신에게 생긴 일을 인정했다가 부정하는 양가적 심리가 반영됨)

우울 아, 내가 투자를 잘못했구나. 이번에 내가 큰 실수를 했구
나. 나는 왜 이 모양이지. (과도한 자책과 자기 비하로 기분이 다운
되고 위축됨)

수용 묻지마 투자, 신용 매매는 하지 말라는 경고가 괜히 있는
게 아니었어. 앞으로는 제대로 알아보고 신중하게 결정해
야겠어. 준비가 안 되어 있을 때는 투자를 아예 끊는 것도
괜찮겠어. (현실을 받아들이면서 서서히 기분을 회복함)

2 | 변화의 5단계

예) 무기력과 실패의 늪에 빠졌던 사람이 성공으로 가는 과정

숙고 전 단계 나는 왜 이럴까? 자꾸 실패하고 좌절하는데 도무

지 이유를 모르겠어. (모르는 단계)

숙고 단계 그동안 패배주의와 소진에 지쳐서 자꾸 실패했던 거
구나. 무엇이 문제였는지 이제 알겠어. (알기 시작한 단계)

준비 단계 앞으로 어떻게 살아야 할지, 계획표도 적어보고 중간
중간 휴식도 취해야겠다. 성공한 사람들은 어떻게 위기를
극복했는지 공부해야겠다. (행동하기 전에 준비하는 단계)

행동 실천 단계 시작하기 전엔 막막했었는데 어느새 목표에 가까
워지고 있네. 나도 할 수 있구나. (계획했던 것을 행동에 옮김)

유지 단계 잘하고 있어. 이번엔 이걸 배워볼까? (행동을 유지하고 스
스로 피드백을 주고받음)

이번 판 왕은 너구나

마음 지구력이 좋은 사람들은 긍정적일 뿐 아니라, 힘든 단계가
올 것을 예측한다. '앞으로 꽃길만 걷겠지'만 생각하다가 실망하
는 게 아니라, '스트레스도 겪고 심란한 일도 생기겠지만 중간중
간 꽃길도 걷겠지'라고 생각한다. 그래서 중간중간 만나는 곤란한
문제에 의연하게 대처할 수 있다.

예를 들어, 직장 생활을 시작하고 나서 주변 사람들에게 인정
을 못 받는 시기가 있다. 이때 '왜 나는 이렇지?', '벌써 지치는 걸
보니, 난 틀렸나 봐', '일도 잘하고 성격도 외향적인 내 친구는 얼
마나 좋을까?'라고 생각하며 스스로를 힘 빠지게 하는 사람은 위
기를 넘어가기가 힘들다.

"아, 이 단계가 노력과 성과 사이에서 시간차가 존재하는 지점이구나!"라고 중얼거리는 사람들은 자신을 진정시키기가 한층 쉽다. 물론 이들도 일이 안 풀리면 기분이 안 좋고 속은 상하지만 비교적 빠른 시간 안에 문제에 대응할 준비를 한다. 감정 중추로만 사건을 받아들이는 게 아니라, 현실을 깨달으면서 전전두엽 피질에도 활성 물질을 보내주기 때문이다. 전자오락을 하듯 한 판 한 판에 집중해서 스테이지를 클리어한다.

그러면 한 판을 지더라도 멘털을 추스를 수 있고, 한 판을 이겨도 겸손할 수 있다. 예전 어르신들이 인생을 초년, 중년, 말년으로 나눈 것도 이런 의미가 아니었나 싶다. 초년에 성공했어도 방심하지 않을 수 있고, 실패했다고 해도 다음을 기약할 수 있으니 말이다. 나는 10여 년 전 선배에게 들은 한마디 덕분에 조바심 내던 마음을 진정시킬 수 있었다. 시작 단계에서 생기는 불안이라고 생각하니 부담을 내려놓을 수 있었던 것이다.

모든 일은 단계를 통해서 이루어진다. '프로세스'라는 단어와 친해지자. 지금 당장은 우리가 바라는 대로 살고 있지 않지만 앞으로 10년을 다짐하며 마음을 가라앉혀보자. "결국 성공하는 삶을 살게 되겠지? 하지만 중간중간 여러 프로세스를 거치긴 할 거야" 하면서 말이다.

과정으로서의 세계관을 인생에 적용하는 방법

지금의 상황을 단계의 틀에 넣어보기

과정으로서의 세계관을 장착하기 위해서는 시간의 흐름을 단계로 나누어서 분류해야 한다. 오늘 어떤 위기가 찾아왔다면 이것이 결론이 아니라, 여러 단계의 과정 중 하나라고 가정하는 것이다. 그러면 객관화가 일어나면서 감정적인 대응에서 한발 물러설 수 있다. 어떻게 과정을 대입시킬 수 있을까? 필요에 따라 사용하기 좋은 틀을 소개한다.

갈등이 있을 때 유용한 단계의 틀: 소설의 5단계

우리에게 발생한 문제가 '갈등'이라면 소설의 5단계인 발단-전개-위기-절정-결말의 5단계를 적용하자. '갈등을 겪고 있는 지금은 다섯 단계 중에 무엇일까?' 생각해보는 것이다. 보통 발단에서는 인물 소개 및 사건의 실마리가 펼쳐지기에, 갈등의 시기가 발단인 경우는 거의 없다. 만일 연인과 말다툼을 했다면 갈등이 전개되고 고조되고 있음을 뜻한다. "아, 우리의 이야기를 소설로 쓴다면 지금 전개 단계에 해당하겠구나"라고 현실을 대입시키는 방법이다.

　그러면 앞으로 위기에서는 어떻게 반전을 일으켜서 절정을 맞이할지 계획을 세울 수 있다. 감정을 토해내고, 갈등을 극대화시켜서 이별로 마무리할 것인지, 이제까지의 자신과는 다른 모습으로 접근해 한 단계 성숙하는 주인공이 될지 판단하는 것이다. 인생을 단계로 나누면 대처를 할 수 있다. 무턱대고 감정에 휘둘리는 게 아니라, 흐름을 멈추고 선택할 수 있다는 강점이 생긴다.

나쁜 사건이 생겼을 때 유용한 단계의 틀: 퀴블러 로스의 5단계

안 좋은 일이 생겼을 때는 엘리자베스 퀴블러 로스의 죽음을 받아들이는 5단계를 생각해보자. 이 5단계는 워낙 중요한 통찰이라서 실패, 이별, 질병처럼 나쁜 일이 지나가는 과정에도 적용할 수 있다.

입사 시험을 쳤는데 최종 면접에서 탈락하는 경우가 있다. 불합격이라는 결과는 불행한 사건임에 분명하다. 이때 "내가 왜 떨어져?", "면접장에서는 호의적으로 나오더니, 날 가지고 논 거야?"라며 화를 낸다면 부정-분노-협상-우울-수용의 5단계 중에서 분노 단계에 있는 것이다. 그때는 '아, 내가 지금 부정에서 분노로 넘어가고 있구나. 빨리 수용으로 넘어갔으면 좋겠다'라는 마음을 품는 게 좋다. 단계를 떠올리고, 흘러가는 흐름 속에 있다는 사실만 인지해도 어느 정도 진정이 된다.

이 5단계에서 중요한 것은 4단계인 우울을 통과해야 한다는 점이다. 기분이 처지고 과거를 후회하며 자책하는 시기를 겪어야만 한다. 이는 수용 단계를 앞둔 자연스러운 현상이다.

무기력과 슬픔이 느껴진다고 해서 자신을 나약하거나 병든 사람으로 깎아내릴 필요는 없다. "그래, 바라던 회사에서 탈락했으니 허탈하고, 힘 빠지지. 세상일이 생각 같지는 않구나"라고 중얼거리면서 수용 단계를 기다려보자. 우울이 꼭 나쁜 것만은 아니다.

변화를 추구할 때 유용한 단계의 틀: 프로차스카와 디클레멘트의 변화 5단계

변하고 싶은 것이 있을 때는 변화의 5단계를 적용시킨다. 건강한 삶을 살고 싶거나 돈을 많이 벌고 싶거나 아름다운 몸을 가지고 싶다면 지금 어느 단계에 진입해 있는지 평가해보길 바란다. 많은 사람이 숙고 전 단계에서 숙고 단계까지는 잘 진입한다.

숙고 전 단계 변화의 필요성을 모르고 있음.

숙고 단계 변화의 필요성을 알고 변하고 싶어 함.

준비 단계 변화하기 위해 결심하고 구체적인 계획을 세움.

행동 실천 단계 계획을 수행하고 행동함.

유지 단계 행동 실천 방식을 유지하면서 업그레이드된 인생을 유지함. 사진이나 글로 이 시기를 기록하면 안정적으로 지속하는 힘이 강화됨.

중요한 건, 의외로 많은 사람이 준비 단계에 진입하지 않는다는 점이다. 달라져야 한다고 생각하고, 강한 동기를 가지고 있지만, 숙고 단계에 멈추는 사람들이 많다. "어차피 지키지도 못할 건데 뭐 하러 계획을 세워?" 하며 준비 단계 없이 무턱대고 행동 실천 단계로 나아가기도 한다.

하지만 준비 단계는 변화의 다섯 단계 중 가운데를 차지하고 있는 만큼 상당히 중요한 과정이다. 운동을 한다면 언제 할지, 주 몇 회 할지, 비가 오는 날에는 어떻게 할지, 일이 많은 날이나 아픈 날에는 어떻게 할지 계획이 있어야 한다.

완벽한 계획을 세우라는 말이 아니다. 계획을 반드시 수행하라는 말도 아니다. 자신의 행동을 뇌에서 시뮬레이션해보고 방향을 지시하라는 뜻이다. 계획을 세운다고 그대로 진행될 리는 없지만, 방향성 자체가 없으면 실행 과정에서 발생하는 수많은 변수에 대처할 방법이 없다. 금세 포기할 수밖에 없다는 얘기다. 머릿속으로 계획을 세우고, 결심하고, 그것을 적어두고, 구체적인 방법을 찾아보는 것은 상당히 중요한 과정이다. 이 책을 읽는 것도 준비와 행동 실천을 동시에 진행하고 있는 것이니 다음 단계로 한발 더 내디뎌보자.

정신에
매몰되지 말고,
현실의 삶을 중시한다

03

정신력은 인생에서 얼마나 중요할까? ————————————

"한국 선수들의 정신력에는 아무 문제가 없다. 하지만 체력은 많이 떨어진다. 서구 선수보다 빨리 지치고 지치니까 못 뛰는 것이다. 체력 훈련을 따라갈 수 있는 선수 위주로 선발할 예정이다."

히딩크 감독이 한국 대표팀에 부임한지 얼마 되지 않아 이런 말을 했다. 당시에는 파격적인 말이었다. 그때까지만 해도 우리는 '정신일도 하사불성(精神一到 何事不成)'에 집중되어 있었기 때문이다. 잘하면 정신력의 승리, 못하면 투지 부족이라고만 생각했다. 어른들이 야단을 칠 때도 늘 마음의 문제를 강조했다. "넌 정신 상태가 문제야", "하고 싶지 않으면 그만둬", "제일 중요한 건 의지인데 넌 의지가 약해"라며 눈에 보이지 않는 것들을 지적했다.

그런 책망을 들어본 사람들은 안다. 뭔가 잘못됐다는 생각은 들지만, 암담함이 밀려온다. 앞으로 뭘 어쩌라는 건지 구체적인 가이드가 없다. 잘하고 싶고 성공하고 싶은 마음이야 다들 똑같지만 추상적인 가치만 좇는 사람에게는 구체적인 지침이 없다. 변화의 5단계 중 첫 단계인 숙고 전 단계에만 머무른다.

직장 생활을 시작한 신입 사원들이 이런 경우가 많다. "너무 무기력해요. 퇴근하고 나면 아무것도 못해요. 저는 의지가 약해요." 하면서 자신을 책망한다. 선배들은 퇴근 후에도 공부와 자기 계발을 한다며 자신에게 문제가 있는 걸로 생각하곤 한다.

실제 얘기를 들어보면 대개 체력의 한계를 넘긴 상태다. 취준생 때부터 수면 부족에 시달렸고 식사도 대충 때워서 영양도 엉망이다. 하루 종일 앉아 있어 목과 어깨는 굽어 있고, 주말에는 다음 업무를 걱정하느라 뇌가 쉬지를 못한다. 만성 피로와 줄어든 근육량 때문에 몸이 무거운 것이지 정신은 대개 문제가 없다.

마음과 정신이 중요하기는 하지만 형이상학적인 문제에만 매달려서는 안 된다. 그러면 구체적인 해결 방안은 떠올리지 못하고, 불필요한 논쟁에만 머무르기 쉽다. 정신적으로 건강하기 위해서는 정신에 신경을 덜 써야 한다.

없던 시절의 슬픈 자원, 정신력

옛날 어른들은 왜 그렇게 정신력에 집착했을까? 아시아권에서는 전통적으로 마음을 중시했던 이유도 있지만, 경제적으로 힘들었던 시대 상황과도 관련이 깊다.

"잘 살아보세"를 외치던 1960~70년대에는 열정과 목표는 있었지만 가진 게 없었다. 배고픔에서 벗어나고 싶었지만 1980년대까지도 한국은 투지 말고는 내세울 게 없었다. 석유가 나오는 것도 아니고, 외국인을 불러들일 만한 관광 자원도 없었다. 그런 상황에서 다른 나라와 경쟁하기 위해서는 정신력 말고는 믿을 게 없었다.

가정에서도 그랬다. 자녀가 공부를 잘하고 싶어 하는데, 부모는 가르쳐줄 지식도 없고, 참고서를 사줄 돈도 없었다. 그럴 때 어른들이 해줄 수 있는 유일한 행동이 정신 무장이었다. "마음 단단히 먹어라", "정신 똑바로 차려라" 이런 말로 미안한 마음을 달랬다. 부잣집 애들보다 기대를 걸어볼 만한 것은 정신력밖에 없었다. 눈에 보이지 않는.

어른들의 마음은 이해가 되지만 너무 강렬한 강조를 남겼다. 아직도 '마음의 자세'만 생각하는 사람이 많다. "이건 의지의 문제예요. 남들은 쉽게 하는 일을 나만 어렵게 한다니까요", "전 모성애가 없나 봐요. 애 보는 게 기쁘지가 않아요. 제가 정신 차리게 독한 말로 야단 좀 쳐주세요"라고 요청하는 경우도 있다.

정신을 지나치게 강조하다 보면 비난이 선을 넘는 경우가 생긴다. 실체가 없기 때문에 무턱대고 들들 볶는 것이다. 남을 비난하는 것도 문제지만 스스로를 다그치다가 자존감까지 공격한다. "생각을 바꾸면 된다는 거 알아. 그런데 나는 왜 못할까?" 셀프 비교, 셀프 폄하로 쉬어야 할 시간에도 셀프 공격에 시달린다.

구체적으로, 현실적으로

정신이 중요하긴 하지만 시선은 늘 현실을 바라보고 있어야 한다. 그래야 미래를 바꿀 해결 방안을 생각할 수 있다. 시험 준비를 하는데 의욕이 떨어지고 자신감이 사라지고 있다면 잠은 잘 자는지, 밥은 잘 먹고 있는지부터 체크해야 한다. 생각보다 많은 수험생이 대충 먹고, 밤에 자지 않고, 낮에 햇빛도 쬐지 않으면서 자신의 나약함을 탓한다.

만약 부부가 자주 다툰다면 싸움의 내용이나 배경이 아니라 말투부터 살펴봐야 한다. 대부분의 부부 싸움은 피곤이 극에 달한 시간대에 이루어지기 때문이다. 애정이 식었거나 성격 차이 때문이 아니라 귀에 들리는 지친 말투와 눈에 보이는 짜증스러운 표정 때문에 갈등이 촉발된다.

지치지 않는 사람들은 초인 같은 의지나 정신력을 수련한 사람들이 아니다. 잘 먹고, 잘 자고, 틈틈이 놀러 다니면서 가끔은 늦잠도 자는 현실적인 사람들이다. 최선을 다해 살지만, 늘 최선을 다하지는 못하는 허술한 사람들이 잘 산다. 현실적으로 생각하고 구체적으로 행동하기 때문이다.

우리는 어떻게 해야 구체적인 현실주의자가 될 수 있을까? 여기서 모든 비결을 말할 수는 없지만, 기준점이 되는 가치 세 가지는 알아두면 좋겠다.

첫째, 마음보다 몸에 집중하자. 우리가 먼저 챙겨야 할 것은 영혼이 아니라 육체다. 눈에 보이지 않는 신비로운 경지의 정신력은 초고수가 된 뒤에 신경 써도 된다. 팔, 다리, 몸통, 위장과 심장의 건강을 유지하고, 뇌에 혈액 공급만 원활하게 해도 잠재력을 끌어낼 수 있다. 몸에 좋은 행동을 많이 하고, 몸에 나쁜 행동을 빨리 끊는 것을 목표로 삼자.

둘째, 과거나 미래보다는 현재에 몰입하자. 과거에서 배우고, 미래를 대비하는 것도 중요하지만, 대부분의 문제는 현실을 외면할 때 생긴다. 후회하는 것을 끊거나 미래를 걱정하지 않겠다고 다짐하는 것보다는 눈에 보이는 것에 집중하자고 결심하는 것이 좋다. 무언가를 하지 말자는 부정적인 목표는 뇌를 혼란스럽게 만든다. 지금 눈에 들어오는 게 책이면 책을 읽고, 침대면 빨리 눈 감고 잠을 청하자. 하루에 5분이라도 현재에 몰입하는 연습을 시작하자.

셋째, 의도보다는 행동을 중요시하자. 자연스러운 사회생활을 위해 가장 중요한 것은 표정과 말투다. 의도가 아니다. 친척 어른들이 했던 잔소리를 떠올리면 이해가 쉬울 것이다. 잘되라고 하는 말, 애정이 있어서 하는 질문에 우리는 어떤 반응을 했던가. "취직은 했니?", "결혼은 언제 하니?", "남자는 군대를 다녀와야 사람 되지"라는 말을 들으며 그분들에게 호감이 생기지는 않았을 것이다. 좋은 의도는 좋은 관계를 이끌어내지 못한다. 사람들은 눈앞에서 잘해주는 사람을 좋아하기 때문이다. 친절한 말투를 가진 사람들이 현실에서 더 행복하게 산다.

현실적인 문제에 집중하도록 도와주는 주문

"이를 어쩌나?"

뜬구름 잡는 공상이나 고민에서 벗어나 현실적인 대안을 마련하고 싶을 때는 "이를 어쩌나?"라고 중얼거려보자. 별것 아닌 문장이지만, 많은 사람이 이 문장을 사용하지 않아 관념의 세계에 갇힌다.

어떤 문제가 생겼을 때 우리가 자주 하는 생각은 두 가지다. 첫째는 "왜 이러지?"다. 문제의 원인을 짚어야 해결할 수 있다고들 하지만, 감정이 상한 상태에서는 좋지 않은 방법이다. 초점을 과거로 끌고 가 현실을 외면하기 때문이다. 아무리 노력해도 시간을 되돌릴 수는 없다. 지나치게 과거에 초점을 맞추면 무기력과 우울감을 양산한다.

둘째는 "어떡하지?"다. 이 질문은 우리의 마음을 조급하게 만들고 불안하게 한다. '늦으면 어떡하지?', '사람들이 싫어하면 어떡하지?', '내가 그걸 못 견디면 어떡하지?' 등 초점을 불안한 미래로 끌고 간다. 미래지향적인 게 나쁜 건 아니지만, 미래의 문제는 불확실하다. 그래서 이런 질문을 자주 하는 사람들은 만성적인 불안에 시달린다.

이제는 문제가 생겼을 때 "이를 어쩌나?"라고 소리를 내보자. 뇌에 실제적인 아이디어를 요청하는 방법이다. 여유가 된다면 메모도 해보고 떠오르는 아이디어도 적어두면 도움이 될 것이다. 뇌에서 가장 똑똑한 중추인 전전두엽 피질을 출동시켜서 구체적인 계획을 세워보자.

현실의 삶을 잘 살기 위해서는 해결 중심으로 생각해야 한다. "이를 어쩌면 좋을까?"를 중얼거리며 자신과의 회의를 시작하길 바란다.

인생을 끌고
나가는 힘
: 돈으로 충분할까

04

돈의 자극성과 지속성

돈을 벌어야겠다는 생각은 얼마나 보상 중추를 자극할까? 돈 얘기가 나오면 다들 민감해진다. "설마 선생님도 돈이 중요하지 않다는 얘기를 할 건가(본인은 많이 벌었으면서)?", "돈을 많이 벌어봤자 허무하단 얘기를 할 건가(그런 허무함 느껴보고 싶네)?"라는 반응이 벌써 들리는 듯하다.

돈과 보상 중추의 복잡한 관계를 어떻게 설명할지 난감하긴 하지만, 내가 하고 싶은 말은 돈이 주는 만족감은 강렬하지만 지속시간이 생각보다 짧다는 것이다. 절대로 돈이 중요하지 않다는 말이 아니다. 돈은 분명 중요하다. 마치 물만큼 중요하다. 하지만 생수를 많이 쌓아두었다고 영원한 행복을 보장받는 건 아니지 않나.

돈을 많이 버는 건 행복한 일이지만, 소득이 올라갈 때마다 느끼는 행복의 강도에는 내성이 있다. 자산이 0이던 사람이 1,000만 원을 모았을 때 느끼는 행복감이 1,000이라면, 2,000만 원을 모았을 때는 950이고, 3,000만 원을 모았을 때는 800이다. 처음으로 1억 원을 모았을 때는 한 달 정도 세상을 다 가진 기분이 들지만, 10억 원의 자산이 11억 원으로 불어났을 때는 밥 한끼 잘 먹고 나면 평상심으로 돌아온다.

통장에 쌓여 있는 돈을 확인하고, 차를 바꾸고, 명품 가방이나 액세서리를 사면 당장은 기분이 좋지만, 그 기분이 생각보다 빨리 사라진다. 돈이 주는 자극만으로는 보상 중추의 활성화가 오래가지 못한다는 말이다.

돈이 주는 행복감은 왜 오래가지 못할까?

보상 중추나 편도체 같은 감정 중추는 인간의 본능을 자극할 때 활성화된다. 감정과 의욕 체계는 생명의 안전을 중심으로 진화되었기 때문이다. '살았다!'라는 생각이 들면 행복해지고 이를 유지하려는 의욕이 생긴다.

배고픔에서 벗어났다는 포만감, 사회적 고립에서 벗어났다는 스킨십, 봄의 꽃봉오리를 보면서 얼어 죽을 위험에서 벗어났다는 안도가 해방감과 환희를 준다. 이런 본능적인 자극이 보상 중추를 자극한다.

하지만 돈을 버는 행위는 역사가 짧다. 우리의 뇌는 아직 돈의 개념을 탑재하지 못했다. 돈은 산업화와 근대화가 이루어지고, 자본주의가 세상을 지배하면서 수백 년 사이에 생긴 자극이다. 우리가 물려받은 DNA에는 자본가의 유전자가 없다. 돈을 버는 일은 고차원적인 행복이지만, 본능적인 자극으로는 자리 잡지 못했다. 돈을 쓰는 일이 더 행복한 일이지만, 생존하기 위해 모험을 즐기고, 스릴을 느끼는 것을 뇌는 더 좋아한다.

드라마를 보면 대기업 회장님이 이상한 취미에 푹 빠져 있는 장면이 나올 때가 있다. 밤새 불 피워놓고 이것저것 구워 먹거나 추운 날씨에 낚시나 사냥을 하면서 재미를 느끼는 장면이 나온다. 아무리 돈이 많은 사람이라도 생존, 추억, 사랑, 다정한 대화 같은 인간의 기본적인 욕구를 충족시키지 않으면 무기력해진다는 것을 보여주는 게 아닐까.

돈과 가치를 연결 짓기

한 재테크 전문가가 인상적인 말을 했다. 그가 돈을 벌려고 결심했던 이유는 가족에게 병이 생기면서였다. 엄마가 아픈데, 치료비를 못 내는 마음이 너무 힘들었다. 그래서 그는 경제 공부를 시작하고, 가계부를 쓰고, 아끼고, 모아서 시드머니를 만들었다. 그리고 공부한 대로 투자를 하고, 또 아끼고 또 모아서 또 시드머니를 만들어 투자하기를 수없이 반복해 지금은 경제적 자유를 얻었다. 엄마가 아프다고 하면 언제든지 병원에 가 최선의 치료를 받게 하는 사람이 된 것이다.

부자가 되는 과정에서도 얼마나 많은 포기의 갈림길이 나왔겠

나. 귀찮기도 하고, 방탕하게 쓰고도 싶고, 인생을 즐기는 친구들이 부러울 때도 있었을 것이다. 그때마다 지치지 않고, 자신의 길을 쭈욱 가게 만든 것이 과연 '돈을 모았다'라는 자극이었을까?

돈을 모으는 것만을 목표로 삼는 것은 "밥을 안 먹어야지!"라고 결심하며 다이어트를 시작하는 것과 같다. 단순히 살을 뺄 생각만 하고, 체중계의 숫자가 바뀌는 것만 체크하면서는 다이어트에 성공할 수 없다. 낙이 없기 때문이다. 운동을 하면서 본능적인 쾌감을 느끼거나 눈바디로 시각적인 자극을 받거나 치팅 데이를 기다리면서 행복감을 느껴야 지치지 않고 성공까지 나아갈 수 있다.

돈을 모으는 것은 물론 좋은 일이지만 돈을 모으겠다는 목표만으로는 돈을 모을 수 없다. 부자가 되는 데 성공한 사람들은 돈으로 할 수 있는 또 다른 가치를 돈과 결합시킨다. 돈을 모아 사랑하는 사람의 건강을 챙기거나 과거의 자신처럼 불행한 어린이를 돕거나 어릴 적부터 꿈꾸던 우주여행을 하는 것처럼. 본능을 자극하는 꿈을 이루기 위해 돈을 번다.

무언가를 이루고 싶다면, 욕구와 가치를 결합시켜야 한다. 돈에 대한 욕심만 있으면 우리보다 돈을 더 버는 사람 때문에 질투에 시달리거나 우리보다 못 버는 사람들의 시샘에 괴로울 것이다. 지치지 않고, 계속해서 앞으로 나가기 위해서는 내가 왜 돈을 벌어야 하는지, 돈을 통해 얻고 싶은 게 무엇인지에 대한 철학이 있어야 한다.

추구하는 목표와 가치를 연결시키는 방법

"그래서 뭐가 좋은데?"에 대한 답 적어두기

인간의 기억력은 생각보다 약하다. 강한 의지로 결심해도 금방 잊는다. 특히 힘들면 기억이 더 빨리 사그라든다. 이걸 왜 시작했는지, 이걸 하면 뭐가 좋은지 떠오르지 않는다. 급기야 "내가 지금 뭘 하고 있었더라?"라고 할 정도다.

내가 다니던 헬스클럽에는 여러 문구가 적혀 있었다. "우린 점점 강해지고 있다", "보디프로필이 눈앞에 보인다!" 이런 문장이 회원의 눈에 들어오게 배치했다. 운동을 열심히 하자는 일차원적인 목표는 금세 희미해진다는 사실을 알고 있었다.

성공하는 사람들은 초심을 기억한다. 하지만 이들의 기억력이 유난히 발달한 것은 아니다. 이들이 초심을 잊지 않고 꾸준히 되새길 수 있는 이유는 본인이 무엇을 하고 있는지, 그걸 하면 뭐가 좋은지 반복 학습으로 알려주기 때문이다.

공통의 목표를 가진 사람들이 모임을 만들어 서로를 자극하듯 성공하는 사람들은 자신이 해야 할 일을 매일 알려주고, 이걸 꼭 해야 하는 이유를 수시로 일깨워준다. 의지만 믿고 버텨봤자 작심삼일도 어렵다는 것을 인정하고 있다.

돈을 벌고 싶다면 돈을 벌어서 뭘 할 건지, 일찍 자고 일찍 일어나고 싶다면 그것을 해서 뭐가 좋은지, 악기를 배우고 싶다면 그 지루한 과정을 감내하면서 얻고 싶은 결과가 무엇인지 글로 적어서 잘 보이는 곳에 두어야 한다. 다이어트를 한다면 롤 모델의 사진을 걸어두는 게 좋고, 살고 싶은 동네가 있으면 한 달에 한 번은 들러서 산책이라도 해봐야 한다.

　집안의 가장이 책상 한편에 가족사진을 붙여놓는 이유가 그런 것이다. "내가 이 회사에서 왜 버티고 있어야 하는가?"라는 원초적인 질문을 잊어버릴까 봐, 충동적으로 사직서를 내버릴까 봐 자신에게 답을 알려준다. 지친 날 만나게 되는 "내가 직장에 계속 다니면 뭐가 좋은가?"라는 질문에 정답을 만들어 달달 외운다. 그런 의미에서 지금 적어보자.

- 당신이 성공하고 싶은 일은 무엇인가?

- 그 일에 성공하면 어떤 점이 좋은가?

　이 두 가지를 잊지 않아야 원하는 것을 이룰 수 있다. 그렇게 되길 바란다.

에너지를 아끼는 인간관계의 비밀

05

사람도 종(種)이 있으면 좋겠다 ——————————

반려견 훈련 프로그램을 즐겨 본다. 불안이 심한 개, 사나운 개, 우울한 개, 너무 짖는 개 등 여러 문제가 있는 강아지가 나오는데 훈련사는 하나하나 원인을 찾아보고 해결해 나간다. 낯선 대상과 친해지고 변화하는 과정이 참 감동적이다.

　그런 프로그램을 보면서 부러운 점이 '견종'의 존재다. 강아지는 종(種)에 따라 고유한 성질이 있는데, 그 점을 이해하면 접근이 빨라진다. 몰티즈는 분리 불안이 심하고 다혈질이라거나 리트리버는 사람을 좋아하고 활동적이니 몇 시간씩 놀아줘야 한다는 상식이 있다. 종마다 가진 특성을 알고만 있어도 많은 문제가 해결된다.

　사람을 만날 때도 그렇다. 그 사람이 뭘 잘하고, 뭘 어려워하는지만 알아도 접근하기가 쉽다. 혈액형, 사주팔자나 별자리 분석, MBTI가 여전히 인기인 것도 이런 맥락에 있다. 사람을 이해하면 괜한 감정 소모를 피할 수 있다. '아, 저 사람은 ○○○○니까 저러는구나. 저런 사람들이 13퍼센트 정도 있지'라고 생각하면 '쟤 도대체 왜 저래? 정말 이해가 안 돼!'라며 불편해하는 것보다는 훨씬 스트레스가 적다.

하지만 우리가 만나는 모든 사람에게 성격 설문지를 주고, 그 결과를 이름표처럼 붙이고 다니라고 할 수는 없다. 어떻게 하면 사람의 특징을 이해하고 자연스럽게 대할 수 있을까?

그 해답은 '분류'에 있다. 견종을 나누듯 사람을 나눌 수는 없지만, 우리가 맺고 있는 인간관계의 방식은 분류가 가능하다. 인간관계 때문에 크게 스트레스받지 않는 사람들은 모든 인간을 이해하는 게 아니라 관계에 따라 적정 거리를 두고 에너지 소모 방식을 정해둔다.

인간관계에도 종류가 있다

사람마다 각양각색의 특징과 개성이 있지만, 똑같은 사람이라도 나와 어떤 관계를 맺고 있느냐에 따라 대응 방법이 달라진다. 대인관계를 잘하기 위해서는 그 사람과 내가 어떤 관계로 얽혀 있는지 구분해야 한다. 적정 거리에 따라 분류해보면 다음 5단계로 정리할 수 있다.

| 5단계-배우자(가족): 영원성을 가진 관계 |
| 4단계-연인: 사랑, 독점성을 가진 관계 |
| 3단계-친구: 사적인 관계 |
| 2단계-지인: 필요에 의한 관계 |
| 1단계-무지인: 모르는 사람 |

● 가족은 중요도에 따라 세분화된 분류가 가능하지만 이 책에서는 생략한다.

1단계 | 무지인(無知人)

제일 흔한 종류의 인간관계는 모르는 사람이다. 나는 무지인이라고 부른다. 80억 인구 중에 대부분이 무지인이다. 이 사람들과의 거리는 멀수록 좋다. 이들이 우리를 좋아하거나 싫어하거나 우리에게 끼치는 영향은 미미하다. 이 사람들과 잘 지내기 위해서는 일반적인 평판을 유지할 정도면 된다. 아주 이상한 행동만 하지 않으면 문제될 게 없는 관계다.

2단계 | 지인

지인 관계의 특징은 필요에 의해 가깝게 지낸다는 점이다. 명함과 연락처가 있지만 별일 없이 연락하지 않는다. "생각나서 전화해 봤어. 잘 지내?"하며 안부를 물으면 실례가 되는 관계다. 식당의 주인과 손님, 직원과 기업 대표, 학원 선생님과 수강생 관계다. 가족보다 자주 보기도 하지만 사적인 부분에 대해서는 무관심하게 대하는 게 매너다.

3단계 | 친구

지인 중 일부는 친구가 된다. 좋아하는 것을 같이 좋아하거나 싫어하는 것을 같이 싫어하면 친구가 되기 쉽다. 친구 단계부터는 감정이 섞이고 공감도 필요하다. 비밀을 공유할 수 있고 가족의 안부를 물을 수 있으며 선물을 보낼 수 있는 사이다.

경조사에 얼마의 비용을 지출하느냐에 따라 친구와 지인을 구분하기도 하는데, 친구 단계부터는 어느 정도의 희생을 감수할 수 있다. 나는 10만 원을 냈는데, 상대는 5만 원을 냈더라도 친구 단계라면 이해해 주려고 노력해야 한다.

4단계 | 연인

친구 관계에서 한 명은 연인이 될 수 있다. 친구는 많아도 되지만 연인부터는 독점성을 갖는다. 둘만의 비밀이 있고, 둘만 알아야 하는 것을 남에게 노출시킨다면 상당히 무례한 일이다. 이 단계부터는 사랑이라는 감정이 필요하다. 있어서 좋은 게 아니라 사랑이 없으면 이 관계가 존재할 이유도 사라진다.

5단계 | 배우자(가족)

배우자는 현재의 독점성뿐만 아니라 미래의 독점성까지 약속된 관계다. 5단계로 접어든 이상 가역적인 이별은 어렵다. 이혼 등의 행정 절차를 밟는다 하더라도 어떻게든 기록이 남는다.

가족 관계부터는 사랑이 의무이기도 하다. 사랑해야 하고, 상대가 행복해야 나도 행복하다. 물론 예외는 있다. 개인의 사정에 따라 가까운 가족도 있고, 먼 가족도 있고, 밉거나 무관심한 가족도 있다. 병역, 납세, 교육의 의무처럼 꼭 해야 하는 것이지만, 상황에 따라 합법적 면제도 가능하다. 관심과 사랑이 없을 수도 있지만, 그러려면 정당한 명분이 있어야 한다. 사랑해야 할 사람을 사랑하지 않는 것도 큰 스트레스이기 때문이다.

관계의 순리를 따르기

인간관계에서 스트레스를 받는다면 그 사람과 나의 관계가 어느 단계인지부터 따져봐야 한다. 각 단계별로 분류된 인간관계가 그대로 유지될 때는 별로 스트레스가 없다. 친구가 계속 친구로 행동하거나 모르는 사람이 계속 모르는 사람으로 행동한다면 무슨 문제가 있겠나.

스트레스는 단계의 선을 넘을 때 발생한다. 친구 카테고리에 넣어둔 사람이 가족처럼 굴거나 연인 카테고리에 있는 사람이 지인 단계로 지내자고 하면 마음은 위협을 느낀다.

단계가 올라갈 때도 에너지 소모가 생긴다. 친구 중에 한 명을 연인으로 만든다는 것은 기쁜 일이면서도 부담스러운 일이다. 결혼은 또 어떤가? 새로운 가족이 생기는 데다가 수많은 지인까지 한꺼번에 생긴다. 수많은 단계의 오르내림 속에서 몰랐던 것을 알게 되면서 정신 에너지가 많이 닳는다.

그렇다고 가족도 버리고, 연인이나 친구도 버린다고 문제가 해결되는 건 아니다. 가까운 관계는 에너지 소모를 만들어내지만, 그만큼 의욕과 동기 부여도 만들어내기 때문이다. 사랑하는 사람이 있고 그들과 사랑을 주고받는 것만큼 도파민을 활성화시키는 일도 없다. 관계에 맞는 적합한 사랑을 하는 게 현실적인 방안이다.

마음 지구력이 있는 사람들은 어떤 관계냐에 따라 좋은 관계의 개념이 다르고, 적절한 매너와 대응법이 다르다. 그들은 지인에게는 지인만큼 기대하고, 그만큼 잘해준다. 그렇게 아낀 에너지를 친구나 연인, 가족에게 분배한다. 사랑을 쏟아야 할 사람에게는 아무리 쏟아도 아까워하지 않는다. 써야 할 데 쓰고, 아낄 때 아끼기 위해서는 적절한 분류가 필요하다.

인간관계를 통해 기쁨을 얻는 것도 중요하지만, 나쁜 기억을 많이 만들지 않는 게 더 중요하다. 앞서 말했듯 나쁜 기억은 오래 남아서 우리를 괴롭히기 때문이다. "모든 사람에게 사랑받을 필요는 없다"라는 말은 이제 상식이 되었다. 이제부터 생각할 것은 '인간관계의 단계에 따라 어떻게 대해야 할까?'다.

일단 가까울수록 좋은 게 아니라, 적당한 거리가 중요하다는 사실을 기억하자. 쓸데없는 에너지 낭비를 줄이면서 관계의 틀 안에서 최선을 다하는 것을 목표로 삼아야 한다.

인간관계에서 답을 찾는 방법

"아, 저런 사람이구나!"

인간관계를 잘한다는 것은 "어떻게 대해야 할까?"라는 문제에 답을 잘 찾는다는 말이다. 인간관계가 어려운 이유는 각 단계에 따라 답이 달라지기 때문이다. 똑같은 상황이라도 지인 단계인 사람을 대하는 방법과 연인 단계인 사람을 대하는 방식은 그 정답이 다르다.

그래서 우리는 사람을 만날 때마다 '감탄'을 준비해야 한다. 예전에는 시험 문제의 정답을 찾을 때마다 감탄했다. 역사 시험을 칠 때는 "조선 시대 조세 정책에 관한 문제구나!" 하는 감탄 과정이 있었기에 적당한 답안이 떠올랐다. 아무리 머릿속에 지식이 많아도, 문제를 읽고, 감탄하는 단계를 생략하면 좋은 성적을 얻을 수 없다. 강아지를 대할 때 종을 알고 있으면 좋다는 것도 감탄과 관련이 있다. "이런 종이구나!" 하는 알아차림이 있어야 종에 맞는 답을 구할 수 있다.

인간관계에서는 단계와 친절이라는 변수를 두고 감탄하기를 권한다. 사람마다 중요시하는 가치가 다르고 단계 설정도 다르기 때문에 각자의 답도 다르다. 그렇기에 적당한 예를 소개하니 자신에게 맞춰 변형해 보자.

인간관계의 5단계를 무지인, 지인, 친구, 친한 친구, 가족으로 두고, 무례한 사람인지 친절한 사람인지를 변수로 둔다면 무례한 무지인, 무례한 지인, 무례한 친구, 무례한 친한 친구, 무례한 가족, 친절한 무지인, 친절한 지인 등 열 가지 경우의 수가 생긴다. 각각 어떻게 대해야 할지 정해두면, 사람들이 행동할 때마다 금방 답을 찾을 수 있다.

무례할 때	인간관계의 단계	친절할 때
무시, 신고, 법적 대응 고려(모르는 사람에게 무례하기는 쉽지 않다. 무지인 관계를 유지하면서, 만일의 사태에 대비한다).	무지인	감사합니다(모르는 사람인데 친절을 주었으니 감사해야 한다).
나랑 친해지고 싶은가 본데, 우리는 좀 다르네요(친절할 필요는 있으나, 지인은 아직 친구가 아니다. 그런데 무례하다면 단계를 내리는 것을 고려한다).	지인	잘 지내셨어요? 요즘은 어떻게 지내세요? 그때 일은 잘 처리됐나요?(지인이 친절하면, 친구가 되는 걸 고려한다. 그래서 개인적인 사항에 관심을 가진다).
그러지 좀 말아라(누구든 무례한 행동을 하면 "No!"와 "Stop!"을 외칠 수 있다. 그래도 무례가 반복되면 지인 단계로 내릴 것을 고려한다).	친구	내가 밥 한번 살게(친구가 친절하면 성취감과 보상 중추를 자극해줄 필요가 있다).
요즘 바쁘다더니 몸이 지쳐서 저러는구나(친한 친구니까 일단 사랑으로 감싸준다. 하지만 무례함이 반복되면 평범한 친구로 단계를 내리는 것을 검토한다).	친한 친구	부모님은 안녕하시고요? 애들은 잘 있죠?(친한 친구가 친절하면, 가족의 안부까지 챙겨줄 필요가 있다. 가족처럼 말이다).
원래는 괜찮은 사람인데, 무슨 일이 있나보다. 내가 도와줘야겠다(가족이니 공감하고 이해해줄 필요가 있다).	가족	너무 고맙다. 나도 잘해줘야지(가족이라도 고마운 마음을 표현해야 매너다).

마음 지구력을
늘리는 방법 1
: 잘 자기

06

충전 없는 스마트폰은 꺼진다 ────────────

그럼, 마음 지구력을 유지할 수 있는 구체적인 방법에 대해 알아보자. 포기하지 않고, 꾸준하게 도전하는 사람들의 비밀은 무엇일까? 존경하는 스승님이 한 분 있다. 다양한 활동도 하시고, 사람을 참따뜻하게 대해 주신다. 일할 때는 꼼꼼한데 말씀할 때는 유머가 있다. 전공의 때부터 '저분처럼 살면 참 좋겠다'라고 생각했다.

우연히 그분과 함께 택시를 탄 적이 있었다. 지방에서 학회가 늦게 끝난 날이었다. 실무진들끼리 모여서 식사를 하다가 집에 가야겠다고 일어서자 "윤 선생, 나랑 같이 가자!" 하면서 일어나셨다. 택시 뒷자리에 나란히 앉아서 이런저런 얘기를 나눴다. 영광스러운 순간이었다. 어떻게 하면 그렇게 살 수 있는지 이것저것여쭤봤다. 연예인을 만난 것처럼 들떴고, 좋은 말씀을 많이 들려주셨다.

그런데 교수님이 갑자기 "어이쿠, 벌써 시간이 이렇게 됐네. 나 오늘 서울 못 가겠다. 자고 내일 가야겠네" 하시면서 근처의 호텔을 검색하시는 것이다. 처음에는 장난인 줄 알았다. 결국 그분은 그날 기차를 타지 않으셨다. "윤 선생, 푹 자야 해. 푹 자는 게 제일 중요해"라는 말씀을 남기고 인근 비즈니스호텔로 걸어가셨다. 놀라운 순간이었다.

당시 나에게 조언을 해주신 분들은 성실, 근면, 시간 관리, 인격 수양, 이런 것들을 강조했기 때문이다. 가장 중요한 게 잠이라니, 그 장면이 신기해서인지 기억에 남았다.

그때만 해도 나는 잠의 중요성을 깨닫지 못했다. 젊었고, 지병도 없었다. 부모님도 건강하셨고, 과로로 쓰러진 친구도 없었다. 열심히 살려고 애썼다. 무엇이든 부지런히 하면 좋은 결과로 이어질 거라고 믿었다. 하지만 얼마 지나지 않아, 나보다 열심히 살던 선배와 동료들이 아프다는 소식이 들리기 시작했다. 학교와 학회, 직장과 가정을 오가며 온갖 업무를 해내던 친구들이 응급실에 실려 갔다는 얘기, 갑자기 쓰러져 투병 중이란 소식도 들렸다.

내 몸도 변하기 시작했다. 예전에는 몸은 피곤해도 건강검진 상 아무 이상이 없었는데, 반대가 되었다. 나는 괜찮은 것 같은데 자꾸 병원에서 불렀다. 정밀검사를 하라고 하거나 몇 달 있다가 재검을 해야 한다는 의견을 받았다. 친구들끼리 모이면 혈압약, 당뇨약, 고지혈증약 이야기를 나누기 시작했다.

20대까지는 잘 모른다. "나는 아니겠지", "나는 이렇게 살아도 괜찮겠지"라는 근거 없는 믿음이 있다. 하지만 우리 몸은 매일 늙어가고, 스트레스는 그것을 가속시킨다. 특히 뇌가 제일 고생이다. 눈 뜨자마자 메일 확인, SNS 들여다보기, 눈 감기 직전까지 생각의 회로를 돌리지 않나. 나도 저녁까지는 의사로 살고, 밤이 되면 작가로 살고, 주말이 되면 강의 준비를 하는 생활을 몇 년간 반복하며 뇌를 고생시켰다.

결국 탈이 났다. 위장병과 과로를 방치하다가 응급실 신세를 졌다. 수액 바늘을 꽂고 병원 천장을 바라보고 있는데, 스승님의 말씀이 뇌리를 스쳤다. 그분 말씀이 맞았다. 잠이 제일 중요했다.

뇌가 쉬는 시간은 잠자는 시간밖에 없다. 특히 밤 11시부터 1시 사이는 자고 있어야 한다. 인간이 양질의 수면을 취할 수 있는 가장 좋은 시간이기 때문이다. 이미 우리 유전자에는 해가 지면 자고, 해가 뜨면 움직이는 생활 리듬이 세팅되어 있다. 몸은 한밤중인데 억지로 뇌를 깨우고 있는 건 시간이 아깝다고 시계 침을 붙잡고 있는 것과 같다. 당연히 고장이 난다.

다음 주는 푹 자야지, 다음 달부터는 푹 쉬어야지 하며 미루기만 했는데, 몸의 반란이 기다리고 있었다. '소진 증후군 예방 강연'을 준비하다가 내가 소진된 상황에 웃음만 났다. 충전 없이 스마트폰을 사용하면 결국 꺼진다. 방전된 스마트폰처럼 쓸모없는 게 있을까? 소진된 뇌가 그렇다. 하긴, 나도 그랬으면서 누구에게 잔소리를 하겠나.

잘 것이냐? 아플 것이냐?

잠의 필요성을 깨달아도 실천하는 건 어려운 일이다. 도저히 일을 할 수는 없는 심야 시간대가 되어도 우리는 고민한다. '이대로 잘까?', '좀 놀다 잘까?'의 관문을 만난다. 그럼 또 놀기가 이긴다. 드라마라도 봐야 할 것 같고, 맥주를 홀짝거리면서 나만의 시간을 보내고픈 유혹이 승리하곤 한다.

근면 성실의 역사에서 '수면'의 이미지는 좋지 않았다. 그리고 아직도 명예 회복을 하지 못했다. 많은 사람이 수면을 시간 낭비, 아무것도 안 하는 시간이라고 표현한다. 하지만 뇌로 먹고사는 현대인들은 수면을 충전해야 한다. 육체적인 회복만을 위해서가 아니다. 쓸모없는 기억을 지우고, 필요한 기억만 남겨두는 기억의 재처리 과정도 수면을 통해 일어난다. 수면은 충전이며, 재부팅이고, 뇌세포에 쌓이는 쓰레기를 분리수거하는 항노화 작용이다. 수면은 생산적인 활동이다.

앞으로는 잠 vs 일, 잠 vs 놀이를 고민해서는 안 된다. 그 갈림길에서 분명히 잠을 선택하지 않기 때문이다. 어렸을 때부터 세뇌를 받아온 데다 세상의 모든 기업이 잠을 선택하지 않고, 재화나 서비스를 선택하라고 노력 중이다.

"잘 것이냐? 일할 것이냐? 놀 것이냐?"라는 질문을 만났을 때는 그 질문을 지워라. 그리고 자신에게 말해라. "내가 지금 '잘 것인가? 아플 것인가?'의 갈림길에 있구나!" 하고 말이다. 수면 부족이 쌓이면 우리는 아프다가 죽는다. 잠을 싫어할 수는 있다. 하지만 아픈 것보다는 낫지 않은가.

일중독에 빠졌던 사람들이 가장 후회하는 순간이 아플 때라고 한다. 수술실 혹은 병실 천장을 바라보며 일중독의 끝을 깨닫는다. 거기에 하나 더, 그렇게 일을 시키던 사람에게 "그러게, 건강 관리 좀 알아서 하셨어야죠!"라는 말을 듣는 순간 한 방 더 맞는다. 건강 관리를 대신해줄 사람은 애당초 아무도 없다.

아프지 않으려면 잠을 자자. 걱정은 내일 아침 출근길에 하자. 드라마 보면서 머리 식히는 건 내일 저녁 퇴근길에 하자. 머리를 잘 쓰려면 밤에는 자야 한다. 눈을 감고 사랑하는 사람들을 떠올리자. 눈을 감고 가고 싶은 여행지를 떠올리자. 보고 싶은 사람들을 꿈에서라도 만나기를 바라며 양을 세자. 1부터 100까지, 100부터 1까지 무한 반복하자. 일단 살아야 하지 않겠나.

휴식과 수면을 위해 지킬 것

1 | 눈 감고 머리는 기대기

휴식의 정의는 다양하지만, 뇌과학의 측면에서는 '눈을 감고 머리를 바닥에 붙인 상태'가 가장 적절한 표현이다. 많은 사람이 즐기는 스마트폰 타임은 뇌의 관점에서는 노동이다. 안 아프고 싶다면 눈을 감고 바닥에 머리를 대야 한다. 도저히 못 견디겠으면 마스크팩이라도 하자. 시간을 허비하고 있다는 느낌을 막아주고 피부도 좋아진다.

2 | 기상 시간부터 지켜라

잠에 빠져드는 시간(입면 시간)보다는 잠에서 깨는 시간(기상 시간)을 먼저 세팅해야 한다. 밤 11시에 자서 아침 7시에 일어나겠다고 계획을 잡았다면, 11시에 자는 것은 나중의 일이다. 우선 성공해야 할 것은 7시에 일어나는 것이다. 1시간 뒤척이느라 12시에 잠들었으니 8시에 일어나도 된다고 생각하면 평생 수면 주기를 조절하지 못한다. 우리의 신체리듬은 원래 25시간이라고 한다. 그래서 본능을 따르면 얼어 죽지 않기 위해 겨울 내내 동굴에서 잠을 청하던 원시인의 습성이 나타난다. 현대사회의 속도에 맞춰 살아가려면 억지로 일어나야 한다. 푹 자고 상쾌하게 일어나는 선물 같은 경험은 자주 일어나지 않는다. 졸리지만 일어나는 상황이 자연스러운 일이다.

3 | 오전 중에 햇빛을 쬐는 게 가장 중요하다

수면 문제 해결은 밤이 아니라 아침에 이루어진다. 오전 시간에 햇빛을 얼마나 쬐는지에 따라 수면의 성패가 갈린다. 도시인들은 실내에서 생활할 수밖에 없지만 되도록 창가에서 서성이고, 점심시간이라도 햇빛을 쬐자. 오전 햇빛이 가장 중요하지만, 오후에라도 빛을 쬐야 한다.

4 | 수면 관련 상품을 이용하자

수면 부족에 시달리면서도 문제 해결을 위해 어떤 노력도 하지 않는 경우가 은근히 많다. 수면 안대, 암막 커튼, 족욕, 반신욕, 아로마, 수면 양말 등을 추천한다. 이런 제품을 한번 사용한다고 갑자기 잘 잘 수는 없다. 잠도 뇌가 하는 것이기에 공부와 똑같다. 문제집 한번 풀었다고 수능 점수가 오르지는 않는다. 하지만 "나의 휴식을 위해서 무언가를 했다"라는 느낌은 자존감도 높여준다. 자신을 기계나 도구가 아닌 인간적으로 대한 행동이기 때문이다. 당신의 꿀잠을 위해 투자하자.

5 | 술, 담배, 커피는 안 할수록 좋다

알코올, 니코틴, 카페인은 직접적으로 수면 기능을 공격한다. 생각보다 많은 사람이 직장에서는 대량의 커피를 마시거나 흡연을 하고, 퇴근해서는 술을 마시면서 잠을 못 잔다고 병원을 찾는다. 이 세 가지를 지속하면서 잘 자는 것은 무척 어려운 일이다. 이제는 술, 담배, 카페인 없이 살았던 10대 시절로 돌아가야 한다는 것을 깨달아야 한다.

6 | 수면제를 복용할 수는 있지만 끊는 것을 목표로 해야 한다

수면제의 도움을 받을 수는 있지만, 이 또한 끊는 것을 목표로 해야 한다. 필요에 의해 사용하더라도 의사의 처방을 받아야 하며, 최소량으로 최소 기간 복용이 원칙이다. 특히 한 달 이상 수면 문제를 겪고 있다면 반드시 전문가와 상담이 필요하다.

7 | "나는 잠을 자고 싶은 사람이다"

침대 머리맡에 이런 문구를 적어둔 적이 있었다. 아침에 눈을 뜰 때마다 "어제 일찍 잘걸" 하면서 후회했는데 밤이 되면 또 잊어버리고 항상 늦게까지 깨어 있었기 때문이다. 그래서 '아침의 내'가 수면 부족에 시달린다고 '밤의 나'에게 쪽지를 써뒀다. 비슷한 고민을 하는 사람이라면 한번쯤 시도해보길 권한다. 나는 효과가 있었다.

마음 지구력을
늘리는 방법 2
: 체력 기르기

07

체력이 정신력이다

"정신과 의사도 스트레스를 받나요? 어떻게 멘털을 관리하세요?"
라는 질문을 종종 듣는다. 그럴 때는 "우리도 똑같아요"라고 대답
한다. 누구나 스트레스를 받고 마음이 아플 때가 있다. 치료자의
마음은 완벽하게 건강할 거라 생각하는 사람들도 있는데, 그럴 리
가 있나. 최초의 소진 증후군 환자는 중독 치료 센터의 상담 치료
사들이었다. 누군가를 돌보고 도와준다는 것은 힘든 일이다.

인간의 신체는 한계가 있다. 건강했던 사람도 탈이 나고, 마음
이 다친다. 정신력이 강하면 신체의 고단함도 견딜 수 있을 거라
생각하지만 정신력도 결국은 뇌의 힘이다. 평생 마음을 갈고닦은
수도자들도 피곤하면 짜증 나고 지치면 만사가 귀찮다. 스트레스
관리가 결국 몸 관리고 정신력이 곧 체력이다.

신체를 뛰어넘는 영혼과 영성도 중요하지만, 일단 우리가 관리해야 할 것은 신체적인 문제다. 영혼을 다듬는 문제는 몸 문제부터 해결해놓고 도전해야 한다. 지금은 현실적인 지구력부터 챙기는 게 우선이다.

어떻게 해야 체력을 유지할 수 있을까? 언제나 그렇듯 정답은 쉽다. 잘 먹고, 잘 자고, 잘 움직여야 한다. 이 세 가지를 기억하고 실천하려면 어떻게 해야 할까?

잘 먹기: 기준 정하기

인간에게는 광합성의 기능이 없다. 의학적 처치를 제외하면, 인간이 에너지를 얻을 수 있는 유일한 방법은 먹는 것이다. 근육이든 뼈든 혈액이든 도파민이든 모두 먹는 것으로 생산되고 운용된다. 잘 먹지 않으면서 잘 사는 방법은 없다.

그러면 어떻게 먹는 것이 잘 먹는 것일까? 잘 먹기는 많이 먹기가 아니고 먹고 싶은 걸 먹기와도 다르다. 횟수와 질, 만족도의 측면에서 적절히 먹는 것이 잘 먹는 것이다.

첫째, 하루에 두 끼 이상은 먹어야 한다. 이왕이면 하루 세 끼를 먹고 점심과 저녁 사이에 간식까지 먹는 게 좋다. 하루에 한 끼 이하의 식사를 하면서 무언가를 성공하기는 무척 힘들다. 설령 성공한다 해도 건강 문제로 실패의 길로 돌아갈 가능성이 높다.

둘째, 양질의 음식을 먹어야 한다. 그럼, 양질이란 무엇일까? 나는 편의점 음식을 경계선으로 잡는다. 편의점의 의미가 국민의

'편의'를 위해 만들어진 상점이기 때문이다. 편의점에서 판매하는 냉동식품, 도시락, 즉석식품 수준 이상의 식사를 매일 한 끼 이상은 해야 한다.

셋째, 만족도의 측면에서 잘 먹는다는 것은 무엇일까? 바쁜 사람이 매일 만족스러운 식사를 할 수는 없다. 하지만 적어도 일주일에 한 끼는 식사를 통해 행복을 느껴야 한다. 좋아하는 사람과 먹거나 취향에 맞는 음식을 먹거나 즐거움을 느낄 만한 자극이 있어야 한다.

식사는 인간이 태어나서 가장 먼저 느끼는 만족 행위다. 식탐은 가장 본능적인 욕구이며 식도락은 가장 대중적인 쾌감이다. 구강기 만족은 워낙 원초적이어서 중독성과 금단 증상도 강렬하다. 그런데 우리의 뇌는 참 잘 잊는다. 오늘 새로운 사실을 달달 외워도 내일은 절반만 기억하고 그다음 날은 다시 절반만 남는다. 일주일이 지나면 기억은 급격히 소멸된다. 그런 이유로 세상의 모든 학습 커리큘럼은 일주일 간격으로 짜여 있다. 일주일 안에는 기억을 되새김질해야 내 머릿속에 고정된 데이터로 학습된다.

그래서 일주일에 한 번쯤은 "내가 잘 먹고 있네"라는 자극을 뇌에 주어야 한다. 만족스러운 식사는 에너지를 만들 뿐 아니라 정신적 행복감, 자기 연민 예방에도 도움이 된다. 일주일에 한 번쯤은 SNS에 자랑할 만한 식사를 하자. 자기가 먹는 음식에 감정적으로 만족하지 못하면 욕구 불만이 엉뚱한 충동으로 튄다. 일주일에 한 번은 기분 좋은 식사를 해야 한다.

잘 먹기와 관련해서 당부하고 싶은 것은, 안 먹는 시간을 잘 보내야 먹는 시간도 잘 보낸다는 점이다. 다이어트에 실패하는 사람들이 가장 자주 하는 말이 "배가 부르면 딱 멈췄으면 좋겠어요"다. 배가 부를 때 무언가를 조절하려고 하면 폭식하는 습관을 고칠 수 없다. 그건 무척 어려운 일이라서 나도 잘 못한다. 위장에서 배부름을 느끼고 "가득 찼어!"라는 신호를 보내고 그 신호를 뇌에서 파악하는 데 10여 분의 시간이 걸리기 때문이다. 배부르다는 느낌이 들었다면 이미 위장이 가득 차고, 소화기관으로 혈액이 몰려서 이성적인 판단이 힘들어진 상태다.

식사 조절의 성공 여부는 먹기 전에 정해진다. 얼마나 먹을지 계획이 있고, 계획을 실행할 이성이 있어야 조절된다. 안 먹기의 시간이 너무나 가혹했다면 이미 조절 시스템이 무너져 있는 상태다. 괴로울 정도로 공복 시간이 길면 식이 조절은 실패한다. 몸은 저혈당으로, 마음은 불쾌한 감정으로 채워놓고 시작된 식사이기 때문이다. 머리는 "지금 너무 굶어서 생존에 위협을 받고 있어! 일단 음식물을 입에 넣어!"라는 신호로 가득 차 있는데 어찌 식욕을 조절하겠나. 편도체는 항진되고, 생존 본능이 마음을 장악한 상태다.

그래서 아무리 바빠도 식사 횟수, 식사의 질, 식사 만족도의 기준을 정해두어야 한다. 간헐적 단식이 성공할 수 있는 이유도 몇 시간 동안 단식을 할지 미리 정해두었기 때문이다. "굶는 게 괴롭긴 하지만 지금 잘되고 있어. 그리고 몇 시가 되면 끝나는 고통이야"라는 희망이 다이어트를 성공으로 이끈다.

식사는 단순한 에너지 섭취가 아니다. 생체리듬, 감정, 삶의 질과 그 사람의 문화까지 포괄하는 개념이다. 한 나라의 국민이 한쪽에서는 굶어가고, 한쪽에서는 음식물이 남는다면 국민 화합이나 균형 발전이 있을 리 없다. 식이가 무너진 인간이 편안하거나 일을 잘하거나 인격 성장을 이뤄낼 수는 없다.

다 먹고 살려고 시작한 일 ─────────

나도 식사를 대충하거나 건너뛰다가 폭식을 하고 싶은 유혹을 느낄 때가 있다. 그때마다 인턴 시절을 떠올린다. 인턴들은 병원에서 가장 소홀한 대접을 받는다. 대학 병원은 모든 직원이 바쁘고 예민해져 있다. 이 와중에 인턴은 일정 간격으로 다른 파트로 옮겨 다니기 때문에 딱히 챙겨줄 생각을 하지 못한다. 호출기는 밤낮없이 울려대고 감정의 쓰레기통이 되는 일도 많다.

울타리도 없고, 권리도 없는 인턴에게 유일하게 관심을 가져주는 게 식사였다. 애정의 사각지대에 놓여 있지만, 교수님들은 간간이 "인턴 선생! 밥 먹었어?"라고 묻곤 했다.

그게 유일한 보살핌이었다. 그리고 한 달에 한 번씩은 다른 과로 넘어가기 전에 함께 식사하는 인턴 페어웰(farewell)이라는 시간을 가진다. 그 식사 시간만큼은 상급자인 당직 전공의가 대신 일을 맡아준다. 밤낮없이 위급한 일이 터지는 대학 병원이지만 인턴 페어웰을 챙겨주는 것이 수련 병원의 불문율이었다. '인턴이 식사를 거를 정도의 시스템이면, 어차피 모든 직역의 기능도 무너진다'라는 개념이 있었다.

나는 아무리 바빠도 식사는 챙기려고 한다. '지금 아무리 바빠도 인턴 때만큼 바쁘겠나. 그때도 밥은 먹었는데' 하며 어떻게든 먹는다. 굶어봤자 나중에 폭식을 하게 되고 그러면 배가 아파서 더 시간이 없어진다. '밥 굶어가며 해야 할 일은 없다'라는 게 내 지론이다. 다 먹고 살려고 시작한 일이지 않은가.

사람들이 SNS에 올리기 위해 음식 사진을 찍는 일이 늘었다. 무척 바람직한 현상이라고 본다. 자신이 먹는 것에 관심을 가지고, 타인과 피드백을 주고받고, 본인의 식사 습관을 체크하게 된다. 본능적으로 먹고, 잊어버리고, 또 본능에 맡기기보다는 기록을 통해 "내가 요즘 이렇게 먹고 있구나"라는 것을 인식하는 행동이다. "앞으로 이렇게 먹어야지!" 하는 계획으로도 이어진다.

잘 움직이기: 당신은 운동하는 사람인가요?

운동이 필요하다는 사실은 누구나 안다. 건강, 성공, 부, 행복, 공부 등 무언가를 이루기 위해서는 늘 운동 얘기가 나온다. 운동이 얼마나 중요한지에 대한 내용은 잔소리가 될 것 같아 생략하겠다.

소진과 관련해 운동 얘기를 꺼냈을 때 가장 논란이 되는 부분은 노동과 운동을 구분하는 것이다. 운동을 하냐고 물어보면 많은 사람이 "저 하루 종일 움직이는데요? 출근해서 퇴근할 때까지 자리에 앉아 있을 틈이 없어요", "선생님! 집안일이 얼마나 많은데요. 이게 운동이지, 별건가요"라고 말하는 경우가 많다.

팔과 다리의 관절을 움직였으니 물리학적인 운동을 한 것은 맞다. 하지만 단순히 움직임이 있었다고 해서 뇌까지 충전할 에너지를 얻은 것은 아니다. 안 움직인 것보다는 건강에 좋겠지만, 노동 시간 이외에 운동 시간은 따로 확보해야 한다. 그래야 정서적 위안을 받을 수 있고, 노동하느라 돌보지 못했던 다른 파트의 신체를 강화할 수 있다.

일단 "당신은 운동하는 사람인가요?"라는 질문에 "네!"라는 대답을 했다면 실제 운동을 하는 사람일 가능성이 높다. 반면, 앞서 말한 것처럼 자신이 하는 노동을 얘기하거나 운동을 안 하는 이유를 설명하거나 예전에 했던 운동에 대해서 말하거나 "이제 운동할 거예요"라고 말한다면 운동을 하지 않는 사람이다.

운동이 필요하다는 것을 알면서도 우리는 왜 운동을 힘들어 할까? 첫 번째 이유는 우선순위에서 밀리기 때문이다. 운동은 결과물이 빨리 나오지 않는다. 그래서 일과 사랑이라는 인생의 1순위 과업보다 뒷전으로 밀린다. 어렸을 때는 공부, 성인이 되어서는 돈을 벌거나 가족을 돌보는 것이 인생의 최우선 과제다. 그러느라 지치면 쉬는 것이 또 1순위가 된다. 생산적 활동에서는 돈 버는 일에 밀리고, 비생산적 활동에서는 쉬기에 밀리니 운동은 항상 2순위다. 그래서 사람들은 "운동할 겁니다"라는 말을 달고 산다. 거짓말은 아니다. 할 생각은 있지만 인간은 한 번에 두 가지 행동을 할 수 없어서 못 하는 거다.

이럴 때는 일과 운동을 접목시키는 것도 괜찮은 방법이다. 퇴근길에 지하철 한 정거장 걷기, 접대를 위한 골프나 테니스 레슨, 백화점에서 긴 시간을 보내면서 생활 체력 쌓기 등으로 시동을 걸자. 온전히 운동에만 집중하는 것은 아니지만, 몸의 움직임을 유지하는 것도 중요하다. 우연한 기회에 동기 부여가 됐을 때 어려움 없이 운동할 수 있도록 준비해 두는 것이다.

두 번째 이유는 '못해서' 안 하는 사람들이 있다. 운동을 싫어한다는 사람들의 마음속에는 못함을 못 견디는 창피함이 있다. 시작했다가 금방 그만두는 사람들도 실력이 늘지 않음을 못 견디는 경우가 많다. 잘해야 성취감이 느껴지는데, 나 빼고 다 잘하는 상황은 여간 민망한 게 아니다.

공부, 강연, 독서 같은 취미는 못해도 티가 안 난다. 집중을 안하고 다른 생각을 해도 남들은 알 수 없다. 그래서 못하는 시간을 견딜 수 있지만, 운동은 못하는 것이 누가 봐도 티가 난다. 이런 경우에는 잘하고 못하고가 없는 운동을 하는 게 좋다. "창피함을 극복하고 꾸준히 하다 보면 늘어요!"라고 설득해도 성공 가능성은 낮다. 운동 자체도 힘든데, 견디기 힘든 감정까지 안고 가기는 불가능에 가깝다.

공원 걷기나 둘레길 걷기, 요가나 필라테스 일대일 강습 같은 종목은 못해도 남들은 모른다. 골프나 탁구, 댄스, 복싱처럼 기술 습득이 필요한 종목보다는 부담이 적다.

마지막 이유는 완벽한 운동을 찾고 싶어서 시작하지 못하는 사람들이 있다. 그들은 가성비, 동선, 효율, 공정성 등 모든 것을 충족시키는 운동을 하려고 한다. 안 그래도 운동은 힘든 일인데, 그걸 잘 해내려고 하니 스트레스가 더 커진다.

놀이공원에 가거나 맛집을 찾을 때는 산출물이 나오기 전에 시간과 노력을 들이는 게 쉽다. 시도하는 과정이 힘들어도 결과적으로 기다리는 내용물이 식사, 즉 기분 좋은 보상이기 때문이다. 하지만 치밀한 계획 끝에 얻는 게 운동이라면 준비하다가 지쳐 떨어질 가능성이 높다.

완벽한 준비도 좋지만, 운동을 시작하는 첫날에는 충동적인 사람이 되는 게 유리하다. 마음에 딱 드는 운동, 가성비 좋은 헬스클럽, 이런 완벽함을 찾기보다는 일단 대충 시작하고, 준비는 행동 다음으로 순서를 바꾸는 것이다. 충동적으로 헬스클럽 장기 결제를 하라는 말이 아니다. 아무 체육관이나 1일권을 끊고 오늘 하루만 열심히 해보란 얘기다. 시작이 제일 힘든 일이 운동이다.

마음 지구력을
늘리는 방법 3
: 놀기의 중요성

08

휘발유 같은 도파민, 완충해주는 세로토닌 ───────

잘 노는 것도 마음 지구력을 늘리는 방법이다. 언뜻 듣기에는 쉽지만, 잘 논다는 게 그리 간단하지가 않다. 의욕을 만들어내는 기관은 뇌의 보상 중추로 도파민을 공급받아야 활성화가 된다. 도파민은 뇌세포를 깨우고, 활동할 수 있게 만들어주는 신경전달물질이다. 그래서 보상 중추에만 작용하는 게 아니라, 부정적인 감정과 연관 있는 편도체도 자극하고, 이성적인 판단을 하는 똑똑한 뇌 영역인 전전두엽 피질도 활성화시킨다.

뇌를 커다란 공장이라고 보면 도파민은 연료다. 그런데 숯처럼 은은한 화력을 내는 연료가 아니라. 휘발유처럼 금세 불붙었다가 급하게 식는 변덕이 심한 연료다. 그래서 도파민은 짜릿한 쾌감을 주지만 빠른 속도로 사라지면서 금단 증상도 만든다. 그리고 편도체로 몰려가 불편한 감정을 불러일으킨다.

놀이에 성공해서 보상 중추가 자극되면 기분이 좋아지고, 또 하고 싶고, 의욕이 생기지만 영원하지는 않다. 쾌감의 자극은 죄책감과 후회로 마무리된다. 도파민의 휘발성 때문이다. 술에 취해 파티를 즐긴 후에는 숙취가 오고, 자극적인 섹스 후에는 불응기가 오며, 갑작스러운 행운과 성공 후에는 공허함이 온다. 무명 생활 끝에 갑자기 빛을 본 방송인들이 어이없는 실수로 일을 그르치는 경우가 종종 있는데, 이 또한 도파민의 휘발성과 관련이 깊다.

이런 문제를 보완해주는 것이 세로토닌이다. 세로토닌은 체내에 소량 존재하면서 여러 역할을 하는데, 도파민의 완충 작용을 해준다는 것이 중요하다. 정신 에너지를 일정하게 유지하는 사람들은 놀이를 통해 도파민을 끌어올린다. 도파민을 보상 중추에 도달하게 할 뿐만 아니라 충분한 세로토닌을 보유하고 있어서 급격한 감정 변화를 예방한다.

마음 지구력을 정신의학적 용어로 번역하면, 도파민과 세로토닌을 충분히 가동하는 능력이다. 그리고 그것을 가능하게 하는 생활 속의 기술을 우리는 놀이라고 부른다. 잘 놀아야 도파민이 원활하게 분비되어 보상 중추를 자극한다. 이때 행복을 느끼고, 생산적인 활동을 감당할 의욕이 생긴다. 잘 놀았던 기억은 추억이 되어 우리 마음의 안전지대로 자리 잡는다. 그때를 떠올리면 행복해지고, 시련이 와도 견딜 수 있다. 이건 세로토닌의 힘이다. 도파민의 휘발성을 보완해서 금단 증상을 막아주고, 놀이를 추억으로

편집해서 우리를 안정시킨다. 잘 놀았던 기억은 우리를 관대한 사람으로 만들고, 피해의식을 물리쳐준다.

좋은 얘기지만 비현실적으로 들릴 수도 있다. 성공을 위해서는 꾸준히 해야 하는데 꾸준하게 하려면 놀아야 한다니, 모순처럼 느껴질 수도 있겠다. 사실은 모순이 맞다. 세상이라는 전쟁터에서 승리자로 남으려면 창도 필요하고, 방패도 필요한 게 사실이니까. 완벽한 창과 방패를 갖추자는 게 아니다. 평생 일만 열심히 하는 것은 불가능하니 놀이를 통해 충전을 하자는 얘기다. 어떻게 놀면서 성공할 수 있냐는 질문이 나올 수도 있지만 그렇게 생각하는 사람일수록 놀이가 결핍되었을 가능성이 높다. 잘 놀면서 성공하는 게 비현실적으로 들리겠지만 놀지 않고 성공하겠다는 게 더 비현실적이다.

놀이를 억압하기만 하면 역풍이 불어닥친다. 지치거나 우울해지거나 엉뚱한 충동의 노예가 된다. 일탈, 외도, 갑질, 일진 놀이, 험담, 따돌림 같은 저급하고 중독적인 악습으로 이어지기도 한다. 놀이는 인간의 본능이다. 잠을 자고, 밥을 먹어야 하듯 즐거운 시간을 보내야 행복해지고 인간다워진다. 인간의 기본적인 권리이기에 놀이를 없애는 삶은 인권에도 저촉된다.

하지만 우리는 어렸을 때부터 노는 것이 얼마나 중요한지에 대해서는 쉬쉬하며 살아왔다. 어떻게 공부해야 하는지, 어떻게 예의를 차리고 돈을 모아야 하는지는 배웠으나, 노는 것에 대해서는 아는 게 없다. 특히 나이가 많은 사람들일수록 놀아야 한다고 하면 난감해한다. 이제라도 잘 놀기에 대해 배워야 한다.

어른의 놀이는 내 마음대로의 시간

1 | 내 마음대로의 시간 확보하기

일단 시간이 제일 문제다. 바쁜 사람들은 일할 시간이 모자라고 안 바쁜 사람들은 마음이 초조해서 놀 시간이 없다. 게다가 성공하고 싶은 사람들은 놀이에 대한 저항감이 있다. 노는 게 익숙하지 않고 마음 편한 단어도 아니다.

억지로 놀이 시간이라고 부를 필요는 없다. 하지만 인간은 '내 마음대로 하는 시간'은 있어야 한다. 하루에 15분, 아니 5분, 혹은 1분이어도 괜찮다. 누구나 자기 인생을 자기가 원하는 대로 살고 싶은 마음이 있기에 자기 조절감의 시간을 가져야 한다. 이 시간만큼은 자신이 원하는 것을 위해 비워둬도 괜찮다. 의욕도 생기고, 자존감도 높일 수 있다.

그 시간을 어떻게 보내느냐에 대한 이야기를 계속할 것이다. '놀이'라는 표현이 부담스러운 사람들은 저마다의 표현으로 부르자. '자기 조절감의 시간', '힐링 타임', '숨 좀 쉬는 시간', '안 아프기 위해 노력하는 시간'도 괜찮다.

2 | 도파민적 놀이

'내 마음대로의 시간'에 하는 놀이는 도파민적 놀이와 세로토닌적 놀이로 나뉜다. 도파민 관점의 놀이는 쉽게 말해 '재밌는 것'이고, 세로토닌 관점의 놀이는 '감동적인 것'이다. 이 두 가지 유형의 놀이가 다 필요하다.

우리가 어릴 때부터 하고 싶어 했고, 부모님들은 싫어했던 놀이는 대개 도파민적인 놀이다. 사람을 흥분시키고, 활력을 주고, 근심 걱정을 잊게 해주는 강렬함이 있다. 주로 경쟁, 승리, 행운, 쟁취, 새로운 경험을 통해 느끼는 즐거움이다.

도파민이 없으면 전전두엽 피질이 힘을 잃기 때문에 도파민적 놀이는 반드시 필요하다. 스포츠, 레저, 맛집 탐방, 트레킹, 사랑 같은 모험이 가미된 놀이가 인생에 활력을 준다.

어떤 놀이가 나에게 도파민을 줄까? 떠오르는 것이 없다면 예전에 좋아했던 것들을 되새겨보길 바란다. 예전처럼 자극적이지는 않겠지만 성공 가능성이 꽤 높을 것이다.

3 | 세로토닌적 놀이

도파민적 놀이뿐만 아니라 세로토닌적 놀이도 중요하다. 세로토닌이 활성화되는 놀이는 문화, 감동, 소통, 공감 같은 키워드로 이루어진다. 영화나 드라마 감상, 독서나 대화를 통해 관심과 사랑을 확인하는 중요한 과정이다.

우리는 세로토닌적 놀이를 통해 안정감을 느끼고 정서적인 충전을 경험한다. 주로 실내에서 실행하지만 집보다는 외부 공간을 추천한다. 좋아하는 카페나 극장, 놀이공원 같은 곳에서 문화생활을 해야 한다. 아무래도 돈이 좀 든다. 하지만 우리가 경제 활동을 하는 이유는 양질의 놀이를 위해서 아니겠나. 오히려 돈을 벌고자 하는 모티브로 사용하면 어떨까 싶다.

4 | 집 밖에서 놀기 vs 집 안에서 놀기

놀이에서 시간만큼 중요한 것이 장소다. 웬만하면 집 밖에서 놀기를 추천한다. 집이라는 공간이 놀기에 적절한 곳이 아니기 때문이다. 어떤 놀이를 하더라도 실내에서 주로 논다고 하면 의사의 입장에서는 비타민 D 결핍증으로 인한 우울증, 만성 스트레스로 인한 세로토닌 결핍을 걱정할 수밖에 없다. 집에 마당도 있고, 꽃과 나무도 있고, 독립적인 활동이 보장될 정도의 규모라면 모를까. 대부분의 현대인이 살고 있는 콘크리트 벽체는 수면과 간단한 식사 정도만 감당할 수 있다.

특히 부모님과 성인 자녀들이 오밀조밀하게 살면서 보상 중추를 자극할 만한 놀이를 하기에는 한계가 있다. 층간 소음 문제로 민원에 시달리거나 부모님의 한숨과 잔소리가 반복될 텐데 어찌 마음 편히 놀 수 있겠나. 똑같은 실내 놀이를 하더라도 집이 아닌 공간에서 하는 것이 새로운 자극을 준다.

5 | 놀이 vs 중독

'중독'이라는 글자를 붙인 단어가 존재하면, 그 놀이는 환영받지 못한다. 알코올, 도박, 게임, 스마트폰, 탄수화물 같은 놀이다. "잠들기 전 스마트폰 타임이 유일한 낙인데, 그것도 하지 말라는 건가요?"라는 말을 들으면 걱정을 할 수밖에 없다. "저는 여러 가지 낙이 있어서, 인생이 다채롭게 느껴져요"라는 말을 하는 사람이 더 건강하게 보이지 않겠는가?

일중독을 겪은 사람들이 다른 중독으로 옮겨가는 것은 매우 흔한 일이다. 그래서 본인은 재밌더라도, 그 놀이 때문에 트러블이 생기거나 남몰래 숨어서 하고 있거나 배우자나 자녀에게는 "이런 거 절대 배우지 마라"라고 한다면 놀이가 아니라 중독에 빠진 건 아닌지 점검해 봐야 한다.

놀이는 즐거울 뿐만 아니라 안전하고 자랑스러워야 한다. 내가 사랑하는 사람들에게 추천할 수 있는 행동이어야 인생의 자부심이 되고 에너지가 된다. 가까운 사람들의 반대와 염려에도 불구하고 그것만이 인생의 낙이라고 주장한다면 본인이 중독에 빠져 있음을 자인하는 것이다. 대체물도 있고, 그 외에도 다양한 놀거리가 있어야 중독의 의심에서 벗어날 수 있다.

경험이 놀이를 만든다

노는 것과 관련해서 잊지 말아야 할 것이 '경험의 중요성'이다. 감정은 경험의 소산이기에 놀이도 경험을 통해 형성된다. 예를 들어, 내가 좋아하는 놀이는 '정처 없이 돌아다니기'다. 재수를 할 때 친구들과 만든 놀이인데, 그때는 아무 목적이나 생각 없이 터덜터덜 걸어 다니는 게 제일 재밌었다. 워낙 잡생각이 많았고, 불안하던 시절이었으니 머리를 비울수록 재미로 수렴됐다.

그래서인지 지금도 목적 없이 다니는 것을 좋아한다. 돈도 안 들고, 머리 쓸 일도 없고, 다툴 일도 없으니 그 시간이 제일 편하다. 여행을 가서도 가장 하고 싶은 것은 먹거리나 쇼핑이 아니다. 처음 가본 지역에서 방황하는 것이다. 이런 나의 놀이에 동호하는 사람들도 있지만, 이해하지 못하는 사람들이 더 많다.

놀이는 경험과 관련이 깊기에 사람마다 다르고 시대마다 다르다. 그래서 어떤 놀이가 나에게 적합한지는 경험을 해봐야 안다. 어땠는지 글로 적어보기도 하고, 사진으로 남겨서 되새김질도 해야 한다. 막상 시간이 지나고 돌이켜 봤을 때 후회되는 놀이라면 진정한 충전이라고 할 수 없다.

그리고 주변 사람들과 놀이에 대한 대화를 자주 하는 게 좋다. 개인의 느낌이나 경험이 중요하지만 사회생활이라는 현실도 감안해야 하기 때문이다. 재테크나 자녀 입시에 대해 수다를 떨 듯 "요즘 뭐 하고 놀아?" 하며 놀이 문화에 관심을 가지는 건 아주 중요한 일이다. 특히 가족이 있는 사람이라면 함께 노는 교집합을 찾기 위해 노력해야 한다. 같이 논 적도 없으면서 친하게 지내는 일은 불가능하다. 어쨌든 잘 놀고 봐야 한다.

잘 놀기를 위한 제안

1 | 산책 놀이

놀이는 도파민적 놀이와 세로토닌적 놀이로 나뉜다고 했는데, 산책은 이 두 가지가 적절히 섞여 있다. 적당한 속도로 걸으면서 계절의 변화를 느끼고 풍경을 보는 것은 자극적이면서도 편안하다. 그리고 왼발과 오른발을 교대로 사용하는 양측성 운동이기 때문에 나쁜 기억을 소거하고, 좋은 기억을 강화하는 정보의 재처리 과정도 도울 수 있다.

　육체적으로나 정신적으로나 산책은 거의 완벽한 놀이다. 여기에 도파민적 요소를 더하고 싶다면 달리기로 옮겨가고, 세로토닌적 요소를 더하고 싶다면 사진 찍기를 해보자.

2 | 실내 놀이와 실외 놀이

집 밖에서 노는 걸 추천하지만 우리나라 기후상 늘 야외 놀이만 할 수는 없다. 장마와 폭염이 지속되기도 하고 미세먼지와 황사도 위협적이다. 이처럼 외출이 힘든 시기에는 전국의 정신건강의학과 예약 전화가 불이 난다. 비좁은 집에서 서로 부대끼다 보니 스트레스가 폭발하기 때문이다.

　그래서 실내 놀이와 실외 놀이를 다 준비해 둘 필요가 있다. 운동을 하더라도 집 밖에서 하는 놀이(축구, 달리기, 등산, 테니스 등)와 실내에서 하는 놀이(웨이트 트레이닝, 탁구, 배드민턴, 댄스, 홈트 등)가 있는 게 좋다. 웬만하면 실외 놀이를 우선적으로 하길 바란다. 실내 놀이만 하다가 실외로 나가려고 했는데, 하필 날씨가 나쁘면 다시 실내로 들어와야 될 수도 있으니 말이다.

3 | 놀이 후 정리까지 놀이

모든 행동에는 대가가 따른다. 놀이도 그렇다. 여행을 하고 나면 카드 청구서가 날아오고, 자유로운 무질서가 휩쓸고 가면 난장판이 된다. 이 놀이가 나와 맞는 놀이인지, 재미있는지 판단하려면 이런 뒷수습까지 평가 요소에 넣어야 한다.

후회, 피로, 비용, 인간관계의 문제 같은 것을 느끼면서 '속은 상하지만 잘 놀았으니 됐어'라고 무마하면 안 된다. 이 놀이로 인한 행복이 80이고, 버거움이 70이라면, 이 놀이는 80-70=10점짜리 놀이다.

수습하는 것까지가 놀이다. 놀면서 찍은 사진을 정리하는 것도 놀이고, 영수증을 챙기는 것, 후기를 적는 것도 놀이다. 나에게 맞는 놀이는 놀 때도 즐겁지만 수습할 때도 즐거워야 한다. 놀이의 만족도를 생각할 때 잊지 말아야 할 점이다.

4 | 일과 놀이를 결합시키기

일과 놀이를 결합시키는 것은 재밌으면서도 생산적인 작업이다. 일이 뭐가 재미있냐고 반문하는 사람도 있겠지만, 게임화(gamification)라는 단어가 있을 정도로 우리 일상에서도 많이 활용된다.

특정 지역에 체크인할 때마다 보상을 주거나 광고와 퀴즈를 결합한 마케팅이 게임화의 실제적인 예다. 무엇이든 재미를 느끼게 하면 거부감이 사라지는 심리를 이용한 기술이다.

제안서 최단 시간에 쓰기, 구내 식당 메뉴 포스팅하기, 하루 할 일 정해서 클리어할 때마다 선물 주기, 일상 에피소드를 적절히 변형해 글쓰기 소재로 만들기, 출퇴근 길에 이어폰 끼고 BGM 만들기, 사무실에 화분 가져다 놓고 돌보기 등 소소한 놀이가 스트레스를 줄여준다.

직장의 구조적인 문제를 해결하는 게 핵심이지만, 근본적인 해결이 이루어지기 전까지는 버텨야 한다. 인상 쓰고 불행하게 견디는 것보다는 게임화를 통해서 에너지를 모아보는 게 어떨까.

지금까지 소진에 대해 알아보고 마음 지구력에 대해 살펴봤다. 여러분의 마음 지구력과 끈질긴 삶을 응원한다. 여기까지 읽은 것만으로도 도움이 되면 좋겠지만, 안타깝게도 그리 간단하지 않은 사람들도 많을 것이다. 왜냐하면 소진까지 오는 우리의 과정 또한 간단하지 않았기 때문이다.

이제는 좀 더 근본적인 원인을 다룰 것이다. 소진이 길바닥에 지쳐 쓰러진 상태라면, 그 지경이 되도록 만든 방해물이 있었다. 단순히 심폐지구력만 늘릴 게 아니라, 인생에서 만나는 수많은 방해물로부터 자신을 극복하는 방법을 알아보려 한다. 지금부터 근본적인 문제와 해결책을 찾아보자.

어제의 결승선이
오늘의 출발선이
되는 순간

PART 2
MENTAL ENDURANCE

CHAPTER 3

공감이
능력이다

▶▶▶ 감정의 방해물 치우기

방어력이 있는 사람들은 비틀거리다가도 중심을 잡고, 돌부리가 있어도 즈려밟고 디딤돌로 쓴다. 평상시 어떤 정신 자세와 삶의 기술이 있었느냐에 따라 데미지가 축적되느냐 아니냐가 나뉜다.

즉, 멘털이 강한 사람이 된다는 것은 방해에 대응하는 방어력을 키우는 것이다. 방어력이 점차 약해지면 방해에 취약해진다. 그러다가 결국 쓰러지는 것이 소진이다. 눈앞에 보이는 실패의 원인은 소진이지만, 근본적인 원인과 해결책은 방어력에 달렸다.

01

방해 없이
이뤄내는
성공은 없다

감기라는 벽

한 남자가 결혼하며 다짐을 한다. 사랑하는 아내와 평생 행복하게 살겠다고. 그런데 신혼여행을 다녀오자마자 아내가 감기 몸살에 걸린다. 열이 나고 목이 아파서 움직이지를 못한다. 남자는 자괴감에 빠진다. 평생 행복하게 해주고 싶었는데 감기는 어쩔 방법이 없다. "괜찮아? 계속 아파?" 초조해져서 자꾸 묻기만 하니 컨디션이 나쁜 아내는 신경질적으로 변해간다. 일정을 무리하게 잡았나? 신혼여행 다녀오자마자 본가에 간 게 스트레스였나? 남자는 많은 것이 후회스럽다.

　고민하던 남자는 자신의 어린 시절을 떠올린다. 유난히 몸이 약했던 그는 어릴 때 감기에 자주 걸렸다. 편도가 붓고, 기침을 할 때마다 그의 어머니는 수프를 끓여주셨다. 비싼 음식은 아니었지만, 따뜻한 수프를 호호 불면서 먹는 것은 아플 때만 누릴 수 있는 작은 행복이었다. 남자는 편의점으로 향한다. 2,000원짜리 분말 수프 한 봉지를 사 와서 물을 끓인다. 거실로 나온 아내는 그 모습을 보며 이게 무슨 뜬금없는 일인지 묻는다. 수프를 별로 좋아하지도 않는데. 남자는 설명한다.

"우리 부모님은 워낙 무뚝뚝하셔서 애정 표현 같은 걸 안 하셨거든. 그래도 내가 아플 때마다 수프를 끓여주셨어. 그래서 나도 해보려고."

아내의 표정이 밝아진다. 좋아하는 음식도 아니고, 감기가 나은 것도 아니지만. 둘 사이에는 따뜻한 온기가 감돈다. 감기가 준 시련이 어느 정도 해결되는 느낌이다.

방해하는 힘과 방어하는 힘

모든 일에는 방해가 따른다. 아무리 좋은 능력과 동기가 있어도 예상치 못한 문제를 만난다. 사랑을 할 때도 그렇다. 감기 바이러스 따위가 신혼부부의 뜨거운 사랑에 위기를 만들 줄 누가 알았겠나.

물체를 움직일 때 마찰력이 발생하듯 무엇을 시도할 때도 반대 방향의 힘이 생긴다. 아픈 사람이 건강한 사람이 되려고 해도, 실패한 사람이 성공하려고 해도, 자존감이 낮은 사람이 당당하려고 해도 늘 반대 방향의 저항이 딸려 온다.

악의적으로 우리를 괴롭히는 방해도 있지만, 가치중립적인 방해물이 더 많다. 다이어트를 할 때도 그렇다. 수많은 음식 광고와

정성을 들인 엄마의 손맛이 우리의 다부진 결심을 방해한다. 골목마다 자리 잡은 편의점, 붕어빵, 탕비실 가득한 간식거리는 또 어떤가. 가장 친한 친구, 사랑하는 가족도 우리를 살찌게 한다.

세상에는 관성이 존재한다. 그래서 변화하려면 저항을 버텨내야 한다. 밥을 2인분씩 푸던 엄마는 계속 음식을 푸짐하게 차리고 싶고, 나보다 돈을 잘 벌던 친구는 계속 본인이 더 잘나가고 싶어 한다. 속이 좁아서 그런 게 아니라 인간은 누구나 자기가 더 잘살고 싶어 하기 때문이다.

입시를 치를 때도 그랬다. 내가 10등을 올리려면 열 명의 저항을 극복해야 하고 합격을 하려면 다른 사람을 떨어뜨려야 한다. 세상의 흐름을 깨려는 시도 자체가 누군가에게는 발칙한 방해력이다. 그래서 방해하는 힘을 미워하는 것만으로는 해결할 수 없다. 스스로를 방어하는 힘이 필요한 이유다.

방해를 겪지 않고 성공한 사람은 없다 —————————

회복과 성공의 길에 꼭 필요한 방어력, 전문 용어로 방략(coping strategy)이라는 단어가 내가 생각하는 방어력과 가장 유사하다. 인생에서 만나는 여러 가지 상황에 대한 대처 방안을 의미한다. 아무리 끈기가 있고, 재능이 있어도 대처 방안이 약하면 보호막이 쉽게 깨진다. 상처가 쌓이고, 피로가 누적되어 결국 번아웃이나 실패로 향한다.

방어력은 건강으로 치면 면역력이고, 근육으로 치면 상하체 골격근이다. 어깨 근육, 하체 근육처럼 겉으로도 드러난다. 질투하는 사람을 여유롭게 대하거나 텃세 부리는 분위기에 부드럽게 녹아들거나 실패를 통해 하나씩 배우겠다는 긍정적인 자세 같은 인생의 기술이다. 방어력이 강하면 매력적인 사람으로 통한다.

성공한 사람은 아무런 방해 없이 좋은 환경만 만나며 살았을 것이라 생각하는 사람들도 있다. 안타깝지만 성공한 경험이 없는 사람들이 그런 생각을 한다. 남의 인생을 대충 훑어본 다음 "쟤는 유전자를 타고났네", "쟤는 운이 좋네" 하면서 성공한 사람의 노력을 깎아내린다.

성공을 해본 사람들은 안다. '내가 이 자리에 오기까지 얼마나 많은 일이 있었는지 알아? 하나하나 극복하느라 진짜 고생 많았어'라는 생각을 품고 산다. 그 힘을 자신만의 특별함으로 가지게 되었다고 생각하는 사람과 주변의 도움으로 공을 돌리며 감사하는 사람으로 구분될 뿐이다.

산책을 하려고 해도, 나방과 모기가 달라붙고 돌부리에 발이 채는 번거로움을 이겨내야 한다. 평화로운 시간을 가져보고 싶어도 대자연이 우리를 막아선다. 그럼에도 불구하고 우리가 마음을 강하게 만들고, 돈을 벌고, 경쟁에서 이겨내는 데 어찌 그 과정이 평화롭기만 하겠나.

방어력 없이 성공하고 싶은 것은 운동과 식이 조절 따위 하지 않고 건강하게 살고 싶다는 말과 비슷하다. 헬스클럽도 가고 지겨운 닭가슴살을 먹는 것도 감수해야 한다. 어느 날 갑자기 홀린 듯이 성공할 수는 없는 일이다.

앞서 말한 신혼부부를 들여다보자. 아내의 감기라는 문제를 해결하기 위해 남편은 여러 가지 기술을 사용했다. 어렸을 때 사랑받았던 기억을 되새겼고, 수프를 떠올려 행동으로 옮겼다. 자신의 행동을 설명하는 기술도 발휘했다. 이런 식으로 문제를 해결한 경험은 나중에 비슷한 상황을 타개하는 데도 도움이 된다.

방어력은 방어기제, 습관, 성격, 대인관계 기술, 경제적 자산 등 모든 것을 이용해 인생에 대처하는 기술이다. 문제를 해결해 나가는 과정을 통해 방어력이 개발되고, 습득한 기술로 문제를 해결한다. 이 능력이 부족한 사람들은 작은 문제가 겹치고 쌓여서 무너지기 좋은 상태로 세상을 살아간다. 일명 유리 멘털로 살다 보니 빨리 지치고, 쉽게 포기하고, 상처가 쌓이는 악순환에 빠진다.

타고난 사람도 있겠지만 대부분은 주변 환경을 통해 학습한다. 부모의 방어력이 자녀에게 대물림되는 경우가 많다. 아버지가 스트레스를 술로 해결하는 모습을 보고 자라면 자녀들도 "스트레스받으면 술을 마시는 거구나"라는 인식이 깔릴 수 있다는 얘기다. 어려운 일을 겪을 때마다 산책하고, 차 마시고, 믿을 만한 사람과 대화하면서 해결책을 찾는 아버지와 살았던 사람과는 차이가 날 수밖에 없다.

대가족 시대를 살 때는 부모 외에도 여러 어른의 인생 기술을 접할 수 있었다. 삼촌, 숙모, 나이 차 나는 사촌들의 삶을 들여다볼 수 있었기에 좋은 것을 배우면서 롤 모델로 삼았다.

지금은 가족 단위가 작아지면서 만날 수 있는 어른의 수가 확연히 줄었다. 그래서 부모의 역할이 더 중요해졌다. 부모가 보여주는 방어의 기술이 세상을 살아가는 유일한 방법으로 보이기 때문이다.

그래서인지 방어력마저 대물림되는 현실을 자주 본다. 경제적 흙수저도 서글프지만 방어력 흙수저가 느끼는 상실감도 정말 크다. 어렵게 성공에 이르더라도, 그 이후 어떻게 살아야 할지를 몰라서 한 방에 무너지는 사람들이 이런 경우다. 두뇌, 열정, 운 같은 것도 중요하지만 방어력이 없으면 결국 쓰러진다.

하지만 가정에서 방어력 훈련을 받지 못했다고 너무 상심할 필요는 없다. 존경할 게 없는 부모, 부부 싸움 하느라 바빠서 자녀를 돌보지 못한 부모, 그 속에서 나쁜 것만 보고 자랐어도 희망은 있다. 핵가족화가 진행되다 못해 이제는 탈가족화까지 생기는 세상이기 때문이다. 방어력은 외부 학습이 중요하다고 했는데, 가족이라는 환경만 있는 게 아니다. 유튜브에 널려 있는 수많은 강연 프로그램과 평생 교육원, 멘토 프로그램, 1년에 몇만 권씩 쏟아져 나오는 서적들. 모든 게 배울 거리이고 스승이다. 그러니 부모에게 배운 게 없다고 좌절하지 말고, 전문가들의 힘에 기대보기 바란다. 가족 말고도 환경은 많다.

나 같은 경우, 전문의가 되고 몇 년 동안 법륜 스님의 즉문즉설을 봤다. 넓은 세상에서 맞이하는 수많은 문제를 어떤 마음으로 바라봐야 여유를 찾을 수 있는지 큰 도움이 되었다. 사는 게 재미

없고 불만스러울 때는 김창옥 선생님의 유머러스한 강연을, 기운 내서 파이팅을 하고 싶을 때는 에너지 가득한 김미경 선생님의 강연을, 따뜻하고 올바른 삶을 살고 싶을 때는 황창연 신부님의 강연을 듣는다.

세상에 좋은 사람은 많지만, 각자의 특색이 있고 나의 상황도 때마다 달라진다. 그래서 하나하나 경험해 보면서 나에게 적합한 시스템을 찾았다. 여러분도 경험하기를 추천한다. 본인에게 적합한 존재를 찾고, 시스템을 만들려면 체험을 해보는 방법밖에 없다.

상처가
생각과
감정을 공격한다

02

마음을 다치면 감정부터 아프다 —————————

마음이 다쳤다는 것은 방해의 힘이 방어력을 넘어섰음을 의미한다. 핀잔이 귀에 꽂힐 때, 자신이 의심스러울 때, 부정적인 생각이 머릿속을 차지할 때, 결승선을 통과했다고 생각했는데 사실은 그게 출발선임을 알게 되었을 때, 그럴 때가 우리에게 상처가 생긴 순간이다. 다친 마음으로 살다 보면 방어력이 더 떨어지고, 또 다치기를 반복한다. 포기와 실패, 즉 번아웃으로 향한다. 그래서 다치는 순간을 잘 알아채야 한다.

몸을 다치면 피가 나고 욱신거리는 것처럼 마음을 다치면 감정이 쏟아져 나온다. 편도체가 활성화되면서 우울, 분노, 절망 같은 부정적인 감정이 신체 증상과 함께 발현된다. 아픈 걸 들여다봐야 병을 고치듯 감정을 알아야 마음을 추스른다.

"전 마음을 다치긴 했는데, 아무 감정도 느껴지지 않는데요?"
라고 말하는 경우라도 감정이 없는 것은 아니다. 다만 감정 억압
이 습관이 되어 무의식 깊이 넣어둔 경우다. 피부에 상처가 생겼
는데 얼마나 다쳤는지 모르는 것과 같다. 치료자와 함께 한 꺼풀
한 꺼풀 표현하면서 기억과 느낌을 들여다봐야 한다.

문제가 생겼을 때는 자신의 감정부터 인식해야 한다. "아, 화가
났구나", "아, 억울하고 있구나"라고 감정의 이름을 불러줘야 한
다. 타인의 감정에 공감할 때도 이렇게 해야 하지만 자신의 마음이
다쳤을 때도 감정의 이름을 불러줘야 한다.

이름을 불러주면 언어 중추가 속한 전전두엽 피질이 활성화된
다. 본능적인 자기방어에서 벗어나 성숙한 반응을 위한 시동을 건
다. 감정을 인식하는 게 익숙하지 않을 수도 있다. 감정의 이름도
모르겠고 그냥 다 귀찮아서 포기하고 싶다는 생각이 들 수도 있
다. 그럴 때도 방법은 있다. "아, 내가 지금 아무것도 모르겠고 포
기하고 싶구나"라고 중얼거리는 것이다. 들어주거나 위로해 주는
사람이 없어도 "아, 내가 지금 많이 힘들구나"라며 언어 중추를
사용해서 표현해야 한다. 그래야 편도체에도 숨통이 트인다.

마음의 양대 산맥, 생각과 감정

그런데 마음이란 게 감정만 있는 건 아니다. 감정은 행동을 만들
어내는 원인이지만, 또한 무언가의 결과다. 우리가 느끼는 감정의
원인은 무엇일까? 그것은 생각이다. 생각은 감정보다 조금 안쪽에

있어서 잘 보이지 않지만 분명히 있다. 그리고 어떤 생각을 어떻게 하느냐에 따라 감정이 달라진다. 예를 들어 '나는 불쌍한 사람이야'라고 생각하는 사람은 자기 연민의 감정을 느끼고, '비행기나 기차는 밀폐된 공간이야'라고 생각하는 사람은 비행기나 기차를 탈 때마다 공포를 느낀다. 어떤 일이 있었길래 그런 생각을 하게 됐는지를 알아보고 오해가 있었다면 풀어야 한다. 그래야 감정과 행동, 신체 증상도 교정할 수 있다.

이것이 인지 행동 치료의 기본 개념이다. 인지 행동 치료에서는 세상을 크게 네 가지로 분류한다. 우리의 마음을 흔드는 사건, 그 사건이 만들어내는 생각, 생각이 만들어낸 감정, 감정에 영향을 받은 행동이다. 그런데 행동은 또 하나의 사건이 되면서 새로운 생각, 감정, 행동을 만들어낸다. 애초에 어떤 사건이 생긴 것은 어쩔 수 없지만, 생각을 바꾸면 그에 수반되는 감정과 행동이 달라질 수 있다는 게 인지 행동 치료의 핵심이다.

감정이 아픈 것을 근육통이라 한다면, 생각이 아픈 것은 뼈가 아픈 것과 같다. 티가 나지 않기 때문에 대충 무마하고, 아픈 줄도 모른 채 넘어갈 수도 있다. 아픈 생각이 반복되면 습관이 되고, 신념이 왜곡된 채 인생철학이 된다. 마음의 상처는 부정적인 감정만이 아니라, 인간관계와 성격까지 뒤틀어버릴 수 있다.

마음의 상처가 인생을 흔든다

과거의 사건과 그때의 생각은 우리의 인생에 큰 영향을 끼친다.

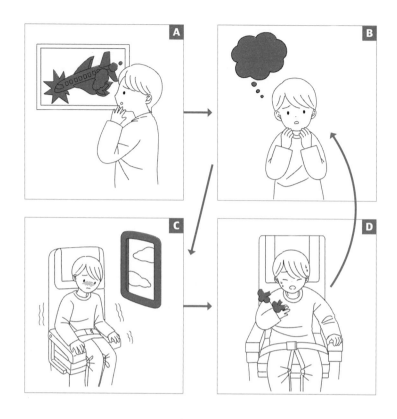

- **인생은 네 가지로 이루어진다: 사건, 생각, 감정, 행동**

A 어릴 때 뉴스에서 비행기 사고를 목격한 사건 ➡ **B** '비행기는 정말 위험한 거구나'라고 생각 ➡ **C** 비행기를 탔더니 불안한 감정 ➡ **D** 과호흡, 어지럽고 숨가쁜 행동

- **행동이 새로운 사건(A')을 만들어냄**

D = **A** 비행기에서 숨가빴던 사건 ➡ **B** '비행기는 숨찬 곳이구나'라고 생각 ➡ **C** 비행기를 떠올리기만 해도 불안한 감정 ➡ **D** 비행기뿐만 아니라 기차나 버스도 피하는 행동(=새로운 사건(A''))

나는 어린 시절에 그런 일을 경험했다. 그 당시 세상은 참 폭력적이었다. 사랑의 매라는 이름으로 많이들 때렸다. 초등학생 때 이웃에 살던 내 친구도 자주 맞던 아이였다. 숙제를 하지 않았다고 학교에서 맞고, 동생을 잘 돌보지 못한다고 집에서도 맞았다. 순하고 착한 아이였다. 억울해하지도 않았고 슬퍼하지도 않았다. 술마시고 때리는 아버지를 원망하지도 않았다. "잘못을 했으면 맞아야지. 내가 잘못해서 맞은 건데, 누구를 탓해"라며 배시시 웃곤 했다. 그때는 그 모습이 어른스럽다고 생각했다.

시간이 흘러서 20대가 되고 그는 아버지를 폭행한 혐의로 교도소에 갔다. 폭력은 어떤 이유로도 정당화할 수 없지만, 어린 시절 해맑았던 얼굴이 떠올라 마음이 아팠다. 돌이켜 보면 친구는 그 순한 얼굴을 하고서도 '잘못을 했으면 맞아야지'라며 폭력을 정당화하는 생각을 품고 있었다. 피해자가 스스로에게 2차 가해도 하고 있었던 것이다.

같은 폭력의 시대를 살아왔지만 내 주변에는 방어해 주는 사람들이 있었다. 아무리 화가 나도 사람을 때리면 안 된다고 어른들은 말해주었다. "홍균아, 너는 절대 그러지 마라. 사람 때리는 거 잘못된 거다"라며 내 생각이 병들까 봐 바로잡아 주려고 했다. 환경의 차이가 그 친구와 내 인생을 구분해 준 게 아닐까.

나쁜 일을 겪었다면 억지로 긍정적으로 생각할 필요는 없다. 마음이 다치는 것은 말 그대로 나쁜 일이다. 아무리 긍정적인 사람이라도 도저히 긍정적으로 받아들일 수 없는 부정적인 사건이다. 폭력, 배신, 무례, 사랑하는 사람과의 이별, 이런 일을 겪으면 당연히 마음이 아프다.

하지만 이 상처가 감정의 상처로 끝날지, 생각의 상처로 이어질지, 아니면 인생철학과 신념의 병으로 진행될지는 우리가 지닌 방어력에 달려 있다. 나쁜 일을 겪었더라도 더 나쁜 일로 이어질지, 여기서 방어할지의 갈림길이 있는 것이다.

방어력과
방해력이
충돌하는 순간

03

다시, 감정이 먼저다 ─────────────

나는 중학생 때 농구를 좋아했다. 학교가 끝나면 친구들과 농구를 하다가 집에 왔다. 약속을 잡아 주말에 따로 만나기도 했다. 1등이 하고 싶어진 애국 조회 사건 이후에는 그것도 뜸해졌다. 같이 놀던 친구들도 그러라고 했다. 좋은 아이들이었고, 여전히 친했다. 나쁜 감정이나 서운한 마음은 전혀 없었다. 그들도 공부를 해야 했고, 내가 더 집중했을 뿐이다.

그러던 어느 날 친구들이 일요일에 모여서 농구를 했다는 사실을 알게 됐다. 나에게는 얘기조차 안 했고, 나를 빼고 놀았다는 건 막상 충격이었다. 그렇다고 화를 내기도 뭣하고, 그냥 넘어가기에는 분했다. 마음이 복잡했다.

그전에 몇 번 전화가 왔었다. 내가 자꾸 안 된다고 하자 "홍균인 공부하겠지 뭐. 방해하지 말자"라는 의견이 나왔고, 전화도 하지 말자고 결정을 했단다. 그 얘기를 듣고 나니 나의 성취에 대한 바람은 싹 사라졌다. 왠지 모를 분한 감정과 서러움이 몰려왔다. 친구들이 잘못한 건 없었다. 내가 먼저 안 간다고 했고, 다음에 부르라는 얘기도 안 했다. 핸드폰이 없었던 시절이라, 집으로 전화를 걸어서 친구를 찾는 건 지금보다 훨씬 번거로운 일이었다. 안 온다는 친구를 안 부른 게 뭐가 잘못인가.

이 얘기를 어른들에게 하자 다들 어이없어 했다. "목표가 생기면 당연히 포기하는 게 있어야지. 이런 일로 마음 상하면 어쩌니?", "네가 안 간다고 했다며 서운할 게 뭐 있어?" 다들 맞는 말이었다. 하지만 내 마음은 풀어지지 않았다. "괜히 공부한다고 했나. 이러다 공부도 못하고 친구도 못 사귀는 어정쩡한 사람이 되면 어쩌나" 하는 걱정만 머릿속에서 떠나지 않았다.

노력과 성과 사이의 시간차

작은 일이었지만, 마음을 다친 날이었다. 편도체는 항진되고 전전두엽 피질과 보상 중추는 일을 하지 못했다. 비논리적인 감정과 생각이 쏟아졌다. 화를 낼 이유가 없는데도 화가 났고, 부끄러운 행동도 하지 않았지만 창피했다. 그런 일로도 마음이 복잡했는데 실제로 왕따를 겪거나 괴롭힘을 당하는 학생들은 얼마나 힘이 들까.

성적이라도 쭉쭉 오르고 있었다면 가볍게 넘겼을지도 모른다. 보상 중추가 활성화되고, 편도체가 가라앉고, 전전두엽 피질이 일을 하고 있었다면, 그 정도 일에는 타격을 받지 않을 수도 있다.

하지만 노력과 성과 사이에는 시간차가 존재한다. 공부는 했지만 등수는 그대로였고, 점수가 떨어진 과목도 있었다. 그래서 더 화가 났다. "역시 난 공부하고는 안 맞는 사람인가?", "열심히 했다가 망하는 것보다 노력을 안 해서 못하는 게 나은 거 아닌가?" 부정적인 질문으로 마음이 어지러웠다.

성과가 바로 나타나지 않는다는 사실은 사람을 허탈하게 만든다. 다이어트로 치면 체중은 그대로인데 먹는 낙만 사라진 순간이다. 운동으로 치면 근육통은 생겼는데 근육은 아직 생기지 않는 순간이다. 악기를 배울 때도 그렇다. 남들은 연주를 하는데 나는 소음만 만들어내는 순간이다.

이럴 때가 마음이 다친 순간이다. 면역계와 바이러스가 만나서 열이 나듯 "이걸 계속해 말아? 나는 왜 이래? 내가 지금 뭐 하고 있는 거지?" 하는 질문들이 머릿속을 채우는 것도 마음이 다쳤을 때 나타나는 증상이다.

방어력이 강한 사람은 기분이 나빠도 자신의 감정을 빨리 수습한다. 멘털이 건강한 사람도 포기할 때가 있지만, 기분이 나쁘다며 감정적으로 결정하는 게 아니다. 쓸데없는 질문만 던지며 밤을 새우지도 않고, 욱하는 행동으로 주변을 긴장시키지도 않는다. 이성적으로 계산한 후에 다음 행선지를 정해두고 그만둔다. 이들이 감정에 휘둘리지 않고, 이성적일 수 있는 이유는 무엇일까?

감정부터 돌보기 때문에 이성적이다

마음을 다침, 상처받음, 편도체가 항진되고 전전두엽 피질은 식었음, 방어력과 방해력이 싸움, 기분 나쁜 사건, 포기하고 싶어짐, 소진된 날, 힘 빠진 날, 그냥 다 싫은 마음, 모두 같은 말이다. 인문학자는 인문 용어로, 의학자는 의학적으로 장님이 코끼리를 만지듯 저마다의 관점에서 이름을 붙였다. 이 책에서는 '방어력이 필요한 순간'이라고 적겠다.

뭐라고 부르는 게 중요한 게 아니다. 이때는 감정부터 돌봐야한다. 생각이 감정을 만들어낸다고 해서 생각부터 바꾸려고 하면 역효과가 난다. 긍정적인 관점이 중요하다고 해서 "긍정적으로 생각해! 네가 감사할 게 얼마나 많은데 투덜거리기만 하니?"라고 대응하면 도파민은 더욱더 편도체로 몰려간다.

"당신이 지금 이런 기분을 느끼는 이유를 알려줄게요. 형제간의 라이벌 의식이 재경험되는 겁니다. 중요한 건 친구 관계가 아니라 차별당했던 상처예요"라는 식의 성급한 직언은 듣는 사람의 마음에 불을 지핀다. 생각하고 싶지 않아서 무의식에 넣어둔 내용이었는데 다른 사람에 의해 불쑥 튀어나오면 난감하고 당황스럽다. 숙련된 치료자라도 마음을 해석하고 표현하는 것은 상당히 신중해야 한다.

방해를 만나면 편도체가 달아오르면서 부정적인 기억이 드러나고, 숨이 차고, 눈물이 울컥 차오르는 신체 반응이 이어진다. 이때는 감정을 추스르는 게 먼저다. 감정이 안정되어야 다른 시도도 가능해진다. 감정을 억압하라는 게 아니라 달래주고 보듬어야 한다는 얘기다.

언어 중추에는 전원도 들어오지 않았는데 무리한 대화를 강요하거나 억지로 새로운 가치관을 심어주려고 시도하면 뇌에는 과부하만 걸린다. 뇌는 이 상황을 위험으로 감지하고 본능적인 방어체제를 가동하게 된다.

그럼 어떻게 해야 감정을 수습할 수 있을까? 내가 일요일 농구 사건 때문에 마음을 다쳤을 때는 형이 뜬금없는 한마디를 해서 마음이 풀렸다. 형은 시큰둥하게 듣고 있더니 "맞아, 그거 되게 짜증나. 공부하면 애들하고 멀어지고, 애들하고 가까워지면 공부가 안 돼. 그거 진짜 짜증 나. 아무것도 하기 싫어져. 나도 그랬어"라고 말했다. 그뿐이었다. 그 말로 허무하리만큼 단번에 속이 풀렸다.

나중에 그때 내가 체험한 게 공감이라는 것을 알게 됐다. '아, 그럴 수 있는 거구나', '나만 겪는 게 아니구나!'라는 생각이 나를 편하게 만들어줬다. 힘들 때 가장 힘든 점은 내 감정이 이해되지 않는다는 사실이다. "그럴 수 있는 일이다. 나만 그런 게 아니다"라는 메시지가 제일 중요하다. 그게 공감의 힘이다.

방어력의
핵심은
공감 능력

비운의 능력, 공감 능력

이 책을 읽으면서 뭔가 이상한 점을 발견한 독자들이 있을 것이다. 앞에서는 회복력이 세 가지로 구성된다면서 마음 지구력, 공감 능력, 적응 능력을 소개했다. 그런데 막상 지구력에 대한 얘기가 끝난 후에는 공감 능력이라고 하지 않고 방어력이라고 했다. '저자가 좀 혼동하고 있는 건가? 오타인가?'라고 생각할 수 있다. 그러던 와중에 이제야 공감이라는 단어가 나왔다.

　지금까지 공감이라는 단어를 일부러 숨겨두었다. 책을 처음 열었을 때는 '책을 끝까지 읽어야지' 하는 생각이 강해서 괜찮지만, 이쯤 되면 지구력이 떨어질 시기다. 이때 공감이란 단어를 전면에 꺼내면 많은 사람이 힘 빠져 할 것 같아 꼼수를 썼다. 방어력의 핵심은 공감 능력이다. 그런데 사람들은 공감 이야기를 좋아하지 않는다.

　그런 결론을 얻기까지 여러 가지 경험이 있었다. 우선 많은 사람에게 공감에 대해 말하면 실망부터 했다. "우리 아이, 우리 남편에게 어떻게 해줘야 해요?"라는 질문에 "공감을 해야 합니다"라고 답해서 반응이 좋았던 경우가 없다. "아, 그건 저도 해봤고요. 좀 다른 건 없나요?", "그럼 애가 해달라는 대로 다 해주라는 거예요? 공부하기 싫다고 하면 공부 안 하게 놔둬요?" 하면서 발끈하는 부모들도 있었다.

　특히 자기 감정 때문에 힘들 때, 어떻게 해야 하냐는 질문에는 아예 이해를 하지 못하는 경우도 많다. 화나고, 짜증 나고, 무기력해서 괴로운데 "공감을 많이 받으시면 좋겠어요"라고 하면 "그런 답답한 얘기 말고, 확실한 대책을 말해주세요. 차라리 독설이 낫겠어요" 하는 경우도 많다.

　대부분 공감은 해결책이 아니라고 생각하거나 이미 본인에게는 충분한 공감 능력이 있다고 생각한다. 공감력은 가장 유명하면서도 가장 인기 없는 기술이다.

공감에 관한 불편한 진실

공감이라는 단어를 자주 쓰기 시작한 건 2000년대 초반 〈우리 아이가 달라졌어요〉가 방영되면서다. "그랬구나"라는 말이 센세이션을 일으켰고 그 중요성도 강조됐다. 이후 20여 년 동안 공감은 육아뿐 아니라 소통 문제, 애착 문제, 사랑 문제, 인간관계 문제가 나오면 반드시 사용하는 단어가 됐다.

그런데 전문 용어가 일상의 언어가 되어버리면, 사람들은 피로감을 느낀다. 그것을 쉽게 생각하는 경향도 커진다. 모르는 것이 아는 것이 되고, 잘하고 있다는 생각으로 옮겨간다. 나중에는 자신만의 기준까지 생겨서 "그랬구나"뿐만 아니라, 본인이 하는 다른 말도 공감의 표현이라고 생각한다. 마치 요리를 하다 보면 자신감이 붙어서 자신의 입맛을 남에게 강요하는 것처럼 말이다.

예를 들어 "그래, 알겠어. 네 마음 알기는 알아. 그런데 어쨌든 네가 잘못한 거야"라고 질책해놓고 공감했다고 생각한다. "너 그래서 화났지? 마음에 안 들지? 나도 너처럼 동생 때문에 힘든 적이 많았어. 내가 중학생 때였어. 너희 할아버지, 그러니까 아버지가 우리 형제를 방으로 부르시는 거야. 그러고는 나를 혼내시더라고. 잘못은 동생이 했는데 말이야. 그때 나는 참 억울했어. 너도 그럴 거야. 세상이 얼마나 부조리해 보이겠어"라며 장황하게 자신의 신세 한탄을 해놓고 공감의 시간을 보냈다고 착각한다.

공감은 감정을 치유하는 유일한 방법

공감에 관해 이야기하려면 몇 가지 오해부터 풀어야 한다. 공감을 모르는 사람은 없지만 실제로 공감 능력을 가진 사람은 생각보다 적다. 공감해야 한다는 말에는 동의하지만 거부감을 보이는 사람도 많다. 아무런 도움이 안 된다고 생각하기도 한다.

잘못 알고 있는 경우도 많다. 공감을 동의라고 생각해 다른 사람을 설득하려고 노력하는 사람도 있고 동정이나 연민으로 착각해 공감받을 기회를 걷어차기도 한다. 자신이 불쌍하게 보이는 게 싫다면서 말이다.

공감에 대해 오해가 쌓이는 이유도 있다. 공감이라는 단어가 유명해지기는 했지만, 실제로 공감을 받아본 경험이 드물기 때문이다. 1990년대만 하더라도 공감이라는 단어를 잘 쓰지 않았다. 부모가 자식에게 밥을 해주고, 학비를 대주면 그게 사랑이고 충분한 양육이라고 생각했다. 1970~80년대 이전에 태어난 사람들은 "그랬구나"를 들으며 자란 기억이 없다.

공감을 받아봐야 효능을 느끼고, 어떤 것인지 깨닫는다. 남에게 주는 것도 쉬워진다. 하지만 막상 받아본 적은 없는 채로 사랑을 하고 결혼을 하고 부모가 됐다. 그런데 어느 날 자식들이 왜 엄마, 아빠는 "그랬구나"를 안 했냐며 화를 낸다.

특히 베이비붐 세대는 억울하다. 본인은 어린 시절을 고향 떠나 식모살이하고, 야학 다니며 공장 다니고, 온갖 고생을 다해서 자식을 키웠는데, 난데없이 왜 공감을 안 줬냐고 따지니 기가 막힌다. "나도 힘들어. 나한테도 좀 공감을 해줘라"라며 공감 쟁탈전이 벌어진다.

공감은 받고 싶은 사람은 많고 줄 수 있는 사람은 적다. 유명하지만 보이지 않는 유니콘 같은 능력이 되었다. 모두에게 필요한데 아무도 못 받고 있으니 그게 뭐가 중요하냐면서 폄하하는 사람까지 생겼다.

공감은 감정을 치유할 수 있는 거의 유일한 방법이다. 인류는 오랜 시간 감정을 다루기 위해서 억압도 해보고, 부정도 해보고, 폭발도 시켜봤는데, 결과가 좋으려면 반드시 "그렇구나. 그런 감정을 느끼고 있었구나!"라며 이해해 주는 순간이 있어야 했다.

한 번의 공감으로 모든 감정이 처리되는 것은 아니고, 강력한 공감력이 전달되는 것도 아니다. 하지만 공감도 주고받는 경험을 해야 실력이 는다. 남에게 해도 되지만 자신의 감정에도 자주 공감을 해야 힘이 세진다. 대부분은 이런 반복 과정이 없어서 마음을 방어하지 못한다.

감정의
치유를
외면하는 습관들

05

마음의 문제를 겪을 때는 일차적으로는 감정을 치유하고, 그다음은 생각을 치료해야 한다. 감정을 돌보는 과정은 공감을 받는 것, 자기 공감을 하는 것인데, 이를 어렵게 만드는 말과 행동이 있다. 우리가 어떤 것을 경계해야 하는지, 우선 감정과 관련된 부분부터 알아보자. 이른바, 자신의 감정을 헤집어 놓아서 더 아프게 만드는 습관이다.

'왜?'라는 단어를 떠올리는 습관 ──────────

'왜?'라는 단어가 방어력을 낮추는 이유는 비난과 관련이 있다. 원인을 궁금해하는 게 왜 비난인가 싶겠지만, 우리가 누군가를 비난할 때 가장 자주 동원하는 단어가 '왜?'라는 사실을 기억해야 한다.

"왜 늦었어? 왜 화를 내? 왜 그래?"라고 묻는 것은 정말 이유가 궁금해서가 아니다. "네가 잘못했다", "나는 너를 이해할 수 없다"는 질책을 포함한다.

'왜?'라는 질문은 과학을 탐구할 때는 도움이 되지만, 마음의 문제를 다룰 때는 비난으로 작용한다. 비난이 내재화된 사람들은 수시로 자신을 혼낸다. 그러다 보니 대화할 때도 본인이 왜 그랬는지, 어떤 이유였는지 일일이 설명하는 데 많은 에너지를 쓴다. 비난받지 않았을 때도 비난받은 사람처럼 행동한다.

비난받지 않아도 비난받은 사람처럼 행동하는 예

"나 오늘 라면 먹었다."
"정말? 오늘 저녁으로 라면 먹은 거야?"
"왜냐하면 할 일은 너무 많고, 시간은 없어서 그랬어.
밥 먹고 싶긴 하지. 그런데 여유가 없으니까 그런 거야!"
"누가 뭐래? 왜 나한테 짜증이야?"

이런 식이다. 상대방은 점심에 먹은 건지, 저녁에 먹은 건지 궁금할 수도 있고 자신도 라면을 먹고 싶었는데 못 먹어서 부러워 물어본 말일 수 있다. 하지만 '왜?'를 떠올리는 사람은 자세히 듣지도 않고 "왜 라면 먹었어?"로 받아들인다. 있지도 않은 공격에 상처를 입고 방어부터 한다.

한쪽에서 지나치게 방어적으로 나오면 대화는 순식간에 냉랭해진다. 라면에 대한 재밌는 대화가 이어질 수도 있었지만, 셀프 비난과 셀프 항변이 오고 간 다음에는 대화가 어색해진다. 마음속에서 울려 퍼지는 '왜?'라는 단어는 비난과 자기 비난을 유발하고, 대인관계에도 영향을 끼친다.

감정은 억압해야 하는 걸로 알고 있는 사람들

감정이란 억압해야 하는 걸로 생각하는 사람들이 있다. 참는 것이 미덕이고, 혼자 삭이는 것이 성숙이라고 생각한다. 이들은 감정을 다루는 방법을 억압과 폭발, 두 가지 중에 하나로 고르려고 한다. "감정을 참으면 병이 생길 수도 있어요. 좋은 방법이 아니에요"라고 하면, "그럼, 그때그때 폭발하라는 말인가요? 선생님이 책임지실 거예요?" 하면서 발끈했다가 참는다. 물론 폭발도 좋은 방법은 아니다. 심혈관 건강을 해치고 인간관계를 망치기 때문이다.

실질적으로 억압하기와 폭발하기는 같은 말이다. 억압을 하다 보면 결국 폭발한다. 소리 지르고 물건을 집어 던지는 분노 폭발을 하거나 몸에 병이 생기는 생체 스트레스로 폭발하거나 자책과 자기 비하로 이어지는 정신적 자해로 폭발한다.

감정에 대한 대처는 폭발과 억압만 있는 게 아니다. "그랬구나" 하면서 공감을 하는 방법도 있고, 감정을 자원 삼아 생산적인 활동으로 이어지는 방법도 있다. 일명 승화라는 방어기제로 이는 공격성과 욕구를 스포츠로 발산하거나 슬픔이나 그리움을 예술 활동에 녹여내는 식으로 전환시키는 성숙한 방식이다.

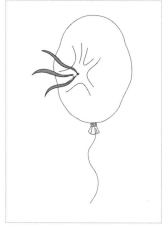

● 마음과 세상 사이에 감정을 배출할 수 있는 작은 통로가 있어야 터지지 않는다.

　감정은 억압이나 폭발이 아닌, 표현과 이해의 대상이다. 표현을 받아줄 사람이 없으면 일기장에라도 쓰고 낙서라도 해야 한다. 머릿속에 감정을 가둬두고 압력을 높이는 것은 폭발의 위험이 있다. 작은 구멍이라도 뚫어서 압력을 배출해야 한다.

타인이 주는 공감을 못 받는 사람들

공감을 받아보는 경험을 해야 그 소중함도 알고, 본인도 공감력을 키울 수 있다. 하지만 남이 공감을 주는데도 못 받는 사람들은 공감을 경험할 기회가 없다. 그들은 왜 남이 주는 공감을 못 받을까?

공감을 못 받는 이유 1 | 집중력이 떨어져서

집중력이 떨어지는 사람들은 남이 주는 공감을 감지하지 못한다. 어릴 때부터 산만하거나 과잉 행동을 하는 사람도 있지만 장기간 스트레스를 받거나 우울증이나 불안장애가 있어서 후천적으로 집중력이 떨어지는 경우도 있다.

공감을 주고받기 위해서는 상호작용이 가능해야 하는데, 이게 상당한 집중력을 요한다. 탁구를 치면서 렐리를 하려면 양쪽의 기술과 체력이 있어야 하듯이 말이다. 조리 있게 말하며 자신의 생각도 전해야 하고, 말을 끝까지 듣고, 제대로 해석해서 상대방의 의중을 알아차려야 대화의 티키타카가 성사된다.

집중력이 떨어져 있을 때는 A라는 내용을 A로 알아듣지 못한다. A라는 말이 끝나기도 전에 집중을 끝내고 "아! B라는 뜻이군!" 하면서 엉뚱한 판단을 한다. "자꾸 억울하다는 생각이 들어서 힘드셨겠어요"라는 말을 들으면 공감을 잘 받아들이는 사람들은 "아! 제 마음을 이해해 주셔서 감사합니다"라고 반응한다. 하지만 집중력이 떨어진 사람들은 "아! 억울해하지 말라는 뜻이구나!" 하면서 억압을 강요한다는 해석을 한다. 주고받는 대화가 아닌, 자기 생각에 갇힌 대화를 하는 것이다. 공감을 주려던 사람도 힘이 빠진다.

공감을 못 받는 이유 2 | 해결책만 신경 쓰느라 감정 문제를 무시하는 경우

감정 문제 해결이 1단계다. 이 과정을 생략하고 바로 대책으로 향하면 기초가 흔들린다. 어떤 해결책을 제시해도 적용이 안 되고 수행이 어려워진다.

예를 들어, 불안 때문에 고생하는 사람이 있다. "저는 어떻게 해야 해요? 어떻게 해야 불안이 사라질까요?"라고 치료자에게 묻는다. 치료자는 일단 공감부터 주려고 한다.

"불안이 찾아와서 정말 힘드시겠어요. 숨도 가쁘고, 가슴도 두근거리죠? 그거 정말 사람 힘들게 하죠."

"아뇨! 그런 말 필요 없고요! 불안할 때는 어떻게 하냐고요?"

"일단 심호흡을 천천히….."

"심호흡만 한다고 해결되나요? 선생님이 책임지실 겁니까?"

아무리 좋은 해결책이라도 안정된 상태에서 들어야 의미가 있다. 감정에 압도되었을 때의 뇌는 이성 중추인 전전두엽 피질의 활성이 떨어진 상태다. 마치 뇌라는 마을에 불이 난 것처럼 혼란스럽다. 일단 불부터 꺼야 다음을 기약할 수 있다. 마을은 활활 타고 있는데, 우리 마을의 나아갈 길, 발전 대책을 발표하는 게 무슨 의미가 있겠나. 감정적으로 혼란스러울 때는 어떤 행동도 수행하기 어렵다. 빨리 공감부터 받아야 한다.

공감을 못 받는 이유 3 │ 가해자가 따로 있는 경우

피해자인 경우 공감을 받는 것조차 억울할 수 있다. "내 잘못이 아닌데, 왜 내가 공감을 받아요?", "그 사람만 없으면 나는 멀쩡해요!"라며 공감과 해결책을 거부하려고도 한다. 상처가 아무는 것을 피하려는 사람도 있다. 나쁜 사람이 나를 괴롭혔다는 사실을 잊게 될까 봐 치유가 될 만한 모든 행위를 거절하기도 한다.

문제는 그럴수록 본인이 괴롭다는 사실이다. 피해를 입은 것도 괴롭지만 위로와 공감을 받지 못하니 다시 서럽다. 그리고 시간이 흐를수록 "어디까지가 그 사람 탓인가?"에 대한 의문으로 머릿속이 더 복잡해진다. 점점 편을 들어주는 사람들도 줄어들고 조언이나 잔소리하는 사람이 늘어날 수도 있다. "그 일 때문에 힘든 건 알겠는데, 이젠 떨쳐낼 때도 되지 않았니?" 같은 말을 듣는다. 마음은 치유되지 않고, 압박감은 점점 늘다 보니 사람들이 무슨 얘기를 해도 받아들이기 힘들어진다.

사소한 일로 자꾸 폭발하는 사람들 ─────────

별것 아닌 일에 민감하게 반응하고, 크게 부풀려 폭발하는 사람들의 마음속에는 대개 다른 문제가 자리 잡고 있다. 가장 대표적인 증상이 피해의식이다.

피해의식은 "내가 피해를 보면 어쩌나?" 하는 불안이 변형된 생각이다. 억울한 일이 생길까 봐, 내 평판이 깎일까 봐, 남들 때문에 내가 손해볼까 봐 신경이 곤두서 있다 보니 언제든지 터질 준비가 되어 있다.

피해의식과 잦은 폭발은 상처에 고춧가루를 뿌린다. 예를 들어, 운전을 하다가 끼어들기라도 당하면 단순한 차선 변경이라고 생각하는 게 아니다. '나를 우습게 본다', '나를 괴롭히려고 일부러 그랬다', '나는 항상 당하는 쪽이다'라는 식으로 생각이 확대되어 더 괴로운 인생을 산다. 여행을 가서도 바가지나 새치기를 당할까 봐 신경 쓰느라 대자연이 주는 위로와 힐링을 받지 못한다. '피해를 당하기 전에 내가 먼저 공격해야겠다'라는 생각으로 이어져 주변 사람들을 괴롭히는 지경이 된다.

가상의 적들과 싸우다 보니 진짜 적이 생기고 나중에는 진짜 피해자가 누구인지 뒤섞인다. 그래서 반복적인 폭발이 있는 사람은 개인적인 의지나 가족들의 도움만으로는 호전되기가 힘들다. 그 바닥에 깔려 있는 의학적인 문제를 치료해야 하기 때문이다.

일단 건강을 최우선으로 생각하기

마음을 다친 것은 교통사고와 같다. 운전 미숙 차량에 치여서 다리를 다쳤다. 피가 나고 아프고 걷지를 못한다. 누가 병원에 가야 할까? 잘못은 운전자가 했지만, 도움이 필요한 사람은 다친 사람이다. 병원에 가서 얼마나 다쳤는지 엑스레이도 찍고, 움직이지 못하도록 고정도 시켜야 한다. 주사도 맞고, 약을 먹어야 할 수도 있다. 얼마나 번거롭고 억울한 일인가. 하지만 더 큰 피해를 방지하기 위해서 다친 사람은 처치를 받아야 한다.

아파서 누워 있는 환자에게 "왜 다쳤어요?", "어디에서 다친 거예요? 가해자는 왜 그랬을까요?"라며 원인만 분석하고 있으면 안 된다. "아파도 참아요. 다치면 원래 아픈 거예요", "여기 있는 사람들 다 아픈 사람들이에요. 세상이 다 그런 거죠"라며 아픈 걸 억압해서도 안 된다.

마음도 마찬가지다. 안타깝지만 아픈 사람은 해야 할 일이 많다. 자신의 감정에 공감도 해야 하고, 위로도 해야 한다. 경청을 잘하는 사람에게 이야기를 들어달라고 요청도 하고 "힘들었겠다. 그게 뭔지 이해할 수 있을 것 같아"라는 공감도 받고 "공감해주셔서 감사합니다"라며 공감을 받아들여야 한다. 자연이 주는 치유력도 경험하고, 공감을 주는 음악과 영화도 감상하고, 상처 치유와 관련된 책도 읽어야 한다.

참 어려운 상황이다. 그냥 아프기 전으로 돌아가고 싶고, 가해자에게 치유해 내라고 조르고도 싶고 "나는 왜 훌훌 털어버리지 못하고 아파하고 있나" 하는 자책감에 휘둘리기도 한다.

어쨌든 치유가 먼저라는 사실을 기억해주길 바란다. 일단 건강을 되찾는 걸 최우선 목표로 잡아야 한다. 원인을 파악하고, 재발을 방지하고, 현명한 판단을 하는 것도 마음이 건강할 때 가능한 일이다. 결국 뇌부터 안정시켜야 하고, 그 때문에 공감이 필요하다. 자신의 감정에 관심을 가지고 감정을 이해하려고 최선을 다해야 한다.

자기
공감이라는
보호막

06

당신은 대책이 있나요?

첫사랑을 심하게 앓은 사람이 있었다. 식음을 전폐하고 우울한 날들을 보냈다. 어렵게 회복하고 두 번째 연애를 시작했다. 이번에는 누가 봐도 잘 안 맞는 커플이었지만 헤어지지 않고 꾸역꾸역 만났다. 친구들이 이유를 묻자 헤어지면 우울증이 도질까 봐 너무 무섭다고 한다. 사랑해서 만나는 게 아니라 헤어짐이 두려워서 끝내지 못하는 연애. 경험한 사람들은 알 것이다. 그 구질구질함을.

대책이 없어서 괴로움을 선택하는 사람은 의외로 많다. 외부의 무언가를 무서워하는 듯하지만 실제로 무서운 건 자신의 감정이다. "이렇게 되면 어떡하지?"로 끝나는 걱정들은 대개 이렇다. "헤어지면 어떡하지?", "아버지가 화내면 어쩌지?", "시험에 떨어지면 어쩌지?", "사람들이 미워하면 어떡하지?"

마치 이별, 아버지, 낙방, 사람을 두려워하는 것 같지만 실제로 두려워하는 것은 대책이 없어서 생기는 이차적인 불안이다. 무서움, 좌절감, 긴장감 등을 대처하지 못하는 자신을 걱정한다. 내가 힘들어할까 봐 마음이 힘들다.

방어력이 강한 사람들도 일차적인 감정은 느낀다. 권위자 앞에서는 긴장하고 연인과의 이별을 두려워한다. 이목이 집중되면 아나운서들도 심장이 두근거리고 얼굴이 붉어진다. 이런 일차적인 감정을 잘 넘기지 못한다며 자책할 필요는 없다. 일차적인 불안과 분노는 누구에게나 있기 때문이다. 감정을 없애는 방법을 알면서도 못 하는 게 아니다. 감정없이 사는 삶은 불가능한 일이다.

멘털이 강하다는 건 감정을 느끼지 않는다는 게 아니다. 감정에 대한 대책이 있다는 뜻이다. 이별은 두렵지만 솔로로 돌아가면 무엇을 할지 계획이 있고, 시험에서 떨어지면 마음을 어떻게 달랠지 안전지대가 있고, 대중 앞에 나서기 전 루틴이 있다. 일을 망쳤을 때 자신을 달래줄 소울푸드가 있는 사람이 자신의 마음을 방어할 수 있다.

나도 마음이 약했다. 지금은 잘 사는 것처럼 보이지만 처음부터 그런 건 아니었다. 예를 들어 재수할 때는 아무것도 없었다. 대학생도 아니었고, 성적도 별로였고, 자기 확신 같은 것도 전혀 없었다. 재수 학원만 몇 년째 다니다가 군대 갔다 와서 장수생의 길을 걷는 형들을 보면서 '우리 집은 돈도 없는데, 나도 저렇게 되면 어쩌나' 하는 걱정에 밤잠을 설치기도 했다.

그랬던 내가 평정심을 찾은 것은 순대국밥 덕분이었다. 나와 비슷한 처지의 친구가 대단한 발견을 했다며 시장 뒷골목 허름한 순댓국집에 데려갔다. 그 당시 순댓국이 2,000원, 머릿고기가 3,000원이었다. 두 명이 배 터지게 먹었는데 만 원이 안 넘었다.

안심이 되었다. "하루에 만 원만 있어도 굶어 죽지는 않는구나. 아니, 5,000원만 있어도 두 끼를 순댓국 먹으면 되니까, 매일 배부르게 살겠구나" 싶었다. 뭘 해도 하루에 5,000원은 벌겠지 생각하니 마음이 좀 편해졌다. 재수생 시절 순댓국은 나의 배수의 진이며 플랜 B였다. 일단 마음이 놓이니 공부에도 집중이 됐다.

내 마음 방위 시스템

마음에도 보호 장치가 필요하다. 어릴 때는 부모의 보호를 받지만, 성인이 되면 스스로를 방어할 시스템을 만들어야 한다. 나는 20대가 되면서 기름진 음식, 담배, 소주, 스타크래프트에 의지했다. 하지만 나이가 들면서는 방어 시스템을 바꿔야 했다. 마음만 돌볼 게 아니라 혈관과 간도 돌봐야 했기 때문이다. 30대가 되면 피로가 쌓이는 게 느껴지고 40대부터는 평생을 함께할 만성질환이 생긴다. 혈압, 당뇨, 고지혈증, 녹내장, 호르몬 문제가 나타나고, 크고 작은 수술도 하게 된다. 50대가 되면 친구들을 만날 때마다 "나는 어디가 아프다", "누구는 어디가 아프다더라"라는 내용이 대화의 지분을 늘려나간다. 이에 맞춰서 10년에 한 번쯤은 내 마음을 지켜줄 방법들을 업그레이드해야 한다. 마음의 방어 시스템은 어떤 식으로 만들어야 할까? 나는 '공감을 기준으로 만들기'를 추천한다. '무엇이 내 마음에 공감을 해주는가?'에 따라 좋은 것을 남겨두고, 나쁜 것을 버려보자. 무언가를 볼 때도, 먹거나 만질 때도, 소리나 향에도 "이게 내 마음에 공감을 주나?"를 기준으로 생각하자.

나는 책을 고를 때도 기준을 세웠다. 외로워서 힘이 들 때는 등장인물이 많은 《삼국지》 같은 역사 소설을 읽고, 무기력해서 힘들 때는 성장 소설을 읽는다. 내 감정 주파수와 공명이 생기면서 이해받고 위로받는 느낌이다.

사람도 그렇다. 친구와 절교 할까 말까 망설이고 있다면 "이 친구가 나에게 공감을 잘해주는 친구인가?"를 기준으로 결정해보자. 자녀에게 뭐라고 말하는 게 좋을까 고민하고 있다면 "어떻게 말하는 게 공감을 잘해주는 것일까?"라고 자신에게 질문을 해도 괜찮다.

그래도 어렵다면 "그랬구나"를 많이 해주는 사람을 자주 만나고 사랑하는 사람에게 "그랬구나"를 많이 해줘라. 혼자 있을 때도 자기 자신에게 "그랬구나"를 많이 해주자. 자신의 방어력도 높이고, 타인에게 공감도 줄 수 있는 연습이 될 것이다. 그렇게 감정 문제에 공감해 주는 게 자기 방어의 핵심 능력이다.

감정의 기출 변형, 양가감정이라는 문제

07

충분하다 싶어도 한 번 더 ─────────────

이제는 좀 지겨울 수도 있지만 아직 감정에 대한 이야기가 남았다. 다음 단계로 넘어가고 싶지만 어쩔 수 없다. 우리가 무의식중에 감정을 회피한다는 사실을 인지해야 한다. 인간은 스스로를 감정의 동물이라고 부를 정도로 감정을 중요시하지만 표현이나 해결에 대해서는 외면하려는 마음이 있다.

진료할 때도 자주 그런 일이 생긴다. 내담자는 아직 감정적인 문제가 해결되지 않았으면서 다음 단계로 넘어가려 한다. "그다음에는 제가 뭘 해야 하나요?", "가족에게 제 마음을 솔직히 얘기해도 될까요? 아니면 그냥 참아요?"라며 'What do'를 궁금해한다. 예전에는 성급하게 "하세요!" 또는 "하지 마세요!"라고 답을 해줬다.

요즘은 그러지 않는다. 두 가지 이유가 있다. 첫째는 감정적인 문제가 해결되지 않았을 때는 오히려 감정대로 행동하기 때문이다. 헤어질까 말까를 고민하면서 마음의 상처를 토로하는 친구의 연애 상담을 해준 경험이 있을 것이다. 아무리 "그만해라! 걔는 아니다!" 말려도 말을 듣지 않는다. 헤어지고 싶은 마음은 있지만 혼자가 되는 것에 대한 두려움, 함께 보낸 시간에 대한 미련, 추억을 그리워하는 감정이 남아 있다. 충분히 공감받아서 마음이 편해지고, 다른 방식으로도 행복할 수 있겠다는 희망이 생겨야 헤어짐을 택한다. 항진된 편도체는 늘 전전두엽 피질을 이긴다.

둘째는 감정이 가득할 때는 어떤 선택을 하더라도 수행이 잘 안 되기 때문이다. 예를 들어, 관계의 문제가 생겼을 때 정답은 늘 소통이다. 하지만 화가 난 상태에서 대화하면 '화내기'가 되고, 불안한 상태에서 소통하면 '우왕좌왕하며 일방통행하기'가 된다.

진로 문제도 그렇다. "이 자격증을 따세요" 하는 조언이 무슨 소용인가. 떨어질까 봐 불안해하거나 결정을 후회하며 한숨만 푹푹 쉬면서 공부하면 어떤 시험을 응시하든 합격할 수가 없다.

그래서 좀 심하다 싶을 정도로 감정을 중시해야 한다. 지겹다 싶어도 한동안은 자기 공감의 시간에 머무르길 권한다. 그래야 대책도 의미가 있다. 물론, 감정 문제 해결책 다음에는 생각의 틀을 바꾸는 방법도 설명할 것이다.

감정 문제의 최고난이도, 양가감정 ———

그런 의미에서 감정 다루기의 심층편인 양가감정에 대해 알아보

자. 양가감정은 한 가지 사실에 반대되는 감정이 혼재하는 마음이다. 성공은 하고 싶지만 열심히 살기는 싫고, 연인을 사랑하지만 혼자 있고도 싶고, 몰라서 답답하지만 알고 싶지는 않은 괴로운 심정이다.

사실 세상 모든 것에는 양가성이 있다. 전극에도 양극과 음극이 있고, 빛이 있으면 어둠이 있다. 보는 관점에 따라 장점과 단점도 뒤바뀔 수 있다. 중요한 건 강렬한 양가감정은 마음의 상처가 깊은 사람들의 특징이라는 사실이다. 왜 그럴까? 감정은 결국 경험의 소산이다. 양가감정이 강하게 남았다는 것은 그 감정을 자극할 만한 양가적인 상처가 있었다는 뜻이다.

그럼, 어떤 경험이 양가적인 상처가 될까? 바로, 상처를 주지 말았어야 할 대상 때문에 생긴 상처를 의미한다. 그게 정말 아픈 일이다. 예를 들어, 연인이 휘두르는 주먹에 머리를 다친 사람이 있다. 이 피해자는 가장 신뢰했던 사람에게 공격을 당했고, 사랑을 주고받았어야 할 관계에서 상처를 입었다. 그냥 길을 가다가 담벼락에 머리를 부딪힌 것과는 다르다. 담벼락에 부딪힌다고 양가감정이 생기지는 않는다. '담벼락은 피해서 가야지! 왜 하필 저기에 담벼락이 있어? 진짜 최악이다' 하는 생각만 든다. 무생물은 미워해도 되고, 회피해도 괜찮다.

하지만 연인에게 받은 상처는 양가적인 후유증을 남긴다. "다시는 연애하지 말아야지! 다시는 사람 믿지 말아야지!" 한다고 해결될 일이 아니다. 다시 사람을 만나자니 또 똑같은 일이 생길까 봐 두렵고, 회피하고 혼자 지내자니 억울하고 외롭다. 연인이라는 긍정적인 이미지와 폭력이라는 부정적인 사건이 결합되어 양가적인 감정을 만들어내는 것이다.

같은 이유로 가정과 학교에서 괴롭힘이나 차별, 배신 때문에 생긴 상처는 다른 상처보다 강력하게 작용한다. 좋은 것인지 나쁜 것인지가 혼동스럽고, 감싸야 할 것인지 포기해야 할 것인지 가치관을 뒤흔든다. 안전해야 할 곳, 사랑을 주고받았어야 할 관계에서 상처를 겪으면 그 시작부터 양가적으로 꼬인다.

양가감정의 해결책은 양가적 공감

양가감정은 소용돌이와 같다. 좋다고 했다가 싫다고 했다가 힘들다고 했다가 괜찮다고 하면서 주체성을 흔든다. 주변 사람들에게도 영향을 끼친다. "도와달라는 거야, 내버려두라는 거야? 널 사랑하지만, 이럴 땐 나도 떠나고 싶다" 하면서 주변도 양가적이 된다. 이런 소용돌이 같은 상처에 해결책이 있을까?

양가감정도 감정이기에 해결책은 역시나 공감이다. 중요한 것은 박자 감각이다. 양가감정은 엇박자를 내며 다가오기 때문에 박자를 잘못 맞추면 엉뚱한 감정과 충돌한다.

다행인 점은 인간은 한 번에 한 가지 감정만 느낀다는 사실이다. 좋아하면서도 싫어하는 양가감정이 있다고 해서 좋음과 싫음이 한 번에 양립하지는 않는다. 그래서 좋음이 표현되면 좋음에 공감하고 싫음을 느끼고 있으면 싫음에 공감하는 게 양가적 공감이 된다. 타인에게 공감할 때도 그렇게 하면 되고 스스로의 양가 감정에 공감할 때도 마찬가지다.

양감감정에 대처하는 양가적 공감의 예

A "나는 부모님이 맨날 싸우는 것만 보고 살았어. 그래서 결혼 같은 것 절대로 안 할 거야!"

A' "그래? 자세히는 몰라도 그렇게 얘기할 정도면 그럴 만도 했겠구나."

B "그런데 그거 알아? 그렇다고 아무도 안 만나고 혼자 사는 건 싫다. 오히려 정말 좋은 가정을 꾸려보고 싶어."

B' "맞네. 그런 마음도 있겠네. 그런 경험을 했으면 그럴 수도 있겠다. 이해된다."

A "난 정말 웃긴 것 같아. 막상 진지하게 누군가를 만날 생각을 하잖아? 그럼 막 가슴이 울렁거리고 불편해. 그래서 결혼 같은 건 생각도 하기 싫어."

A' "그래, 그럴 수 있어. 나라도 그럴 것 같아. 그런 마음도 들수 있겠어."

이처럼 A라는 감정에는 A로, B라는 감정에는 B로 대응하며 공감을 해주는 게 양가감정에 대한 공감이다. 감정과 관련된 방해물을 없애버리는 게 아니라, 품어주는 개념으로 이해해야 한다.

처음에는 어색해도 하다 보면 익숙해지고, 감정을 이해하는 실력도 늘어나니 꾸준히 공감을 시도해야 한다. 이유가 설명되면 "아! 그래서 그랬구나"의 자세가, 이유가 설명되지 않으면 "나는 잘 모르겠지만, 그랬을 만한 이유가 있었겠지"의 자세가 필요하다.

여기까지 우리가 알아채야 하는 감정과 이에 대한 대책인 공감에 대해 알아봤다. 되도록 많은 공감과 자기 공감을 경험하면서 방어력을 키워나가길 바란다.

앞으로는 생각에 집중해볼 것이다. 우리를 방해하는 생각들은 무엇인지, 방어력이 강한 사람들은 어떻게 생각하는지도 알아보려 한다. 감정보다 더 깊은 곳에 있는 생각의 문제를 들여다보자.

CHAPTER 4

나를 살리는
제1시스템

방어력이 강한 사람의 생각 구조는 튼튼한 장비를 착용한 사람과 같다.
지칠 수도 있고, 다칠 수도 있지만 덜 다치고, 덜 아프다.
그래서 더 오랜 시간 노력할 수 있고, 후유증도 적다.

내
마음의
면역세포

좋은 일일까? 나쁜 일일까?

옛날 중국 변방에 말을 키우는 노인이 있었다. 어느 날 노인의 집에 야생마 몇 마리가 홀연히 나타났다. 예상치 못한 횡재에 동네 사람들이 몰려와 축하를 건넸다. 그러자 노인이 말했다.

"이 일이 좋은 일일지, 나쁜 일일지 어찌 압니까?"

노인이 덤덤하게 말하자 마을 사람들은 민망해하며 돌아갔다. 그리고 며칠이 지나 노인의 아들이 크게 다쳤다. 그 야생마들을 훈련시키다가 말에서 떨어져 다리를 못 쓰게 된 것이다. 소식을 들은 마을 사람들은 그제야 노인의 깊은 뜻을 이해하고, 이번에는 위로를 건넸다. 그러자 노인이 또 말했다.

"이 일이 좋은 일일지, 나쁜 일일지 어찌 압니까?"

이번에도 노인은 아리송한 말을 남겼고 마을 사람들은 또 민망해하며 돌아갔다.

그런데 며칠 후 동네에 방이 붙었다. 이웃 나라와 전쟁이 나 젊은 남자들을 병사로 차출한다는 소식이었다. 마을 사람들은 다들 시름에 빠졌다. 하지만 노인의 아들은 다리를 다쳤다는 이유로 징집에서 면제되었다. 그럼, 이 일은 좋은 일일까, 나쁜 일일까? 인생에서 만나는 여러 가지 사건을 함부로 좋고, 나쁘다고 판단할 수 없다는 인간지사 새옹지마(人間之事 塞翁之馬)라는 이야기다.

우리 집에는 유난히 이런 내용의 책이 많았다. 노자, 장자, 탈무드, 불교 서적 등 이런 책에서 공통적으로 가르치는 것은 나쁜 일이 있어도 관점에 따라 다르게 받아들일 수 있다는 내용이었다. 소심한 성격이던 내가 충격받는 일을 겪을까 봐 부모님이 미리 대비를 하셨던 것 같다.

쓸모없는 나무가 한 그루 있었는데, 아무도 베어가질 않으니 제일 오래 살았다는 이야기도 인상적이었다. 그 나무는 물에 뜨지 않아 배로도 쓸 수 없고, 잘 타지 않아 땔감도 못 되었다. 그러다 보니 그 마을에서 가장 오래되고 울창한 나무가 되었다. 결국 더울 때는 그늘을 제공하고 추울 때는 바람을 막아주는 영물이 되어 마을의 수호 나무가 된다. 쓸모가 없었기 때문에 쓸모가 생긴 무용지용(無用之用)이라는 이야기다.

고등학교를 졸업하던 날에 그 말이 떠올랐다. 대학은 다 떨어졌고, 재수 학원에서도 떨어졌다. 다른 분야에 재능이 있거나 기술이 있는 것도 아니고 오라는 곳도 없으니 아무짝에도 쓸모없는 사람이 된 느낌이었다. 우등상이나 개근상도 못 탔고, 담임 선생님에게도 밉보여서 도망치듯 학교를 나왔다. 그 와중에 무용지용 이야기가 떠올랐다. "이렇게 쓸모없어진 재수생도 어딘가에는 쓸모가 있다는 이야기였지" 하며 씁쓸한 웃음을 지었다.

대학에서 유급을 당했을 때도 그랬다. 이제는 잘 풀릴 줄 알았는데, 교수님들은 나를 다음 학년으로 진급시키지 않겠다고 결정했다. 창피하고 부끄러워서 몇 달 동안 PC방에 숨어 지냈다. 그때도 수호신이 된 나무와 새옹지마 이야기가 간간이 떠올랐다. "이렇게 시간 낭비하는 경험도 나중에는 좋은 일이 될 수 있다는 거겠지" 하고 말이다.

미래를 단정 짓기보다는 열어두기

그 시절에는 몰랐지만 어린 시절에 읽었던 교훈들이 내 마음의 방어벽이 되어주었다. 좋은 일인지 나쁜 일인지 당장은 알 수 없으니 열린 결말로 열어둔 것만으로도 참 다행이었다. 그때는 우울하고 포기하고 싶었지만, 약간의 우유부단함이 오히려 잘될지도 모른다는 희망을 남겨뒀던 것 같다.

방어력이 떨어진 사람들은 단정 짓는다. "이 일은 나쁜 일이야", "이런 일을 겪는 건 나밖에 없어", "나는 영원히 이 굴레를 벗어나지 못해"라고 자신의 과거, 현재, 미래를 확신한다. 자기 확신이 늘 좋은 것만은 아니다. 이처럼 부정적인 자기 확신은 오히려 자신을 다치게 한다.

방어력이 약한 사람들이 이 책을 읽고 있다면 이즈음 확신을 발동할 것이다. "선생님은 저와 출발선 자체가 달라요. 누구도 날 도와줄 수 없어요. 아무리 책을 읽어도 전 안 변해요. 저도 이미 시도해 봤던 방법이라고요"라면서 애써 희망을 던져버린다. 무기력감을 남에게 전파하기도 한다.

안타깝다. 일단 그런 분들에게 공감을 드리고 싶다. 1단계는 공감이니까. 그렇게 생각하니, 얼마나 허무할까. 하지만 그런 생각을 하게 될 만한 이유가 있을 것이다. 대개 주변의 어른들로부터 방어력을 약화시키는 말을 듣는 경우가 많다. "그런 식으로 할 거면 안 하는 게 나아", "세상에 너처럼 구는 애는 너밖에 없어. 넌 정말 특이해", "네가 잘못해서 그렇게 된 걸 누굴 탓해? 네 탓이야! 네 탓을 해" 이런 말을 들으면서 주입된 힘 빠지는 생각들이 마음속 깊은 곳에 자리 잡는다. 그리고 위기가 올 때마다 기어 나와 활동한다. "열심히 해서 망치느니, 지금 포기하는 게 낫지", "나만 이래. 아무도 나를 이해할 수 없어. 도움도 받을 수 없어", "내 탓을 하자. 그게 어른이야" 하는 메시지 말이다.

반대로 방어력이 강한 사람들은 생각의 방어 전략이 있다. 1단계에서는 충분한 자기 공감으로 감정적인 방어를 해내고, 2단계에서는 머릿속을 잠식한 부정적인 생각 패턴을 소거해 나간다. 억지로 감정을 억압하는 것도, 거짓말로 최면을 거는 것도 아니다.

나는 어릴 때부터 읽었던 새옹지마, 무용지용, 인과응보, 와신상담 같은 이야기로 스스로 방어할 수 있었다. 하지만 그런 교훈적인 이야기만으로는 요즘처럼 복잡한 세상에서 다양한 방해물을 헤쳐나가는 것이 쉽지는 않다.

그래서 지금부터 건강한 사람들은 어떻게 부정적인 생각을 떨쳐내는지 좀 더 자세히 들여다볼 것이다. 부디 감정은 공감하고, 생각은 바꾸면서 상처를 최소화시키는 삶을 살기 바란다.

마음의 면역력을 높여주는 말

내 마음의 인생 문장 정하기

누구나 힘겨울 때가 있고, 그때마다 위기를 극복하기 위해 노력한다. 방법을 찾은 사람들은 남에게도 도움이 되길 바라는 마음을 담아 건강한 문장을 남기기도 한다. 그렇게 전해지는 이야기를 우리는 고전이라고 부른다. 자신의 마음을 위로해주고, 힘 나게 해주는 문장을 만난다는 것은 참 든든한 일이다. 삶의 철학이 될 수도 있고, 지향점이 될 수도 있다. 방어력을 높이는 데 도움이 되는 말을 한번씩 읽어보면서 '내 마음의 인생 문장'을 찾아보길 바란다.

| 그 일이 내 인생에 도움이 될지, 방해가 될지는 아직 모른다. | 새옹지마(塞翁之馬)

| 인생은 멀리서 보면 희극, 가까이서 보면 비극이다. | 찰리 채플린

▶▶▶ 오늘은 비극 같아 보이는 일도 훗날 되돌아보면 희극일 것이다.

▶▶▶ 남들은 다들 편하게 사는 것 같아 보이지만, 그건 멀리서 봤기 때문이다. 가까이서 보면 다들 말하지 못하는 힘든 일이 있다.

| 실천하는 게 말하는 것보다 낫다. | 벤저민 프랭클린

| 한 발 딛고 올라서려면, 패배감부터 버려야 한다. | 박지성

| 처음부터 겁먹지 마요. 막상 가보면 아무것도 아닌 게 세상에는 정말 많아요. | 김연아

| 사람이 할 일은 최선을 다하는 것이고, 결과는 하늘이 정하는 것이다. |
진인사 대천명(盡人事 待天命)
▶▶▶ 결과에 집착하지도 말고 서두르지도 말라.

| 있으면 좋은데, 없어도 돼요. | 백종원
▶▶▶ 요리 재료를 설명할 때 종종 하는 말로 강박적인 성향이 있는 나는 이 말을 들을 때마다 위로가 된다.

우리의
방어력을
낮추는 생각들

02

틀린 건 아니지만, 불편한 생각들 ────────

고구려의 소수림왕이 불교를 국교로 반포한 이유는 왕권 강화를
위해서다. 국사 시간에 그렇게 외웠는데 당시에는 이해가 되지 않
았다. 불교는 부처님을 모시는 종교인데, 왕권 강화와 무슨 상관
인가? 그래도 그냥 외웠다. 고구려-왕권 강화-소수림왕-불교라
고 외웠다가 문제가 나오면 그렇게 답을 썼다.

　공부할 게 가장 많았던 때는 의대생 시절이었다. 하루에 엄청
난 양의 진도가 나가야 하는데 정신이 하나도 없었다. 복학해서
후배들과 학교를 다니는데 도저히 이해가 안 되는 게 있어서 후배
에게 물어본 적이 있다.

　"여기에 뭐라고 나오냐면 A는 B와 같고 B는 C와 같대. 그런데
A는 C가 아니라 D래. 이게 말이 되냐? 왜 이런 거야?"

그러자 후배가 말했다.

"형, 지금부터 내 말 잘 들어요. A는 B와 같아요. 그리고 B는 C와 같아요. 그런데 A는 C가 아니에요. A는 D예요. 교수님이 그렇대요. 이해하지 말아요. 일단 외워요."

그 말을 듣고 깊은 깨달음을 얻었다. 내가 왜 유급을 당했는지 이해가 됐기 때문이다. 대학에 들어오기 전에는 공부할 때 그냥 외웠다. 역사뿐만 아니라, 영어도 외우고, 수학도 외웠다. 책에 그렇게 써 있으면 그러려니 했고, 선생님이 그렇다면 그런 줄 알았다.

그런데 대학에 와서는 공부하는 기조를 바꿨다. 암기식 공부가 대학생의 공부와 안 어울린다고 생각했다. 늘 의문을 제기했다. '이게 왜 이래?', '왜 나만 모르지?', '이걸 왜 공부해야 하는 거야?', '이게 인생을 살아가는 데 무슨 도움이 돼?' 다양한 생각을 했다. 지금도 그게 틀린 방법은 아니었다고 생각한다. 맞는 말이긴 한데, 그렇게 했더니 낙제로 이어졌다. 그게 문제였다.

생각이 많은 것이 생각이 깊은 것은 아니다

방어력이 낮은 사람들을 만날 때 안타까운 점 중 하나는 그들이 대개 선하다는 점이다. 그들이 생각하는 방식이 틀렸다고 할 수는 없다. 나약하거나 남에게 해를 끼치는 것도 아니다. 누군가는 해야 할 고민이다. 그래서 그 부분을 이야기할 때마다 벽에 부딪힌다. "내가 뭘 잘못했나요?", "그렇게 생각하는 게 나쁜 건가요?"라는 말을 자주 듣는다.

방어력이 낮은 생각은 겨울에 찬물로 목욕하는 것과 같다. 법으로 금지된 건 아니고, 덕분에 건강하게 사는 사람들도 있다. 하지만 많은 사람이 이걸 하면 아프다. 방해에 약해지고, 기분이 나빠지고, 본인의 잠재력을 억압한다.

그래서 일단 어떤 생각이 방어력을 낮추는 생각인지 알고 있는 게 중요하다. 옳고 그름을 따지려는 게 아님을 알아주기 바란다. 무조건 바꿔야 한다거나 그렇게 생각하지 말라는 것도 아니다. "이런 생각을 하는 사람들이 꽤 많구나", "그러면 이런 일이 생길 수 있겠구나" 정도로 읽기 바란다. 방어력을 낮추는 생각에는 크게 세 가지 카테고리가 있다.

방어력을 낮추는 생각 1 | 자신이 약하다는 생각

유사한 생각으로는 나만 힘들게 산다, 나는 능력이 없다, 나는 못한다, 나는 모른다, 나는 왜 이럴까, 나는 (약하니까) 이래야만 한다, 나는 (약하니까) 이래도 된다, 나 아프다, 이건 내 성격이다, 나는 원래 이렇다, 이건 유전이다, 우리 부모님이 이렇다, 이런 생각 안 하고 싶은데 그게 안 된다 등이 있다.

이런 생각을 자주 하는 사람들은 대화의 대부분을 본인이 힘들다는 이야기로 채운다. 본인이 남들과 다르다는 생각에서 시작되었기 때문에 초면부터 상처 이야기로 이목을 집중시키는 경우도 있다. 옆 사람이 힘들다고 하면 "내가 더 힘들어"라고 반박한다. 누가 더 힘든가 배틀을 펼치기도 한다. 주변에서는 '기 빨린다'라는 평판을 남기고 거리를 두는 사람들이 늘어난다.

그리고 이들은 "누가 그러던데"로 시작하는 화법을 자주 쓴다. 자신의 생각을 말하면 무시당할 것 같아서 남의 권위를 빌려 쓰는 습관이 있다.

남에게 부탁을 할 때는 '알아들을 만하게 돌려 말했어' 식으로 제안한다. 대부분은 정확하게 전달이 안 될 정도로 애매하게 요청해서 원하는 바를 얻기 힘들다. 하지만 본인의 언어 습관을 바꾸기보다는 '내가 약해서 그래'라는 생각을 강화시킨다.

'나는 약하다'라는 생각은 타인과 대화를 주고받을 때도 문제를 일으킨다. 대개 남의 말을 곧이곧대로 듣지 않아서 소통에 방해가 된다. 본인이 늘 말 속에 다른 뜻을 실어 보내다 보니 남들도 그럴 거라 생각한다. 그래서 남의 말을 있는 그대로 이해하지 않고, 숨은 뜻이 무엇인지 상상하느라 바쁘다. "아까 걔가 왜 그런 말을 한거지?", "무슨 의도지?" 하면서 잠을 설친다.

그러면서도 의존할 사람을 찾는다. 본인이 약하다는 생각에서 오는 자연스러운 삶의 방식이다. 기댈 사람이 있느냐 없느냐에 따라 불안과 평안을 오고 가기 때문에 자신에게 감정 기복이 있다고 생각하는 경우가 많다.

스스로 방어할 수 없다는 생각으로 번져서 만성 불안을 안고 산다. 불안은 신체 반응으로 이어져 두근거림과 긴장이 습관이 되어 기초 에너지 대사를 많이 소비한다. 그래서 정작 문제가 터졌을 때는 지쳐서 반응을 하지 못한다.

유사한 생각으로는 남들은 다 잘 살고 있다, 이 일은 남들은 쉽게 하는 일이다, 평범한 사람들은 평범하게 척척 잘 살아간다, 나는 모르는 것을 남들은 알고 있다, 남들이 만족하지 못하면 나는 존재 이유가 없다, 그는 나를 도와줄 수 있는데 안 돕는다, 나를 미워하면 어떡하지 등이 있다.

'나는 약하다'와 비슷한 듯하지만 방향이 다르다. 이 생각의 관심사는 자신이 아니라 타인이다. 남을 강자라고 생각하기에 남을 주시하고 이익과 손해 또한 남이 결정한다고 생각한다. 세상을 두려워하면서도 존중한다. 마음이 좋을 때는 (강한) 타인에게 친절하고 만족시키려는 마음이 강해진다. 타고난 서비스직 성향으로 보인다. 인플루언서의 인생을 실제보다 아름답게 포장해서 받아들이기 때문에 SNS에 과몰입하는 경향도 크다.

하지만 남의 아픔에는 공감할 필요성을 느끼지 못한다. 남들의 인생을 쓱 훑어보고 "잘 살겠지" 하며 돌아선다. 남들이 힘든 건 상상하지 못한다. 그래서 본인 인생이 힘들 때는 독설가나 악플러가 될 수 있다. 타인의 회복 탄력성을 과대평가하기 때문에 공격이나 비난을 해도 된다고 생각한다.

남의 능력을 과대평가하다 보니 도와달라는 표현도 잘하는데, '그거 한번 도와주는 게 뭐 그리 어려워?'라는 생각이 있는 게 문제다. 상대방은 나를 쉽게 도와줄 수 있다고 생각하기에 딱히 감사한 마음을 느끼지 못한다.

남을 실제보다 강하게 보기 때문에, 누군가가 화를 내면 엄청난 위험으로 감지한다. 극도로 불안해져서 피하는 경우도 있지만, 자기 보호적 분노를 드러내기도 한다. "왜 그렇게 예민해? 성질 좀 죽여!"라는 말을 들으면 자신은 여린 사람이라며 슬퍼한다. 내가 화낸 건 자기 보호 명분이고, 남이 화낸 건 폭력이라고 생각하기에 피해의식에 빠질 때가 많다.

이들은 방해가 찾아왔을 때 시련의 강도를 지나치게 높게 평가한다. 한 명의 미움을 받았는데도 온 세상이 본인을 따돌린다고 생각하고, 작은 핀잔 하나에도 비련의 주인공이 된다. "진짜 힘든 거야? 관심받으려고 그러는 거야?"라는 피드백을 자주 듣는다.

여기에 '나는 약하다'가 결합되면 세상은 강하고 자신은 약하다는 세계관이 완성된다. 이는 불안형 애착의 핵심 생각이다. 그렇게 되면 주로 의존을 통해서 살아가기 때문에 의존형 애착이라고도 부른다. 약자, 자녀, 아픈 사람, 못된 사람에게라도 의지하려고 한다. '지푸라기라도 잡는 심정'이라고 하지만, 지푸라기를 자주 잡다 보니 자주 위기에 처한다.

이들이 가진 의외의 특징은 고집이 세다는 점이다. 거친 세상에서 자신처럼 약한 사람이 살아남으려면 고집이라도 부려야 한다는 절박함이 만든 결과다. 여러 사람에게 묻고 의견을 취합한 다음 자기가 하고 싶었던 대로 한다. 미성숙한 사람은 그래 놓고 남 탓을 하는데, 주변 사람들은 젖은 지푸라기가 된 기분이다.

방어력을 낮추는 생각 3 │ 남들은 나를 도울 수 없다는 생각

유사한 생각으로는 내 몸은 내가 안다, 내 의지가 가장 중요하다, 얘기하면 부담스러워할 것이다, 혼자서 해결하는 것이 가장 좋다, 버틴다는 것은 도움을 받지 않는 것을 의미한다, 혼자서 해결하면 성장하고 도움을 받아서 해결하면 나약해진다, 많이 괴로워야 많이 성장한다 등이 있다.

남이 도와주는 것에 선입견이 있을 때 이런 생각이 강화된다. 대개 그런 생각을 만들어낸 상처가 있다. 믿었던 사람에게 크게 실망한 적이 있거나 "다시는 사람을 믿지 않겠어. 다시는 내 약한 모습을 보여주지 않겠어!"라고 결심할 만한 일이 있었다.

이것 또한 가까운 사람과 관련된 이슈가 많다. 도움을 줬어야 하는 대상이 도움을 주지 않았기 때문에 도움과 관련된 복잡한 심경이 얽힌다. 부모님이나 선생님, 친구나 애인이 잘못했다고 생각하기보다는 원래 인생은 각자 살아가는 것이라고 절충한다.

독립성을 지니는 건 좋은 일이지만, 수동 공격적 태도로 타인을 거부한다면 문제가 된다. "나를 돕겠다고? 당신이 그렇게 잘났어?" 하는 억압된 분노가 숨어 있다.

애착 유형의 관점에서 보면 회피성 애착에 해당한다. 드라마에서는 주로 우수에 찬 주인공으로 등장한다. 〈나의 해방일지〉의 손석구, 〈우리들의 블루스〉의 이병헌 등 답답하면서도 애잔해서 따뜻한 사랑으로 품어주고 싶은 묘한 매력이 있다. "저런 사람도 사랑을 받으면 달라질 수 있을 거야!"라는 따뜻한 마음을 끌어낸다. 하지만 현실은 드라마와는 달라서 그렇게 아름답지도 않고 쉽게 변하지도 않는다.

도움을 받지 않으려 하다 보니 작은 위기에도 크게 다친다. 하지만 병원에 와서도 "약은 안 먹을래요", "상담은 받지 않을래요" 혹은 모든 치료를 거부하는 경우도 흔하다. "아, 정말 힘드셨겠네요"라며 공감을 주려고 하면 황급히 말을 끊는다. 공감을 받는 것도 불편해하고 쓸모없다고 생각한다.

인간은 타인의 도움 없이 살 수 없는 존재임을 받아들이는 게 중요하다. 입고 있는 옷, 쓰고 있는 안경, 마시고 있는 커피, 어느 것 하나 혼자 만든 게 없다. 여드름 하나를 짜더라도 피부과 레이저의 도움을 받는 시대인데, 어찌 남의 도움 없이 살 수 있을까. 혼자 고생하지 말고 도움을 받아 해결하는 게 서로에게 좋다. 도움을 받는 행위를 미숙하다고 여길 게 아니라 도와준 사람에게 고마워하는 게 성숙이다.

앞으로 우리가 해야 할 일:
"그 생각이 그런 식으로 내 방어력을 떨어뜨렸겠구나!" ──
이런 생각은 스트레스를 더 크게 만들고 같은 크기의 자극에도 우리를 더 지치게 한다. 하지만 그 사실을 자각해도 끊기는 어렵다. 대부분은 변화할 생각조차 없다. 무의식을 지배하는 부정적인 생각들이 한 번 더 발동해서 우리를 같은 생각에 묶어두기 때문이다.

"스스로를 약하다고 생각하는 게 문제였군요. 그래도 그걸 고칠 수 없어요. 나는 타고난 의지가 약하거든요(나는 약하다 반복)."

"나 혼자 변하면 뭐 해. 남들은 그대로인데. 이 책을 읽은 남들은 변하겠지만, 나는 좀 달라(남은 강하다 반복)."

같은 생각을 수백 번 반복하면서 이미 습관이 되고, 인생철학이 된다. 이를 급하게 바꾸지 못한다고 좌절할 필요는 없다. 준비가 안 된 상태에서는 시도해 봤자 별 소용이 없기 때문이다. 끊고 안 끊고를 떠나서, 자신에게 그런 생각이 있었음을 인식하는 과정이 필요하다. 그런 생각을 반복할 때마다 "아, 내가 또 그런 생각을 하고 있었네. 이것 때문에 방어력이 떨어졌겠구나"라는 문장을 덧붙인다.

어차피 변화는 손바닥 뒤집듯 단번에 일어나지 않는다. 방어력이 떨어지는 생각을 하루에 20번씩 하다가 19번으로 줄이고 나중에는 하루에 10번, 더 나중에는 며칠에 1번 정도로 줄이는 식으로 변한다. 솔직히 나도 아직 부정적인 생각을 많이 한다. 예전보다는 많이 줄었지만 완벽하지는 않다.

변화를 빨리 쟁취하는 것보다 중요한 것은 무의식적인 반복에서 벗어나는 것이다. 마음속에 숨어 있었던 생각을 수면 위에 올려놓고 끊을지 계속할지 고민할 수 있을 정도로 자아를 들여다보는 게 우선이다.

많은 사람이 '받아들이기', '자기 자신을 인정하기', '자기 자신을 있는 그대로 사랑하기'가 안 된다고 속상해한다. 이 또한 서두를 필요 없다. 일단은 그런 게 있다고 암기만 해도 훌륭하다. 그런 의미에서 다음을 중얼거리면서 외워보자.

> 1. 우리의 방어력을 높이는 1단계는 공감, 2단계는 생각의 변
>   화다.
> 2. 우리의 방어력을 낮추는 3대 생각은 다음과 같다.
>   "나는 약하다", "남은 강하다", "도움은 필요하지 않다"

이해되지 않아도 괜찮다. 이해는 나중에 자연스럽게 된다. 나
도 중년이 되어서야 불교 반포가 왜 왕권 강화와 연관되는지 이해
했다. 행사를 관장하고 의전의 중심이 되는 사람에게 권위가 집중
되는 현상을 여러 차례 경험했기 때문이다. 알고 있어도 가슴으로
느끼기까지는 원래 시간이 걸린다. 우선 암기만 잘해도 성공이다.

방어력을 높이는 실제적인 방법

부정적인 생각을 되치기

유도에 되치기라는 기술이 있다. 상대방이 기술을 걸고 들어왔다가 되돌아갈 때 같은 방식으로 받아치는 기술이다. 우리의 마음을 방해하는 생각을 정면에서 반박하면 반발심만 불러일으킨다. 예를 들어, '나는 약하다'라는 생각이 깊게 깔려 있는 사람에게 "너는 강해!"라고 해도 설득이 안 된다. 강하냐 약하냐 논쟁으로 빠져 기분만 상한다.

하지만 방해의 힘은 쉽게 되치기할 수 있다. 방해하는 힘을 역이용하면 훌륭한 방어 기술이 된다. 본인이 약한 사람이라는 생각이 들면 "그렇지. 약한 점도 있긴 하지"라며 받아주는 게 낫다. 정면에서 반대하지 말고 어느 정도 인정해야 다른 생각을 할 수 있는 여유가 생긴다.

이렇게 부정적인 생각을 받아주면서 흔들어보는 방법에는 부분 긍정, 부분 부정/일반화(누구나 그렇다)/입장 바꿔 생각하기/정반대로 가정해보기/생각 덧붙이기 등이 있다. 다음과 같은 방법으로 습관이 된 생각을 흔들어보자.

▶▶▶ "나는 약하다"
  ➡ 누구나 약점이 있고, 강점이 있다. 나도 그렇다.
  [부분 긍정과 부분 부정, 일반화]

▶▶▶ "남들은 다들 잘 산다"
  ➡ 남들이 잘 사는 건 사실이다. 그런데 남들이 보기에는 나도 남

이다. 남들이 보기에는 나도 잘 산다.

[입장 바꿔 생각하기]

▶▶▶ "나는 힘들어 죽겠는데, 남들은 내가 편안해 보인다고 한다. 내가 힘든 걸 아무도 몰라주니까 외롭다"

➡ 만약, 남들이 보기에도 힘들어 보인다면, 그건 좋은 건가? 아니다. 내가 편안해 보이는 건 자기 방어가 되고 있다는 측면에서는 긍정적으로 볼 수 있다.

[정반대 가정해 보기]

▶▶▶ "남에게 도움을 받는 것은 미숙한 방식이다"

➡ 남에게 도움받는 게 미숙한 게 아니라, 도움받고 고마워하지 않는 게 미숙한 것이다. 도움받고, 감사의 뜻을 전하자.

[반대로 생각하면서, 생각 덧붙이기]

방어력을 떨어뜨리는 생각의 틀
: 흑백논리

이지선다형 세계관 ────────────────

한 마을에 현명하기로 유명한 노인이 있었다. 세상의 모든 질문에 답을 한다고 알려진 사람이었는데, 하루는 한 소년이 그를 찾아와서 물었다.

"선생님, 제 손에는 새가 한 마리 있습니다. 이 새는 죽은 새일까요? 아니면 살아 있는 새일까요?"

노인은 아무 말도 하지 않은 채 가만히 고민에 빠졌다. 그러더니 갑자기 흐느껴 울기 시작했다. 당황한 소년은 노인에게 왜 우냐고 물었다. 그러자 노인은 대답했다.

"새가 죽었다고 하면 자네는 '살았는데요?' 하면서 나를 창피하게 만들 것이고, 새가 살았다고 하면 자네가 힘을 주어 새를 죽인 다음에 '죽었는데요?' 할 텐데, 내가 어떻게 답을 해야 하는가?"

이 이야기가 인상 깊었던 건 나도 한때 이런 질문을 자주 했기 때문이다. 나만 그런 건 아닐 거다. 답할 수 없는 질문을 던지는 건 마음이 약해진 사람들의 특징이기도 하다.

"대학생 아들이 게임만 하면서 인생을 낭비하고 있는데, 그냥 둬야 할까요? 아니면 일일이 따라다니면서 잔소리해야 할까요?" 같은 질문이다. 자녀를 방치하는 것도 오답이고, 일일이 간섭하는 것도 오답이다. 극단적으로 나쁜 두 가지 보기를 만들어놓고, 둘 중 하나를 고르려고 하니 답을 찾을 수가 없다.

어떻게 해야 할지 모르겠다는 고민도 대개 비슷하다. 예를 들어 "회사 생활이 너무 안 맞는 것 같아요. 사람들 사이에서 적응하는 게 죽을 만큼 힘든데, 그래도 회사니까 좋은 척 밝게 웃으며 다녀야 할까요? 아니면 직장 생활을 포기해야 할까요?" 하는 식이다.

힘든 일이 생겼을 때는 구체적으로 어떤 어려움인지 들여다보고 도움을 받고 해결 방법을 찾아나가는 게 정답이다. 그런 과정 없이 제한된 보기에서 답을 구하려고 하면 힘든 일이 더욱 아득하고 혼란스러워진다.

문제 해결과는 관계없이 고민을 위한 고민을 만들어내며 머리만 복잡해지는 경우가 더러 있다. 다양한 관점에서 바라보지 못하고 자기와의 논쟁에 갇혀버리는 행동은 왜 하게 되는 걸까?

● 잡초가 생겼을 때 바로 뽑아버리는 사람도 있지만 중요하지 않은 문제로 고민하다가 농사를 망쳐버리는 사람도 있다. 생각의 차이는 문제 해결 능력에도 큰 차이를 보인다.

흑백논리의 틀

환경이 평화로울 때는 잘 사는 게 어렵지 않다. '치세의 능신, 난세의 간웅'이라는 말이 있듯 평상시 잘 사는 능력과 문제가 생겼을 때 대처하는 힘은 엄연히 다르다. 문제 해결 능력이 약한 사람들은 시련이 닥쳤을 때 어린 시절의 생각 체계로 퇴행한다. 성숙한 방식으로 상황을 들여다보지 못하고 미숙했던 시절의 관점으로 세상을 바라본다. 이때 흑백논리가 등장한다.

똑똑한 뇌는 최신형 스마트폰처럼 세상을 그대로 받아들인다. 머릿속에서도 문제점과 해결책을 입체적으로 조합해 낸다. 하지만 흑백 캠코더가 되어버린 뇌는 세상을 둘러싼 수만 가지 색깔과 모양을 단순화시킨다. 모 아니면 도, 성공 아니면 실패, 아군 아니면 적군, 극단적인 이분법 안에서 답을 찾으려 한다.

흑백논리는 우리의 마음을 잠깐은 편하게 해준다. 사건의 실체를 보지 못하게 하고 내부에 연결된 복잡한 구조를 가려주기 때문이다. 하지만 해결에 이르지는 못한다. 문제는 컬러풀하게 발생했는데, 흑과 백의 조합으로 접근하려고 하니 현실 파악부터 제대로 할 수 없다.

흑백논리는 반복적으로 실패만 거듭하는 사람들에게서 극명하게 보인다. 자포자기한 사람들에게 세상은 'All or Nothing'이다. 빚에 허덕이고, 가족에게 신뢰를 잃고, 정상적인 즐거움으로는 보상 중추가 자극되지 않는 그들의 눈에 본인의 인생은 아무것도 없다. 그래서 지금 이 순간이나 한 번 더 잃은 후나 다를 게 없다고 생각한다. 어차피 'Nothing'이기 때문이다. 겁 없이 도박 같은 투자에 베팅을 하고 사채를 쓰는 건 희망이 있어서가 아니다. 더 이상 잃을 게 없다고 생각하기 때문에 두려움도 사라진다.

무언가를 포기해본 사람들은 다들 이런 기억이 있다. 금연을 포기할 때 어땠나 "어차피 이렇게 된 거 오늘은 화끈하게 피우고(흑), 다음부터 평생 금연하면 되지 뭐(백)!" 하는 논리였다. 공부, 연애, 외국어 공부 등 무언가를 포기할 때도 늘 그랬다. 해봤자 늘지 않는다고 판단하고(흑) 안 하는 게 낫다(백)는 논리로 흘러간다.

상처가 아물지 않은 사람에게 직면은 의미 없다 —————
우리가 인생에서 만나는 문제들은 주관식 논술 문제다. 수만 가지 정답이 있고 그를 뒷받침하는 근거들이 있다. 그런데 달랑 보기 두 개에서 답을 고르려고 하니 답을 찾을 수 없다.

그렇다고 해서 상대방이 흑백논리에 갇혀 있음을 직면시키는 것은 부질없다. 그래봤자 "그럼 저는 한번에 저를 바꿔야 해요? 아니면 이대로 살아야 해요?" 하면서 다시 자신을 흑백논리에 가둔다. 어차피 흑백으로 받아들이고, 흑백으로 쳐내기 때문에 설득이 통하지 않는다. 생각 체계를 변화시키기 위해서는 치아를 교정하듯이 밀면서 끌어당기는 노력이 필요하다. 서두르면 반감 때문에 관계만 나빠진다.

흑백논리가 남아 있다는 것은 아직 마음속의 미숙한 존재가 힘을 쓴다는 뜻이고 이는 과거의 상처가 아물지 않았다고 이해해야 한다. 겉으로는 논리적이고 현학적으로 보여도 마음속에는 연약하고 미숙한 어린아이가 있다.

흑백논리에서 벗어나기 위해서도 회복의 1단계인 공감이 중요하다. "고민을 하느라 많이 힘들었겠구나", "그런 생각 때문에 양가감정을 많이 느꼈겠구나"라며 공감과 위로를 충분히 받아야 한다. 앞으로는 여행도 자주 다니고, 상담도 받고, 예술 치료나 약물 치료를 받는 것도 고려해야 한다.

흑백논리를 허무는 마법의 주문
: 이럴 수도 있고, 저럴 수도 있다 ————————

충분한 공감으로 감정적인 고통에서 어느 정도 벗어났다면 "이럴 수도 있고, 저럴 수도 있다"라는 메모를 써서 책상 옆에 붙여두자. 휴대전화 잠금 화면에 "이런 것도 있고, 저런 것도 있다"라고 적어두는 것도 추천한다. 세상은 처음부터 흑백이 아니었다. 다양한 가치가 복잡하게 얽혀서 서로에게 상호작용한다. 그렇게 간단하게 구분할 수 있는 가치가 아니다.

마음이 건강한 사람들은 세상을 스펙트럼 개념으로 본다. 빨강 계열 옆에는 주황 계열, 그 옆에는 노랑 계열 순으로 상대적인 구분이 있고 적외선이나 자외선처럼 존재하지만 느낄 수 없는 것들도 있음을 알고 있다. 그래서 이해할 수 있는 것은 이해하려 하고 이해할 수 없는 것은 "지금 당장은 이해할 수 없지만 그 이유가 있겠지"라는 관점으로 세상을 포용한다.

흑백 텔레비전만 보던 사람이 컬러 텔레비전을 상상할 수 없듯 오랜 기간 흑백논리에 빠져 있던 사람이 다양한 관점을 장착하는 건 쉽지 않다. 그래서 '이럴 수도 있고, 저럴 수도 있지'라는 생각을 여러 차례 반복하며 노출부터 시켜야 한다.

마치 어린아이가 무언가를 잘못했을 때 "괜찮아. 세상에는 다양한 방식으로 살아가는 다양한 사람들이 있어" 하며 달래주는 식으로 말이다.

앞서 말한 옛이야기의 소년도 아직은 상처가 많은 미숙한 존재다. 그래서 현명한 노인을 만나도 가르침을 얻거나 롤 모델로 삼을 생각은 하지 못했다. 권위자를 공격해 창피를 주면서 잠깐 우쭐해지는 기분을 느끼고 싶었던 게다. 유명인에게 악플을 다는 심정으로 노인을 골탕 먹일 심산이었다. 현명한 노인은 그 상황을 간파했다. 하지만 서두르지 않았다. 현명한 노인이었기 때문이다. 흑백논리는 생각의 문제지만 상처와 아픔의 결과다. 단정 짓고 가두는 사고가 아니라, 개방과 존중의 자세로 전환해야 한다.

흑백논리에서 벗어나는 실제적인 방법들

따라 해보기

인생에 정답은 없다고들 하지만 나는 반대라고 생각한다. 답이 없는 게 아니라 많다. 예를 들어 집주인과 세입자가 월세 협상을 할 때 임대인 입장에서는 최대한 많이 받는 게 정답이고, 임차인 입장에서는 최대한 적게 내는 게 정답이다. 입장에 따라 보이는 것과 중요한 것이 달라진다.

답이 없다고 생각하면 답답하지만 모든 게 답이라고 생각하면 마음이 편해진다. 시대를 관통하는 절대적인 진리는 있겠지만 일상에서 마주하는 문제의 답은 상황에 따라 다르고, 입장에 따라 다르다. 답을 하나라고 정하고 스트레스받지 말고 여러 개라고 생각하고 마음 편히 문제를 풀자.

그런 의미에서 흑백논리를 허무는 문장 두 가지를 소개한다. 첫째는 "이럴 수도 있고, 저럴 수도 있다"라는 문장이다. 이 문장은 다양성에 대한 존중을 자극해 준다. 딱히 틀린 문장도 아니고, 반감이 생기는 표현도 아니어서 뇌에 유연한 사고를 준비시킬 수 있다.

둘째는 "내 입장에서는 이렇다"라는 문장이다. 생각이라는 게 자꾸 하다 보면 그 생각에 매몰된다. 생각이나 걱정을 반복하다 보면 어느새 생각에 갇히고, 무슨 일이라도 벌어진 것처럼 기정사실화하게 된다. 그래서 중간중간 이건 나만의 생각일 뿐이라고 알려줄 필요가 있다. 특히, 타인과의 대화에서 갈등을 예방하려면 "내 입장에서는 이렇다"라는 표현을 붙여주는 게 좋다.

언어에는 생산성이 있다. 어떤 말을 쓰느냐에 따라 그 사람의 생각과 행동이 결정된다. 그러니 제시한 문장을 자주 중얼거려보자. 귀에 자주 들려주다 보면 어느덧 관대하고 여유로운 사람이 되어 있을 것이다.

"이럴 수도 있고, 저럴 수도 있다."
"내 입장에서는 이렇지만 당신 입장에서는 그럴 수도 있겠다."

방해물과 관련된
복잡한 감정
: 복수심

04

복수는 생각보다 복잡하다 ————————————————

어릴 때는 무술 영화를 참 많이 봤다. 대부분의 이야기는 험상궂
은 사내들이 한 집안을 풍비박산 내는 장면으로 시작한다. 명망
높은 충신 한 명이 역적으로 몰려 가문 전체가 억울한 최후를 맞
이하고 절망적인 순간에 갓난아이 한 명을 포대에 싸서 피신시킨
다. 그리고 초야에 묻혀 사는 무림 고수 한 명이 그 아이를 거두어
키운다. 시간이 흘러, 출생의 비밀을 알게 된 주인공은 본격적으
로 훈련을 시작한다. 뼈를 깎는 고행의 시간을 보낸 후 강해진 주
인공. 과연 그는 부모님의 원수를 갚고 복수에 성공할 수 있을까?
두근거리는 가슴을 진정시키며 클라이맥스를 감상하곤 했다.

　　복수 스토리는 여전히 인기다. 배신, 복수, 권선징악, 사필귀정
의 스토리만큼 통쾌한 게 있을까. 드라마나 웹툰, 소설의 가장 흔

한 클리셰다. 그만큼 많은 사람이 공감한다는 뜻일 것이다.

상처를 회복하고 성공으로 나아가다 보면 복수와 관련된 딜레마를 만난다. 마음을 약하게 만드는 상처를 다 잊고 싶은 마음과 억울해서 되갚아 주고 싶은 마음이 충돌한다. 진실한 사과라도 받고 싶은 마음도 있고 과거에 연연해하는 듯한 내적 갈등도 있다. 복수를 결정해 놓고도 어떻게 해야 할지 모르는 막막함도 있다.

상처를 준 사람이 가족이라면 문제는 더 복잡해진다. 차별하는 부모, 바람 핀 배우자, 막말을 일삼는 시댁, 무시하는 처가, 무례한 친척 등 가까이 있기에 잊히지도 않고, 얽힌 것이 많아 떠나지도 못한다.

현실에서의 복수는 영화처럼 단순하지가 않다. 감정대로 하면 가해자가 되고, 똑같이 되갚아 줬다간 쌍방과실이 된다. 참고 용서하자니 화병으로 괴로워서 그마저도 못하겠다. 이쯤 되면 자괴감이 찾아온다. '내가 왜 이런 고통을 겪어야 해?', '내가 전생에 무슨 죄를 지었길래?', '어떻게 하면 그 사람이 평생 죄책감에 시달릴까?' 살벌한 생각으로 이어지는 게 복수와 관련된 고민이다. 도대체 어떻게 처리해야 할까?

일단 복수심을 자연스러운 감정으로 받아들일 필요가 있다. 나는 최근 복싱을 배우면서 이를 체감했다. 저녁에 운동을 하는데 동네 아저씨들 서너 명이 같은 시간대에 체육관에 모인다. 다들 좋은 사람이고 성격도 좋다. 그런데 처음으로 스파링을 하던 날, 이리저리 몸을 피하다가 한 대를 맞았는데 그다음부터 내 머릿속에는 '빨리 한 대를 때려야 한다'는 생각만 들었다. 기분이 나쁜 것도 아니고, 충격이 큰 것도 아닌데도 마음이 다급해졌다. 마치 사람들이 모여 있는 상황에서 누군가가 뛰기 시작하면 함께 뛰게 된다는 모방 심리와 비슷했다. '저 사람이 하나 줬으니, 나도 하나 줘야 해!' 하는 생각이 발동한 것이다.

아무 감정 없이 운동만 하는 곳에서도 그런 본능이 살아나는데, 상처를 준 사람에게는 얼마나 강한 역동이 생길까. 복수심은 받으면 주고 싶고, 주면 받고 싶어지는 상호성의 원칙과 모방 행동이 버무려진 자연스러운 본능이다. 인류가 진화하고 생존하는 과정에서도 반드시 필요한 요소였다.

그렇다고 무조건 본능을 따라서는 안 된다. 나도 스파링에서 한 대 때려보겠다고 마음이 급해지니까 오히려 허점을 더 노출했다. 코치님이 "회원님, 지나간 거예요. 흘려보내요. 회원님, 연습한 것만 하면 돼요!"라고 반복적으로 말해줬다. 그제야 정신을 차리고 정상적인 반응을 할 수 있었다.

본능이라는 게 대부분 그렇다. 본인도 모르게 나오는 심리인데, 본능만 따르면 결국은 후회한다. 식욕과 수면 욕구를 생각해보면 이해가 쉽다. 누구나 마음껏 먹고 싶고 실컷 자고 싶지만 아무렇게나 먹고 자면 안 되지 않나. 복수도 그렇다. 똑같이 갚아주고 싶은 마음은 자연스러운 감정이지만, 그렇게 해서는 안 된다. 그래서 막장 드라마가 인기인 거다. 진짜 복수를 계획하는 것보다 대리 만족을 하는 게 안전하고 통쾌하다.

어떻게 복수할까? 다양한 복수 방법

복수는 할까 말까가 중요한 게 아니다. 어떻게 할까를 고민해야 하는 문제다. 많은 사람이 살벌한 복수를 꿈꾸지만, 사적 복수는 법으로 금지되어 있다. 우리나라는 엄연한 법치국가이기 때문에 개인이 누군가를 처벌할 권한이 없다.

상대를 찾아가 명예를 훼손하거나 모욕하거나 창피를 주면 오히려 처벌받을 수도 있다. 사과를 강요하다가 강요죄를 범할 수도 있다. 기필코 그 사람에게 벌을 주고 싶다면, 변호사와 상의해서 사법 절차를 밟는 방법밖에 없다.

그렇게 된 이유도 있다. 복수는 해결되지 않고 끝없이 이어지기 때문이다. 한 대 맞았다고 한 대 때리면, 영원히 한 대 때리기를 주고받게 된다. 애당초 받은 만큼 그대로 되돌려주기란 불가능하다. 우리의 인생은 시시각각 변화하기에 똑같은 상황을 다시 세팅할 수 없기 때문이다.

그래서 건강한 사람들은 나름의 방식으로 복수를 이해한다. 어떤 사람은 보란 듯이 성공하는 게 최고의 복수라고 하고, 어떤 사람은 그 사람과 전혀 상관없는 삶을 사는 게 복수라고 한다. 상대를 용서하고, 그 사람을 위해 기도해주라는 사람도 있고, 그 사람처럼 살지 말자며 롤 모델의 반대인 안티 롤 모델로 삼자는 의견도 있다.

복수의 다양성을 인정하면 복수심이 생산적인 활동으로 승화될 수도 있다. 소송을 알아보면서 법률 지식을 늘릴 수도 있고, 왜 용서를 권하는지 남들의 의견을 들어볼 수도 있다. 그 사람의 생각을 바꾸는 것을 복수라고 생각한다면 설득이나 대화의 기술을 배워볼 수도 있고, 비슷한 피해를 본 사람들을 도와주는 선한 일을 하는 게 복수가 될 수도 있다. 똑같이 괴롭히거나 무작정 참을 생각만 하지 말고, 인생에 현명하게 적용시키기 위한 계획을 세워보는 것도 좋겠다.

한 가지 덧붙이자면, 복수를 하는 것과 아픈 마음이 치유되는 것은 별개라는 사실도 알아주길 바란다. 나를 다치게 한 사람을 다치게 해도 내 병이 낫는 것은 아니다. 사법제도를 활용해 정의를 구현하는 것은 회복에는 중요한 일이지만, 많은 사람이 변호사에게 "소송에서 이겼는데 왜 난 아직도 아프죠?"라며 허탈해한다.

아픔이 있다면 치료를 병행하는 게 현명하다. 이게 엇박자가 나면 심리치료자를 찾아가서는 법적 자문을 구하고 변호사를 찾아가서는 마음의 안정을 얻으려 한다. 복수도 중요하지만 몸과 마음의 건강을 되찾는 것이 가장 중요하다. 복수심에 가려져 자기 돌봄을 잊어서는 안 된다.

복수하고픈 마음을 현명하게 다루는 실제적인 방법

최고의 복수가 무엇인지 알아보기

원한을 품으며 살아가고 싶은 사람은 없다. 미움은 에너지 소모도 많고, 소화불량이나 두통을 일으키는 소모적인 감정이다. 하지만 평생 몇 명 정도는 대단히 밉고 원망스러운 사람을 만나게 된다. 도저히 용서가 불가능한 사람에게는 어떻게 하는 게 최선의 복수일까?

나는 〈냉정과 열정 사이〉에서 나온 여자 주인공의 대사가 최고의 복수라고 생각한다. 상처를 남기고 떠난 전 남자 친구와 마주쳤을 때 그녀는 웃으면서 말한다. "나는 잘 지내. 옛날 일은 다 잊었어. 난 지금 행복해" 남자는 그야말로 멘붕이 된다. 과거에 묶여 살던 남자는 제대로 한 방 먹었다.

복수와 관련해서는 고민이 많다. 잊느냐 마느냐, 되갚아주느냐 참느냐. 하지만 가장 중요한 건 행복하게 잘 사는 것이다. 어떤 일을 겪었더라도 그 일이 우리의 인생을 결정하게 내버려두지 말자. 과거가 어떻든 앞으로 잘 사는 게 낫지 않을까? 어떻게 하면 부유하고, 건강하게, 사랑도 흠뻑 받으면서 살아갈 수 있을지 고민하는 게 어떨까 싶다. 여러분 생각에는 무엇이 최고의 복수인가?

내가 생각하는 최고의 복수 생각해보기

▶▶▶ 잘 사는 게 복수에 가까울까, 못 사는 게 가까울까?

▶▶▶ 행복해지는 게 복수에 가까울까, 불행해지는 게 가까울까?

▶▶▶ 돈을 많이 버는 건 복수와 가까워지는 것일까, 멀어지는 것일까?

▶▶▶ 오늘 하루 식사를 규칙적으로 하는 게 복수에 유리할까, 증오심에 취해 생활 리듬을 망치는 게 유리할까?

▶▶▶ 경제적인 능력을 키우는 것은 복수와 가까워지는 것일까, 멀어지는 걸까?

▶▶▶ 오늘 운동을 하는 게 복수와 가까울까, 안 하는 게 가까울까?

가족이 야기하는
3대 방해
_파트 I

05

가족 간의 격차, 충돌하는 가족 ————————

"아무도 안 볼 때 갖다 버리고 싶은 게 가족"이라는 말이 있다. 일본의 영화감독 기타노 다케시가 한 말인데, 많은 사람의 인생 드라마였던 〈나의 아저씨〉에서도 인용됐다. 사람들은 뜨끔하면서도 통쾌하다는 반응을 보였다. 대놓고 말하지 못하지만 다들 가족과 관련된 마음 앓이를 한다.

대부분의 마음 문제는 가족 문제로 귀결된다. 우리가 속해 있는 가장 밀접한 사회 단위가 가족이기 때문이다. 학교나 직장에서 문제가 생겨도 가족이 적당한 방어 체계를 가동하고 있다면 원만하게 해결될 수 있다. 스트레스를 받아도 가정에 여유가 있고, 가족이 우호적이라면 타격감이 확연히 줄어든다. 사랑하는 연인과 헤어졌어도 따뜻하게 위로해주는 부모 형제가 있는 것과 없는 것은 큰 차이가 난다.

세상 모든 부모가 부자가 아니란 사실, 공감 능력을 장착한 것도 아니라는 사실은 안타까운 일이다. 막말하는 엄마, 꼰대 아빠, 고마운 걸 모르는 자녀, 철없는 형제, 무관심한 배우자 등 우리 주변에는 사랑하기에는 너무 힘든 가족들이 많다.

사실 과거에는 가족 때문에 힘들다는 말을 꺼내지도 못했다. 십수 년 전 이런 얘기를 꺼냈다면 배은망덕한 사람으로 찍혔을 것이다. 예전에는 권위주의의 시대였고, 권위의 시작은 집이었다. 아무리 불합리한 일이 있어도 부모를 탓하는 것은 용납되지 않았다.

그 당시 가장은 어깨에 힘이 들어갈 만했다. 경제가 폭발적으로 성장하는 시기였기 때문에 다들 열심히 일했고, 빈부의 격차도 상대적으로 덜했다. 1980년대에는 중소기업과 대기업의 임금 비율이 90퍼센트 이상이었다. 중소 하청 업체에 다니는 아버지도 퇴근 후에는 "현장에서 쓰는 실무 기술은 내가 최고야! 대기업 별거 없어!" 하며 큰소리칠 수 있었다. 시골에서 농사짓는 어르신도 자부심이 있었다. "우리 애는 내가 담근 김치 아니면 밥을 못 먹어!" 하면서 도시로 떠난 자식을 위해 밑반찬 보따리를 챙겼다.

하지만 지금은 누가 봐도 현실적인 격차가 존재한다. 물려줄 유산이 있는 가족이냐 갚아야 할 대출금이 있는 가족이냐, 신뢰와 존중이 흐르는 가족이냐 시기와 질투가 충돌하는 가족이냐 등 양극화된 가족의 모습이 보인다. 비교도 많이 하고 아픔과 짐이 되기도 하는 게 현대사회의 현실 가족이다.

흔들리는 가족의 세 가지 유형

가족이 우리의 회복을 방해하는 유형은 세 가지로 분류할 수 있다.

1 | 가져가는 가족

첫 번째는 자꾸 가져가는 가족이다. "가족끼리 내 것 네 것이 어디 있어"라는 말은 농경사회에서나 통했다. 농업은 협동 산업이기에 나눠 먹고 함께 써도 서로에게 도움이 됐다. 지금은 다르다. 누가 가져가든, 내 것이 없어지면 결핍이 생긴다. 가족이 힘들게 모은 돈을 요구하거나 사회생활 시작 전부터 마이너스가 있을 때 젊은 사람들이 느끼는 충격은 생각보다 크다. 이전 세대에 비해 주거, 통신, 식비, 문화 비용 등 기본 생활비 지출이 커졌기 때문이다. 100~200만 원만 비어도 버겁다. 뒤처졌다는 생각이 들 수밖에 없다.

돈만 문제가 아니다. 귀중한 시간을 빼앗아가는 가족, 에너지를 빼앗아가는 가족, 부정적인 피드백으로 자존감을 빼앗아가는 가족은 가까운 거리에서 꾸준하게 우리의 삶을 힘들게 한다.

특히 이중 구속을 하는 부모는 자녀를 더 혼란스럽게 만든다. 겉으로는 "나 신경 쓰지 말고 너네 하고 싶은 거 다 하고 살아라"라고 말해놓고 "어휴, 애들 키우느라 생긴 빚 갚을 돈이 없네. 이렇게 돌려막다가 신용불량자되겠어" 하며 들리게 혼잣말을 하는 어른들이 있다. 이런 이중적인 메시지를 듣는 자녀는 미안하면서도 화가 난다. 부모의 노후를 위협하는 자녀는 또 어떤가? 모르는 사람이라면 소송이라도 거는데, 자녀에게 뺏기는 문제는 원칙대로 처리하기가 상당히 곤란하다.

가족이 주는 상처는 저온 화상과 같다. 가까운 거리에서 오랜 기간 영향을 준다. 누구에게나 가족이 있기 때문에, 가족은 늘 비교 대상이며 "나는 왜 멀쩡한 가족을 못 만났을까?" 하는 자괴감으로 이어진다.

2 | 간섭하는 가족

두 번째는 간섭하는 가족이다. "이래라저래라", "객관적으로 봤을 때 이게 더 낫다" 하며 개인의 선택권을 침해한다. 부모가 자녀에게 간섭하는 경우를 떠올리겠지만, 의외로 많은 부모가 자녀의 갑질 때문에 마음을 다친다. "엄마 아빠는 그게 문제야. 그렇게 살 거면 빨리 이혼해!", "친구 엄마처럼 세련되게 입으면 안 돼?" 하며 선을 넘는 조언과 비교도 한다.

타인의 인생에 끼어들어 평가와 판단을 하는 것은 무례한 행위다. 자존감의 중요한 축인 '자기 조절감'을 공격하기 때문이다. 인간에게는 스스로 인생을 결정하고 싶은 욕구가 있다. 이 마음이 방해받으면 자존감이 떨어지고, 자기 조절감에 한이 생겨서 엉뚱한 데서 고집을 부리게 된다.

아무리 사랑하는 사이라도 상대의 인생 방향을 존중해야 한다. 살다 보면 손해 보는 결정을 할 수도 있고, 실행하고 후회하는 경우도 있다. 하지만 그런 실패와 재조정을 통해 뇌가 성장한다.

실패와 좌절은 성장에 필요한 요소다. 악취 나는 거름이 열매를 맺게 하듯 복기하고 다짐하고, 또 실패하고 재도전하는 과정을 수 없이 반복해야 성장한다.

많은 부모가 "그랬다가 나중에 나를 원망하면 어떡해요?"라 며 대신 판단을 해준다. 부모가 간섭하고, 최선의 결정을 해주면, 부모의 판단 방식을 학습할 거라 기대한다. 하지만 의도와는 다른 일이 발생한다. 뇌는 모방이 우선이기 때문에 자녀 또한 남의 인 생을 판단하고 이래라저래라 하는 어른으로 성장한다.

마음에 들지 않는 선택을 하는 것, 안 되는 게 뻔히 보이는데 도전하는 것, 그런 모습을 바라보는 것은 불편한 일이지만 자연스 러운 일이다. 내 탓을 할까 봐 두려워서 일일이 알려주는 것보다 는 실패할 기회를 주는 것도 방법이다. 나무를 키우려면 물 주고 햇빛 받으며 기다려야 하듯 정신적인 성숙을 위해서 주변인들이 해야 할 일은 '거리를 두며 자신의 삶에 집중하기'일 수 있다.

한마디하고 싶을 때는 심호흡을 크게 하고 물 한잔 마시자. 안 전에 문제가 되지 않는다면, 사랑하는 사람이 이상한 결정을 하는 것도 내버려둘 필요가 있다. "성장은 항상 실패를 통해 일어난다" 라고 중얼거리며 어깨를 토닥여줄 준비를 하자. "거봐라. 내가 그 럴 줄 알았다" 이런 식으로 망치지 말자. 우리의 역할은 거름이다.

간섭하는 가족 때문에 힘들어하는 상황이라면 논쟁을 피하라 는 조언을 해주고 싶다. "전문가가 그러는데, 간섭하면 안 된대" 라고 말해도 "이게 왜 간섭이야? 부모가 자식한테 간섭해야지. 그럼, 그냥 놔둬?" 하며 소모적인 말싸움만 이어질 가능성이 높다.

　간섭을 많이 하는 사람들은 대개 불안도가 높다. 그러니 공감하는 방식으로 간섭과 거리를 두자. "그렇게 생각하시는군요. 좋은 의견 감사합니다" 정도로 받아들이는 게 어떨까. 어차피 그 의견을 따를지 말지 정하는 건 자신이라는 생각으로 여유를 가져야 한다. 간섭하는 사람의 생각을 바꾸려고 힘쓰기보다는 "넵!" 하고 자리를 피하는 것도 방법이다. 회피라고 생각하지 말고, 독립하는 연습이라고 생각하자.

3 | 차별하는 가족

세 번째는 차별하는 가족이다. 대개 무의식중에 일어나고 있어서 방해하는 사람은 물론 당하는 사람도 의식하지 못한다. 모든 조직은 저마다 추구하는 가치가 있다. 기업은 경제적 이익, 병원은 환자의 건강, 경찰은 국민의 안전이 존재의 기반이다. 가족에게는 애정이라는 공동 목표가 있다. "우리 집은 애정은 필요 없어. 무한 경쟁 체제야"라면 굳이 가족이 존재할 이유가 사라진다.

　여기까지는 다들 공감하지만 가족 내 평등이라는 가치에 대해서는 아직 적응하지 못하는 사람들이 있다. 특히 과거에 차별을 받았던 사람들은 차별해도 된다고 생각하기도 하고, 자신이 받았던 것이 차별이 아니라고 생각하기도 한다. 그래서 차별이 대물림되기도 하고, 이의를 제기하는 사람을 역차별하기도 한다. 민주국가에서 자유와 평등이 기본 가치이듯 사회의 가장 작은 단위인 가족 내에서도 평등은 바탕이 되어야 한다.

가족 내의 차별은 애정결핍을 유발한다. "너도 사랑하긴 해"라는 변명은 통하지 않는다. 1인분에 만두 8개인 식당에서 나에게는 6개만 줬다면 화가 날 수밖에 없다. "손님도 6개는 드렸잖아요?" 한다고 해결될 일이 아니다. 그나마 식당에서의 차별은 며칠 기분 나쁘고 말지만, 가족에게 받는 차별은 평생의 상처가 된다.

가족들에게 평등한 대우를 받고 싶은 사람들은 질투가 심해서 그런 게 아니다. 남다른 애정 욕구나 독점욕이 있는 것도 아니다. 여기서마저 차별을 당하면 어디에서도 존중받지 못할 것 같아서 두려운 것이다. "나를 낳은 부모조차 나를 차별하는 데 누가 나를 사랑하겠어?"라는 위기감이 사람을 다급하게 만든다.

유산 문제로 형제간에 법정 다툼을 벌이는 경우도 들여다보면 차별의 상처가 얽혀 있다. 돈은 힘을 상징하기도 하지만 사랑의 의미도 있다. 다 큰 어른조차 대등하지 않다는 느낌을 견디지 못하는데 어린 시절에 겪은 차별의 상처는 오래갈 수밖에 없다.

누군가 이 문제로 아파하고 있을 때 "너는 잘하고 걔는 더 약하잖니", "네가 누나(언니, 동생, 오빠, 형)니까 그 정도는 참아줘야지. 그게 왜 차별이야?"라며 부정하는 것은 효과가 없다. 차별당한 본인도 "아닐 거야. 그럴 리 없어!" 하며 수백 번 부정하고 억압한 세월이 있다. 오랜 고민과 머뭇거림 끝에 내린 결론이기에 생각이 쉽게 바뀌지 않는다.

차라리 솔직하게 사과하는 게 낫다. 그러면 물질의 문제로 축

소시킬 수 있다. "죄송해요. 제가 착각을 했는지 만두가 덜 나갔네요. 앞으로 주의하겠습니다" 하는 순간 존재의 문제가 아니라 현실의 문제로 돌아온다. 미안하다는 표현, 무엇이 미안한지에 대한 설명, 앞으로는 어떻게 하겠다는 재발 방지 약속, 이 세 가지만 간결하게 표현해도 많은 사람이 차별의 상처에서 회복된다. "큰 문제는 아니니까 이해해라", "너도 잘못이 있다" 같은 유사 사과가 아니라 진심을 담은 사과가 필요하다.

차별당한 상처를 안은 채 이 책을 읽고 있는 독자가 있다면, 당신 잘못이 아니라는 말을 해주고 싶다. 당신에게 무언가가 부족하거나 잘못을 해서 차별을 당한 것이 아니다. 이미 알고 있더라도 다시 되새기기 바란다. 당신의 가족이 차별이라는 잘못을 저질렀다는 사실을 받아들이기 어려울 수 있다. 당신 잘못이 없다는 사실을 인식하고 있더라도 '가족을 사랑해야 해'라는 생각이 스치는 순간 '내가 뭔가 잘못했으니 차별당했겠지'라며 근거 없는 자책으로 변할 수 있다.

차라리 "내가 차별을 당한 건 내 잘못이 아니야. 우리 가족은 장점이 많긴 한데, 평등의 개념에서는 아쉬운 게 많아"라는 문장으로 대체하는 게 어떨까. 쓸모없는 자책보다는 부분 긍정의 방식으로 마음을 흔들어보자. 우리네 가족이 완벽할 리는 없으니까.

가족이 야기하는
3대 방해
_파트 II

가족 문제의 만능 정답 ────────

이쯤에서 복습을 하자. 상처가 발생했으면 감정적인 문제를 먼저 해결해야 한다는 내용을 기억할 것이다. 그때 감정에 대한 대책이 무엇이었나? 정답은 공감이었다. 분노, 불안, 공포, 무기력, 공허함 등 문제는 다양하지만 감정에 관한 거의 유일한 답은 공감이었다.

공감은 감정의 이해를 뜻한다. 쉬운 것 같지만 어렵고, 별것 아닌 것 같지만 효과적이다. "그랬구나", "그래서 그런 감정을 느꼈구나", "네가 그랬다면 그럴 만한 이유가 있었을 거야" 하며 감정 중추와 이성 중추가 공명을 이룬다.

그러니 사람이나 자연, 혹은 소울푸드가 우리에게 공감을 해준다면 "공감해주셔서 감사합니다", "이런 것이 나를 치유하다니, 정말 고마운 일이다" 하면서 꿀꺽 받아먹어야 한다. 공감은 좋은 감정을 더 좋게 만들어주고, 나쁜 감정은 소거시키는 자율 조정 기능의 해결책이다. 하지만 일상에서는 평가절하되는 비운의 해결책이기도 하다.

그럼, 가족 문제와 관련된 해결책은 무엇일까? 이번에도 답은 하나로 귀결된다. 그런데 이 답을 들은 사람들도 대개 시큰둥하다. "나도 시도해 봤다", "그건 이미 하고 있다", "나는 노력하는데 아빠가 안 해준다"라는 반응이다. 정답이 무엇이길래 그럴까?

가족 문제에 만능 정답은 '독립'이다. 뺏어가는 가족, 간섭하는 가족, 차별하는 가족 등 근본적인 문제는 식민 지배에 있다. 자주국으로 대등한 관계가 설정되지 않았다. 상호작용을 하면서 교류하고 번성하는 게 아니라, 일방통행하는 지배와 종속의 관계가 뿌리부터 흔든다. 소통하면 할수록 꼬이고 어떤 약속을 해도 믿을 수 없다.

서로 독립국이 되어서 대등한 위치에 서는 것만이 해결책이다. 독립해야 교류할 건 교류하고, 알아서 할 건 알아서 하는 게 가능해진다. 가족과의 관계 설정은 1단계가 독립이고, 2단계가 소통인데, 1단계를 건너뛰니 자꾸 엉뚱한 소통이 발생한다.

독립은 내가 하는 것

독립이 필요한 내담자에게 가장 먼저 권하는 것은 '존댓말'이다. 본인은 자식이라는 이유로 어른에게 반말을 쓰면서 존중과 이해를 바라는 것은 모순된 일이다. 그동안 감사했다며 인사를 올리고, 앞으로는 자식이 아닌 사회인으로 새롭게 출발하겠다는 자세를 가져야 한다. 그리고 빨래, 청소, 식사 준비 같은 집안일도 스스로 해야 독립이 쉬워진다. 자녀의 독립을 반대하는 부모가 제일 많이 하는 말이 "우리 애는 아무 것도 못해요. 저 없으면 밥 한 끼 못해 먹는 애예요"라는 말이기 때문이다.

여기서 한번 짚고 넘어가야 할 사항은 독립은 가족이 시켜주는 게 아니라는 사실이다. 독립은 당사자가 해야 할 일이다. 독립을 선언하고 독립적인 활동을 하는 게 먼저다. 요구하고 승인받는 게 어찌 독립이라고 할 수 있겠나. 많은 사람이 "부모님이 독립을 시켜주지 않아요"라며 독립을 미룬다. 애당초 독립을 시켜줄 부모님이었다면 우리의 독립운동은 필요도 없었다.

경제적 독립이 힘들다면 정서적 독립이라도 해야 하고, 생각의 다름을 인정받는 게 안 된다면 생각의 다름을 인정하는 일부터 해야 한다. 존중을 못 받아도 존중해야 하고, 이래라저래라를 듣고 있어도, 이래라저래라 하지 말아야 한다. "엄마가 독립시켜줘! 왜 안 시켜줘!"라고 징징대고 있는 한 어린애 취급을 벗어날 수 없다. 독립하지 않더라도 독립한 사람처럼 행동하는 게 독립운동이다.

가정생활도 사회생활

가족의 방해로부터 자신을 방어하는 사람들은 가정생활도 사회생활의 일종임을 받아들인다. 예의도 지키고 사생활 노출도 최소화

한다. 가족이 버거워서 피하더라도 "나 도저히 아빠랑 못 살겠어. 따로 살래. 말이 통해야지 원"이라며 감정을 쏟아내지 않는다. 공부하기 위해서, 혹은 직장에 출근을 잘하기 위해서라는 명분으로 분가를 계획한다.

이들은 가족 간 돈거래는 피하지만 어쩔 수 없이 하게 되면 차용증을 쓰고 공증도 받는다. 세무적인 문제가 복잡해질 수 있음을 설명하고 사회적인 관점에서 일을 처리한다. 건강한 가족은 각자의 역할이 있고 바운더리가 있다. 물론 그 경계는 수시로 침범당하고 도전받는다. 영업시간이 끝났는데도 들여보내 달라는 손님이 있듯이 건강한 가족들도 동선이 겹칠 때가 있다.

그래서 독립하려면 세련된 거절법을 장착하는 게 필수다. 침범하는 가족을 다 받아줬다가는 식민 지배를 벗어날 수 없고, 감정적인 거절은 반격을 부르기 때문이다.

방법은 어렵지 않다. "이걸 어쩌지?"라는 말을 내뱉고, 몇 초간 뜸을 들이는 것이다. 의외로 상대방은 쉽게 포기한다. 돈을 빌려 달라는 가족이 있으면 "어휴, 어쩌죠? 음", 이래라저래라 하는 가족이 있으면 "아, 이걸 어쩌죠?", 일방적으로 양보를 강요하는 상황에서도 "이걸 어쩌나?" 하는 반응만 보여도 된다. 단호할 필요도 없다. 상대방을 배려하는 따뜻한 마음 또한 없어도 된다.

"이걸 어쩌나?" 하며 5초만 버티면 상대방은 당신 말고, 다른 부탁 상대를 떠올린다. 당신만이 그 일을 해줄 수 있고, 당신이 거절하면 정말 큰일이 생긴다고 다그치더라도 마찬가지다. 당신은 슈퍼히어로가 아니고, 특별한 사람도 아니기에 당신이 할 수 있는 일은 남들도 할 수 있고 남들이 못하는 일은 당신도 못한다.

다만 태도에서는 정중함을 유지하는 게 좋다. 그래야 쓸데없는 감정의 범벅에서 벗어날 수 있다. 팁을 주자면, 가정생활을 직장 생활에 매칭시키는 방법이 있다. 부모님을 사장님이라고 생각하고, 배우자는 동업자만큼 존중하고, 형제자매는 회사 동료 대하듯 해보자. 가정생활도 사회생활이기에 적당한 거리와 매너가 필요하다.

가족과의 관계를 사회생활로 변환시키는 방법

가족에게 인사하기

직장 생활을 할 때는 각오를 한다. 웬만한 스트레스는 견디려 하고 이상한 사람들은 피하려 한다. 그런데 집에서는 그러지 않는다. 타인의 생각을 고치려고 하고, 기대도 하고, 포기도 안 한다. 소통을 잘하기 위한 훈련이나 워크숍도 없다. 그래서 가정생활이 더 힘들다.

가족을 사랑하는 것은 좋지만, 사랑이 그냥 잘될 리는 없다. 사랑이라는 감정만 있으면 뭐든지 가능할 거란 생각은 환상에 불과하다. 가족도 그렇다. 그런데 이게 참 안 깨진다. 가족을 포기하면 배우자에게 기대하고, 배우자에게 실망할 때쯤 자녀에게 희망을 품는다. 하지만 사랑이라는 감정만으로 충분한 인간관계는 세상에 없다.

아무리 사랑에 눈이 멀어도 우리의 가족들은 평균 이하의 모습을 보여준다. 정말 나쁜 사람인 경우도 있지만, 대개는 평범한 사람들이고, 가까이서 보다 보니 안 좋은 면을 더 적나라하게 보게 된다.

그래서 가족을 대할 때는 더욱 조심해야 한다. 눈치 보거나 피하라는 말이 아니다. 사회생활 기술을 적극적으로 활용해야 한다는 뜻이다. 가정생활을 직장 생활처럼만 해도 내상이 적다.

인사 잘하기: 사회생활의 거의 모든 것

그럼 사회생활을 잘하려면 어떻게 해야 할까? 사회생활의 8할은 인사에 달렸다. 인사만 잘해도 사회생활 잘한다는 칭찬을 듣는다. 그런 의미에서 가족과의 인사에 신경 쓰라는 조언을 하고 싶다. 많은 사람이 가족과 인사도 안 하면서 잘 지내고 싶어 한다. "다녀오겠습니다", "다녀왔습니다", "잘 먹겠습니다", "잘 먹었습니다", "안녕히 주무세요.", "안녕히 주무셨어요" 이 정도도 하지 않으면서 사이가 원만할 수는 없다. 명절 인사, 신년 인사, 생일 인사 등 집 밖에서 당연히 해야 하는 일은 집에서도 당연히 해야 하는 일이다.

다음의 기본적인 인사 리스트를 체크해보자. 하지 않았던 인사가 있으면 앞으로 제대로 챙겨주길 바란다. 오랫동안 하지 않았다면 그 시작이 조금 어색할 수 있다. 하지만 그런 어색함은 견뎌내야 한다. 안 하던 걸 시작하는 게 아니라, 예전에는 했던 것이기 때문에 막상 시도하다 보면 자연스럽게 나올 것이다.

• 가족에게 인사만 잘해도 스트레스를 덜 받는다. 사회생활 연습이라고 생각하면서 밝은 얼굴로 가족들에게 인사해보자.

1 | 외출 전후

다녀오겠습니다. 다녀왔습니다. 잘 갔다 와! 잘 갔다 왔어? 별일 없었어?

2 | 식사 전후

잘 먹겠습니다. 잘 먹었습니다. 맛있게 먹어. 맛있게 먹어줘서 고마워.

3 | 취침 전후

안녕히 주무세요. 안녕히 주무셨어요. 잘 자. 잘 잤어? 무슨 꿈 꿨어?

4 | 생일날

생일 축하해. 행복한 하루 보내.

5 | 연말

올 한 해도 수고 많았어. 내년에도 건강하길 바라.

방어력 강한 사람들의 사회생활

07

전쟁터에서는 방패가 필요하다

"기다리게 해서 죄송합니다. 앞으로는 맛있으면서도, 빨리, 제대로 만들 수 있도록 최선을 다하겠습니다. 좋은 하루 보내세요!"

시장 안의 국숫집에서 음식을 기다리고 있는데, 사장님이 계산하는 고객에게 고개를 숙인다. 큰 죄를 지은 사람처럼 진지한 말투다. 음식이 늦게 나왔다고 컴플레인을 했나보다. 장사하기 힘들다던 자영업자분들이 눈앞에 떠오른다. 사장님들 참 힘들게 산다. 국수가 늦게 나오면 얼마나 늦게 나온다고 저러나. 요즘은 서비스에 대한 강박이 생긴 것 같아 안타까운 마음이다.

그래도 컴플레인에 대처하는 사장님의 내공은 대단했다. 힘 빠지고 억울했을 텐데 웃으면서 사과하는 게 보통 멘털이 아니다. 진심으로 미안해하고 다음 손님에게 친절하게 인사한다. 또 언제 그랬냐는 듯 웃으면서 서빙을 한다. 비난을 들었지만 다친 것 같지 않았다. 어쩜 저렇게 단단할 수 있을까? 스스로를 지키는 방패 같은 심지가 느껴졌다.

방어력이 약한 사람은 사과도 제대로 하지 못하고 태세 전환이나 표정 관리도 하지 못한다. 상처가 덧나고, 감정에 휘둘리다 보니 적절한 사회적 반응을 보여주지 못하는 것이다. 직장에서의 일이 머릿속을 떠나지 않아 집에 와서도 신경질을 내고 작은 일에도 크게 흥분해서 일을 더 크게 만든다. 그러다 보면 점점 자기 편이 줄어들고, 위축되고, 핀잔을 자주 듣는 악순환이 생긴다. 방어도 못하고, 교류도 못하는 총체적 난국에 빠진다.

그래서 사람 사이에서 생기는 문제는 국숫집 사장님처럼 입체적으로 대처해야 한다. 공격에 대응하면서도, 해야 할 일은 하고, 감정은 상했지만 생산 활동의 프로세스는 이어가야 한다. 감정에 휘둘려 행동하면 이미지만 나빠지고 말없이 참고만 있으면 오해가 쌓인다. 그래서 내 평판은 지키되 적절히 표현하고 방어도 하는 다이내믹한 방어가 필요하다. 사람들의 공격으로부터 자신을 보호하려면 어떻게 준비해야 할까?

인간관계라는 전쟁터에서의 3대 공격

일단 사회생활에서 우리가 어떤 공격을 당하는지 알아야 한다. 상대의 무기에 따라 방패도 달라져야 하기 때문이다. 도대체 어떤 공격이 있었길래 우리가 약해졌을까?

1 | 비난

첫 번째 대표적인 공격은 비난이다. 대놓고 하는 공격이기 때문에 웬만하면 알아챈다. "어제 왜 그랬어?", "이것밖에 못 해?", "윗사람 나오라 그래" 날카로운 공격은 자존감을 떨어뜨리고 인간성을 잠식한다. 복싱으로 치면 곧게 날아오는 스트레이트 펀치 같은 공격이다. 한 방도 아프지만, 데미지가 축적되면 뿌리까지 흔들린다.

방어 기술 1단계는 역시나 공감이다. 공격자에게 공감하는 것은 초고난도 기술이고, 자기 감정부터 살피고 자기 공감을 해줘야 한다. 도파민이 편도체로 몰려가 말도 하지 못하고 멍해져서 눈물이 울컥할 때 "아, 공격을 받아서 그렇구나!", "내 감정은 지금 억울함이구나", "이런 일 겪으니 진짜 무안하구나!" 하며 속마음을 달래야 한다. 어떤 말을 해야 할지 모르겠을 때는 "이거 진짜 뭐라고 표현해야 할지 모르겠네"라고 내뱉어도 괜찮다. 편도체에 집중되었던 도파민이 전전두엽 피질로 분산되는 데 도움이 된다.

비난으로 공격하는 사람에게는 크게 두 가지 대응법이 있다. 첫째는 계속 말하게 만드는 방법이다. "어떤 것 때문에 그러세요?", "그게 무슨 말씀이시죠?", "그렇게 생각하시게 된 건 어떤 계기 때문인가요?" 같은 열린 질문을 한다. 열린 질문이란 단답형 질문의 반대 개념이다. 주로 5w1h(where, when, who, why, what, how)로 시작하는 질문을 던져서 구체적인 내용을 말하게 하는 것이다.

비난하는 상대는 기분이 나빠져 있다. 기분이 나쁘니까 비난하고, 이성보다는 감성이 지배하는 상태다. 비난하는 사람도 전전두엽 피질보다는 편도체가 활성화되어 있다. 건강한 사람은 말을 하다 보면 편도체의 활성에서 전전두엽 피질 활성으로 옮겨온다. 본인이 얼마나 이상한 비난을 하고 있는지 본인 귀로 들으면서 깨닫기도 한다. 대부분의 사람은 좋은 이미지를 남기고 싶어 하기 때문에 말을 하다 보면 이성을 찾고, 말을 멈춘다. 그래서 변명이나 설득을 하는 것보다 말을 하게 만드는 게 더 빨리 공격을 끝나게 할 수 있다.

둘째는 "Stop!"을 외치는 방법이다. 인신공격을 받고 있거나 폭력적인 언행을 당하고 있거나 어떤 이유에서든 듣는 사람이 원치 않는다면 그만하라는 메시지를 표현해야 한다. 그만두라고 해도 안 멈추는 상대방도 있지만, 적어도 "그만하라는 말을 안 해서 계속한 거야!"라는 핑계는 댈 수 없게 만든다. "이제 알겠습니다", "제가 잘 접수했습니다" 등의 말로도 Stop 신호를 보낼 수 있고, "네, 그렇게 하겠습니다", "맞습니다. 맞는 말씀이네요", "잠시만요, 화장실 좀 다녀오겠습니다"라는 말도 Stop 신호가 될 수 있다. 비난의 영향권에서 벗어나거나 날카로움을 무디게 할 수 있도록 자신만의 Stop 메시지를 준비해 두는 것도 좋은 방법이다.

2 | 왜곡

두 번째 공격은 왜곡이다. 왜곡하는 사람들은 언쟁을 잘 유발한다. 부정적 곡해, 확대 해석, 말꼬리 잡기, 폄하, 침묵 등을 이용해서 본인이 화가 났으니 남을 화나게 한다. 부부 싸움에서도 흔하지만 이미지 전쟁인 직장에서도 심심찮게 나온다. "햄버거를 먹자고? 대충 싼 거 먹고 집에 가라는 거야?"라는 식의 문장이다. 그러면 정말 의도가 그랬는지, 햄버거는 양질의 식사가 될 수 있는지 등에 대한 논쟁으로 불이 붙는다.

누군가와 대화하다 보면 자꾸 말문이 막히고 '와! 또 나만 나쁜 사람 됐네'라는 생각을 자주 하게 된다면 상대는 왜곡 공격을 하는 사람일 것이다. 곡선을 그리며 날아오는 훅 같은 공격이라 주먹은 보이지 않는데 어느새 얼얼한 충격을 느낀다.

왜곡은 주로 "~라는 뜻이잖아", "너 나 무시하는 거 알아"라는 언어 패턴과 함께 온다. 은근슬쩍 상대방의 의도를 전제한다. 고개를 끄덕이면 인정한 격이 돼서 상황이 나빠지고, 고개를 저으면 논쟁이 생기면서 역시나 상황이 나빠진다.

이들은 기출 변형으로 문제를 던지기 때문에 화법에 말려들면 대응법이 꼬인다. 우리를 나쁜 사람으로 옭아매고 시작하는 대화이기에 그 안에서 발버둥을 쳐봤자 소용이 없다. 그래서 왜곡을 방어하기 위해서는 "그런 생각은 해본 적도 없습니다"라는 문장을 반복 훈련해야 한다. "너도 알다시피", "자네도 얘기했다시피" 등의 왜곡 시도만 나와도 반사적으로 빠져나오는 게 먼저다.

실전에서 사용하려면 머릿속으로만 연습해서는 안 된다. 성대 근육을 단련시켜 툭 튀어나올 수 있도록 소리 내서 반복해야 한다. 주변에 왜곡 화법을 쓰는 사람을 떠올리며 연습해 보자.

"그런 말을 한 적도 없고, 그런 생각 해본 적도 없습니다."

3 | 도발

세 번째 공격은 도발이다. 이건 때릴 듯 때리지 않는 페인팅 동작 같다. 반응을 보이면 오버액션이 될까 봐 두렵고 반응을 안 보이면 대놓고 공격을 당한다는 문제가 생긴다.

선을 넘나들면서 무례한 농담하기, 사생활 캐묻기, 외면하고 배제하는 방식으로 테스트하고 자리에 없을 때 뒤에서 남들의 반응을 떠보는 경우도 있다. "누가 그러던데, 그 소문 진짜야?"라고 걱정하는 척하면서 멘털을 흔든다. 처음에는 파악하기 힘들지만 "이것들이 사람 감정을 들었다 놨다 하네?", "얘는 적군일까, 아군일까?" 하는 혼돈이 생긴다면 대개 도발이 맞다.

이런 사람들이 모여 있는 조직은 일단 피하길 권한다. 비효율적인 소통 방식이 바탕인 공격이기 때문에 생산성이 낮은 팀이라고 봐야 한다. 이런 사람이 여럿이라면 조직문화가 좀처럼 바뀌지도 않는다. 이들과 잘 지내봤자 당신도 도발하는 사람으로 변할 수 있다. 어쩔 수 없이 이 조직에 머물러야 할 상황이라면, 본인의 목표에만 집중하기를 권한다. 학교나 학원이라면 배우는 것에만 집중하고, 직장이라면 돈 버는 일만 신경 쓰자. 주변에서 괜찮은 사람을 찾거나 당신의 가치를 알아주는 사람이 나타날 때까지 고독한 시간을 견뎌야 한다. 외로움이 두렵다고 해서 미숙함으로 퇴행할 필요는 없다. 억울하고 싶지 않아서 일일이 설명해도 듣지 않는다. 애초에 그들의 목표는 도발이었기 때문에 상대를 이해할 마음이 없다.

도발하는 사람이 많은 집단에서는 개인적인 능력 개발에 집중하는 게 현명하다. 앞에 등장한 국숫집 사장님이 그랬던 것 같다. 일단 도발하는 사람은 사과로 퇴장시키고 본인의 일에만 몰두한 게 아닐까?

사람에게 사람 대하기를 배우자

많은 사람이 인간관계에 관심을 가지기 때문에 여러 가지 명언이 있다. '모든 사람에게 인정받을 필요는 없다', '자신을 사랑하는 사람이 남을 사랑할 수 있다', '관계에 연연하지 말라' 등 많은 가르침이 있다. 책이나 강연을 들으면서 열심히 배우지만 막상 눈앞의 사람에게 시달리다 보면 금세 머리가 하얘진다.

책과 소통하고 강연자와 소통할 때의 느낌과 진짜 사람과 만나는 환경이 전혀 다르기 때문이다. 인간관계는 기술이기에 체험하면서 감을 잡아야 한다. 사람과 상호작용을 하면서 밀고 당기는 기술이라 어린 시절부터 놀이와 협동 활동을 통해서 개발된다. 성인이 된 어느 날, 책으로 배우고 적용시키려면 힘겨울 수밖에 없다.

그래서 나는 주변 사람의 소통 방식을 흉내 내보라고 권한다. 사람들이 저마다 갈고닦은 관계의 기술을 관찰하고 실전이라 생각하고 훈련해야 한다. 주변에 소통 잘하는 사람이 있으면 좋고, 마음에 드는 드라마나 영화의 대사와 타이밍을 따라 해보는 것도 괜찮다. 인간관계 기술의 롤 모델은 사회 곳곳에 있기에 누구도 스승이 될 수 있다.

나는 박신양 배우의 연기를 좋아한다. 뻔뻔하게 보일 정도로 여유 있는 모습이 성질 급한 나와는 많이 달라 보였다. 그래서 영화 대사도 따라 해보고, 말투도 흉내 내다 보니 정말 여유가 생긴 것 같다. 마인드가 바뀌고 행동을 바꾸는 게 정석이지만, 순서는 바뀌어도 괜찮다. 처음부터 너무 욕심내지 말고 다양한 인사법부터 따라 해보자. 많은 사람에게 배울 수 있을 것이다.

다치지 않는 사회생활을 위한 현실적인 팁

상처받지 않고 사과하는 연습하기 '죄송합니다 정신'

사회생활에서 우리를 가장 움츠러들게 하는 것은 인정 욕구에 대한 걱정이다. "날 싫어하면 어떡하지?", "날 맘에 안 들어하면 어쩌지?" 하는 불안만 없어도 마음이 훨씬 편해진다. 모든 사람에게 인정받겠다고 결심하는 것도 방법이긴 하지만, 성공 가능성은 상당히 낮다. 세상에는 다양한 문화와 가치가 존재하고, 어떻게든 남을 깎아내리는 사람도 존재하기 때문이다. 그래서 미움이나 불만족이 발생했을 때 어떻게 대처하는 게 좋을지를 마련해놓는 것이 현실적이다.

그런 면에서 차라리 사과하는 능력을 키우길 권한다. 평가절하를 받는 일은 발생할 수밖에 없다. 그러니 그 후에 어떻게 할지 대응책을 마련해놓는 것이다. 미리 준비된 동작과 대사는 우리 마음도 덜 다치게 하고, 상대방의 칼날도 무디게 할 수 있다.

나는 콜센터 직원들과 통화를 할 때 사과력(사과하는 능력)의 중요성을 체감하곤 한다. 그들은 잘못한 것도 없으면서 죄송하다는 말을 쉽게 하고, 고마울 것도 없는데 감사하다는 말을 반복한다. '불편을 겪게 해서 죄송', '기다리게 해서 죄송', '기다려 주셔서 감사', '본인 확인에 협조해 주셔서 감사' 그 말이 진심이 아니란 건 알지만, 미안하다는 말을 듣다 보면 까칠했던 마음이 어느덧 사라진다.

인간관계에는 단계가 있으니 모든 상황에서 진심일 필요는 없다. 누군가 흠을 잡고 있다면 "죄송합니다! 당신 말이 맞습니다. 열심히 고쳐보겠습니다" 하면서 지나가는 것도 괜찮다. 근본적인 해결책은 아니지만, 남들의 불만을 근본적으로 해결할 필요도 없지 않은가?

그들에게 비난받지 않는 게 중요한 게 아니라, 우리 머릿속에서 나쁜 감정을 묶어두지 않는 게 더 중요하다. 최대한 가볍게, 사과하는 연습을 해보자.

당신의 방어력을
깎아내리는
습관들

우리의 일상은 은연중에 반복하는 수만 가지 습관으로 이루어져 있다. 이 중에서 방어력을 깎아내리는 몇 가지 습관을 알아보자. 처음에는 그럴듯한 이유가 있어서 시작했겠지만 나중에는 왜 하는지도 모르고 부작용만 남기는 습관들이다.

여기서 말하는 습관은 '회복계의 담배' 같은 행동이다. 딱히 장점은 없고 우리를 괴롭히기만 한다. 하지만 우리가 평소 인식하지 못하다 보니 끊기가 어렵다.

다행인 건 다음의 습관은 제대로 알고 있으면 대처할 수 있다는 점이다. 횟수를 줄이고, 간격만 늘려도 의미가 있다. 이런 습관을 가지고 있는 사람들은 저 말이 머릿속을 맴돌 때마다 떠올리기 바란다. "맞다, 선생님이 하지 말라고 했지? 더 이상 하지 말아야겠다" 다짐만 해도 방어력이 커진다.

1 | 죽음이라는 단어를 떠올리는 습관

죽고 싶다, 죽는 게 낫다, 콱 죽어버릴까, 왜 살까, 사는 게 의미가 있나, 왜 태어났을까 등을 고민하고 있다면 이제부터 "내가 요즘 많이 힘들구나"라는 문장으로 대체하자. 실제로 많이 힘들다는 의미가 담겨 있기 때문이다.

죽음을 떠올리는 습관의 변환 과정

사는 게 힘들다 → 너무 힘들어서 많이 아플 때처럼 힘들다 → 보통 아픈 게 아니라 죽음에 이를 때 아픈 것만큼 힘들다 → 죽을 때 힘든 것보다 더 힘들다 → 죽는 게 낫겠다

사는 게 힘들다는 표현을 강렬하게 하다 보니 죽음까지 끌어들여서 문장이 만들어졌다. 그런데 죽음이라는 단어는 떠올리기만 해도 기분이 나빠진다. 피, 폭행, 강탈, 이런 단어는 어감 자체가 불안한 본능을 자극한다. 그러니 굳이 죽음이라는 단어를 쓰지 말고 원래의 문장으로 돌아가야 한다. "아! 내가 요즘 많이 힘들구나!"라고 있는 그대로 표현하는 게 낫다.

주변에 이런 습관을 가진 사람이 있다면 "요즘 많이 힘든가보네"라며 공감을 표현하자. "죽긴 왜 죽어? 네가 죽음을 알아?"라며 죽느냐 사느냐를 논쟁할 필요가 없다.

2 | 내가 왜 이런 일을 겪어야 하나요?

이것 또한 마음이 힘들 때 자주 하게 되는 질문이다. 이 질문에는 이중 질문의 오류가 섞여 있어 엉뚱한 결론에 이르게 한다. "내가 왜 이런 일을 겪어야 하나요?"라는 문장은 형식상으로는 한 문장이지만 실제로는 두 문장이 합쳐져 있다. 즉, "나는 이런 일을 겪어야 한다"라는 전제와 "그 이유는 무엇인가?"의 결합이다. 그래서 어떤 답을 하더라도 "나는 이런 일을 겪어야 한다"라는 전제에 동의하는 꼴이 된다. 자신의 운명을 낙인찍고 원인을 찾으니 기분이 계속 가라앉을 수밖에 없다.

"내가 왜 이런 일을 겪어야 해?"라는 문장이 머릿속에 웅웅거리고 있다면 '이런 일'을 구체화시키면서 자신에게 공감해야 한다. 이별을 겪어서 힘들면 "내가 왜 이별을 겪어야 해?"가 아니라 "내가 이별 때문에 힘들구나"로 생각을 시작해야 한다. 불합격 때문에 힘든데 "내가 왜 불합격을 겪어야 해?"라고 하면 자신의 운명을 불합격으로 전제하게 된다. 그래서 "내가 지금 불합격 때문에 힘들구나. 왜 떨어진걸까?" 정도로 분리하는 게 맞다.

현재 겪는 스트레스를 운명(destiny)의 범주로 확대시키지 말고 사건 자체(task)로 초점을 맞춰야 한다. 힘든 일을 겪는 건 안타까운 일이지만 내 운명까지 단정 지을 필요는 없다.

3 | A 때문일까? B 때문일까? 원인을 하나만 찾으려는 습관

먼저 원인을 파악해야 문제를 해결할 거라는 생각에서 시작된 질문인데, 의외로 엉뚱한 곳에서 생각을 정체시킨다. 이런 습관이 있으면 수만 가지 잡생각에 시달리다가 모르겠다로 끝나면서 답답함이 유발된다. "내가 기분이 좋아진 게 운동을 해서 그런 건지 환경이 바뀌어서 그런 건지 모르겠네", "다 그만두고 포기하고 싶은 게 지쳐서일까? 실적이 나빠서일까?" 결국 자신을 혼란에 빠트리는 습관이다.

정답은 '모든 게 원인'이다. 어떤 사람의 상태와 결과에는 유전자와 환경, 신체 컨디션, 실적과 심적 상태 등 모든 것이 영향을 끼친다. 내담자들이 병원에서 가장 자주 하는 질문 중 하나인 "내가 이런 게 유전이에요, 환경 탓이에요?"에 대한 정답도 둘 다이다. 이미 본인 머릿속에서는 원인을 찾아놓고 한 가지만 고르려고 하니 문제가 안 풀린다. 인생의 문제는 '하나만 고르시오'가 아니라 '모두 고르시오'다. 생각나는 모든 게 원인이다.

4 │ 결정을 미루는 습관

미루는 사람은 게으른 사람이라는 생각이 들 수 있지만, 대부분 불안 때문에 생기는 일이다. 후회가 없어야 한다거나 잘해서 성공해야 한다는 압박감이 사람을 망설이게 한다. 대부분은 '강박적 시간 지연(obsessive slowness)' 현상에 속한다. 더 좋은 선택, 더 나은 결과를 추구하는 현상인데 오히려 효율성이 떨어진다는 문제가 있다.

이런 습관이 있다면 '자장면과 짬뽕의 오류'라는 논리를 떠올리기 바란다. 점심을 먹기 위해 중국집에 갔는데 자장면과 짬뽕 사이에서 고민되는 날이 있다. "어떤 게 더 나은 선택일까? 뭘 먹어야 후회를 안 할까?" 고민이야 되겠지만 사실 무엇을 먹어도 큰 차이는 없다. 진짜 문제는 무엇을 고를까 고민하면서 시간을 허비하는 것이다.

머릿속에서 갈등이 일어난다는 건 둘 다 비슷하기 때문이다. 짬뽕이나 자장면이나 그게 그거다. 맛있게 먹고 잘 소화시키는 게 더 중요하다. 더 나은 선택이 중요한 게 아니다. 정해진 시간 내에 결정하기, 이미 선택한 결정에 만족하기, 건강하게 살기가 진짜 중요한 일임을 기억해야 한다.

5 | 자신의 불행을 합리화하는 습관

이 습관은 방어력을 끌어내리는 습관이 혼합된 결과다. 힘든 감정에 운명을 끌어들이고, 원인을 찾으며 시간을 지체하다 보면, 부정적 평가를 논리적 체계로 완성시킨다. "난 이러이러한 이유로 불행해", "난 이것도 못하는 걸 보면 무능한 사람이야"라는 결론만 남는다.

사용하는 언어에서 '왜냐하면'과 '때문이다'가 많이 등장하고 있다면 이 습관에 빠져 있는 경우가 많다. 이유를 설명하는 것 같지만 본인의 불행을 반복해서 설명한다. 시험공부가 잘 안 되면 "나는 집중력이 약하니까 공부를 못해" 하며 공부 못함과 집중력 낮음을 묶어서 자신의 학습 능력을 단정 짓는다. "이제라도 정신 차리고 집중해야지!"하고 마음을 먹는 학생과 차이가 날 수밖에 없다.

자신에 대한 부정적 인식에 원인과 결과까지 연결되면 합리화가 발생한다. 변화할 생각이 없는 논리의 틀이 공고해진다. "난 부모님이 이혼했으니, 결혼 생활이 평탄할 수 없어", "난 끈기가 부족해. 이건 타고난 성격이라서 중도 포기를 잘해", "난 부모님이 맞벌이를 해서 애정결핍이 심해" 이렇게 변화의 기회를 차단한다. 단호하게 본인의 불행을 합리화해버리면, 지지와 응원을 보내고 싶었던 사람들도 힘이 빠진다. 본인에 대한 부정적인 자아관이 환경에도 영향을 끼치는 것이다.

변화하는 사람들은 같은 순간에도 '그럼에도 불구하고'로 시작한다. 안 좋은 일을 경험했지만, 늘 희망의 가능성을 남겨놓는 사람들이 반전을 차지한다.

6 | 예측술과 독심술

원하는 것이 있고, 그것을 해내면 인간은 행복감을 느낀다. 그런데 그 원하는 것을 영원히 이룰 수 없다면 어떻게 될까? 큰 꿈을 꾸는 것은 좋지만, 매번 실패만 반복한다면 의욕도 떨어지고 성취감과 멀어질 수밖에 없다.

그런 의미에서 중요한 습관이 예측술과 독심술이다. 우리는 흔히 "이게 잘될까?", "이번 시험 어차피 망한 거 아닐까?" 하며 미래를 궁금해하기도 하고 "그 사람은 지금 어떤 마음일까?", "날 싫어하는 게 아닐까?" 하며 남의 마음을 알고도 싶다.

이런 궁금증은 자연스러운 일이지만, 인간에게는 미래를 예측하는 능력과 남의 마음을 읽을 수 있는 능력이 없다. 이 사실을 다들 알고 있기에 잠깐 궁금해하다가 그만둔다. 영원히 알 수 없는 것을 알고 싶어 하는 것보다 현실에 충실한 게 훨씬 생산적이기 때문이다.

하지만 예측술과 독심술의 습관을 가진 사람들은 이런 것을 알아내기 위해 노력하면서 많은 시간을 보낸다. 잠자리에 들어서도 "내일은 어떤 일이 벌어질까?", "사람들이 내 발표에 만족할까?", "그때 그 사람은 왜 그랬을까. 속마음을 뭘까?" 하는 무한 반복 루프를 돌리곤 한다.

이런 습관은 대개 만성적인 스트레스를 경험했던 사람들에게 보인다. 힘든 일이 연속적으로 이어지다 보니, 현실을 잊고 싶은 마음이 반복된 결과다. 이 덕에 진짜 문제를 잠시나마 외면할 수 있지만 결론이 나지 않는 질문에 스스로 시달리다가 지치고 무기력해진다는 단점이 있다.

호모 사피엔스에게는 예측술과 독심술 능력이 없다. 어릴 때는 그런 환상이 있을 수 있지만, 성인이 되었으면 문제 해결로 직진하는 기술을 익혀야 한다. 우리가 어쩔 수 있는 것은 현재와 자기 자신밖에 없다. 미래는 진인사 대천명이고 타인의 마음속은 타인에게 맡겨두어야 한다. 알아낼 수 없는 것을 알고자 하는 것은 힘만 빠지는 일이다.

나쁜 습관을
끊어내는
방법

09

제대로 알기 ────────────────────────

친척 어르신 중에 매일 술, 담배를 하는 분이 계셨다. 퇴근 후에는 저녁 식사와 반주를 하고, 담배를 몇 대 피우다 잠드는 게 40년 넘은 습관이었다. 어느 날, 그 오래된 습관을 끊었다는 소식을 들었다. 무슨 병이라도 걸리셨나 걱정부터 앞섰다. 그러던 중 집안 행사에서 그분을 만나 물어보았다.

"담배? 뭐 별거 있나. 건강검진을 했거든. 아직 별 탈은 없는데, 의사가 끊으래. 그래서 끊었어."

"어르신! 가족들이 술, 담배 끊으란 얘기를 매일 했는데, 평생 안 끊으시다가 어떻게 한번에 끊으셨어요?"

"난 담배가 몸에 좋은 줄 알았어. 그런데 아니더라고."

담배가 몸에 좋은 줄 알았다니, 그게 무슨 말인지 여쭤보니 설명이 기가 막힌다. 본인이 열일곱 살 때 공장에 취직을 했는데, 함께 일하던 선배들이 "담배가 몸에 좋은 점도 있어. 몸에 있는 기생충도 죽이고 소독도 되거든. 그런 점은 건강에 좋아"라고 했단다. 이분은 이 말이 임팩트가 워낙 강해서 평생을 그렇게 믿었다. 가족들에게 잔소리를 듣고, 금연 캠페인도 경험했지만 '그래도 담배가 건강에 좋은 면도 있지'라고만 생각했다.

그러다가 60세가 넘어서 처음으로 의사에게 "담배는 해롭습니다. 좋은 점이 없어요. 끊으세요"라는 얘기를 들었다. 공장 형님들에게서 들은 얘기를 하자 "그건 틀린 말입니다. 담배는 해롭기만합니다"라고 했단다. 그제야 담배에 대해 잘못 알고 있던 지식이 바로잡혔다.

그 이후로 금단 증상이 와서 패치도 붙이고, 은단과 약을 먹긴했지만 금연에 성공할 수 있었던 근본적인 힘은 인식의 전환에서왔다. 한때 믿고 의지했던 흡연의 실체를 파악하자, 어떻게든 끊어야 할 것으로 바뀐 것이다.

우리의 발목을 잡는 습관도 이렇게 인식을 전환하는 식으로접근해야 한다. 독심술을 끊으려면 "남의 마음이 어떤지 알 수 있다고 생각한 게 자꾸 불안을 만들었구나", "남 눈치를 보면서 배려한다고 생각했는데 그게 독심술이었구나"라며 유해성을 깨닫고 끊기로 마음먹어야 한다. 이게 시작이다. 여러 가지 좋은 방법을 응용할 수 있겠지만, 기초에는 이런 인식이 단단하게 자리 잡고 있어야 한다.

인식한 다음이라도 멈추기 ───────────────

습관을 끊어내기 위해서는 우선 알아채야 한다. 습관이란 게 본인도 모르게 하는 행동을 뜻하기에 의식 중에 하는 행동으로 변화시켜야 한다. 그래야 끊든지 줄이든지 의식적으로 다룰 수 있다. 그런 습관이 있었음을 깨달아야 하고, 그 습관이 우리의 인생에 어떤 영향을 끼치는지 제대로 알아야 한다.

이번 기회에 "힘들어 죽겠다는 표현이 나를 더 지치게 했구나. 그냥 되게 힘들다고 할걸", "내가 실패한 이유를 설명하려고 했던 게 합리화로 이어졌구나" 하며 인식을 시작해보자. 방해물과 습관에 대한 책을 읽고 자료도 모으다 보면 그 인식이 더 확실해지고, 지속성도 깊어진다. 그렇지 않으면 다시 인식 전 단계로 돌아가서 무의식중에 반복할 가능성이 높다. 자기 계발서 같은 책을 쓱 읽는 것도 좋지만, 줄도 치고, 후기도 적어서 행동으로 이어가는 노력이 인생의 변화를 앞당긴다.

또 하나 잊지 말아야 할 것은 습관이란 게 한 번에 변하는 것은 아니라는 점이다. 아무리 열심히 인식하고 끊어내려고 해도, 습관의 시간이 길었기에 행동은 반복될 수 있다. 좌절하거나 포기하거나 의미를 부여할 필요 없다. "어차피 나는 이 습관 못 고치나 봐", "그렇게 결심했는데 또 이러는 거 보면, 이건 내 성격인가 봐. 그냥 마음 편하게, 살던 대로 살래" 이러지 말라는 뜻이다. 습관이 한 번에 생긴 게 아니듯, 변화도 한 번에 시작되지 않는다. 단번에 고쳐야 한다고 생각하는 것 또한 흑백논리의 발현이다.

중요한 건, 늦게라도 멈추고, 멈추는 횟수를 늘려가는 것이다. "내가 결심해 놓고 또 이러고 있었네? 이제는 하지 말아야지!" 하며 고개를 절레절레 흔들어보자. 처음에는 인식하는 데 오래 걸리지만, 점점 짧은 시간 안에 인식하게 된다. 시도하고, 안 됐다가, 속상해하다가 다시 시도하기. 이런 과정을 한두 번 경험하기만 해도 인생의 변화는 벌써 시작된 것이다.

나쁜 습관의 대체물 찾는 법

나쁜 습관을 끊는 과정은 인식하고 다짐도 해야 하지만, 그 습관을 대체하는 과정이 클라이맥스를 차지한다. 가령 커피를 끊은 사람들은 차를 마시고, 잠들기 전 스마트폰은 독서로 대체된다. 나쁜 습관이 차지하고 있었던 시간이 비워지면 공허함이 찾아오는데, 제대로 채우지 않으면 또 엉뚱한 것이 차지한다.

그래서 부정적인 생각, 불안이나 무기력을 만드는 행동 패턴, 우리를 옭아매는 중독 같은 것에서 벗어나고 싶은 사람들에게는 '예전에 좋아했던 것을 해보기'를 추천한다. 좋아하던 뮤지션이 있었으면 음악을 다시 들어보고, 글쓰기를 좋아했으면 다시 써보는 것이다. 시간을 비워두면 나쁜 습관이 다시 고개를 비집고 들어올 테니 좋아하는 것들로 시간을 채울 필요가 있다.

새로운 활동을 찾아보는 것은 아무래도 낯설고 부담스럽다. 해봤던 것이 익숙하고 시작하기가 쉽다. 과거에 좋아했던 책이나 영화를 보든, 예전부터 배우고 싶었던 것을 배우면서 관심을 돌리는 게 도움이 된다.

당신을 방해하는 습관을 끊고 싶다면 '앞으로는'이라는 단어로 시작해서 '하고 싶다'로 끝나는 짧은 문장을 만들어보는 게 좋다. 습관은 과거에서 시작돼 현재에 이르는 행동이다. 그래서 습관을 다루다 보면 자꾸 과거로 초점을 잡는 경향이 커진다. "내가 왜 이걸 반복하고 있지?", "이걸 또 못 끊었네?" 하면서 후회와 자책을 되풀이할 수 있다.

그것보다는 "앞으로는 '뭐가 진짜 이유인지 모르겠다'가 아니라, '모든 게 다 이유였구나'라고 생각하고, 빨리 정리해버리자", "앞으로는 결심으로 끝내지 말고, 작은 행동이라도 해보자" 정도의 짧은 글짓기를 만들어보자. 이제까지 그 습관을 반복한 과거는 바뀌지 않는다. 목표라도 세워서 미래를 노리는 게 낫다.

될지 안 될지 예측하자는 게 아니다. 내가 무엇을 원하는지, 무엇을 해야 하는지 알면 방향 잡기가 쉬워진다. "앞으로 ~을 하고 싶은데 잘될지는 확신이 없다"가 아니라, "앞으로 ~을 하고 싶다" 정도로 짧게 끝내자. 그래야 뇌도 오랜 친구였던 습관을 떠나보낼 준비를 한다.

나를 방해하는 습관과 멀어지는 방법

헤어지려는 습관에 편지 쓰기

습관을 끊으려 해도 방해력이 작용한다. 관성과 항상성이 존재하고, 정(情)도 단호한 정리를 막아선다. 한때 의지하기도 했고, 오랜 시간을 같이 고생하다 보니 친구처럼 되어버렸다. 정든 습관을 떠나보내려니 마음이 복잡해진다.

습관과 멀어지는 변화도 단계를 밟아야 한다. 굳은 의지로 한 번에 끊었다는 성공 이야기에 현혹되지 말자. 변화는 늘 과정(process)을 거친다. 어떤 습관을 타깃으로 할지 대상을 결정해야 하고 정말 끊을 것인지도 확실히 결심해야 한다. 그 습관의 공과 과도 따져봐야 마음을 굳힐 수 있고, 대체물도 찾을 수 있다.

끊기 과정의 클라이맥스는 나쁜 습관에게 편지를 쓰는 것이다. 폭식, 늦잠, 지각, 미루기, 포기하기 등 결론은 나쁜 습관이지만, 그 덕에 누렸던 사소한 감정을 글로 정리해야 한다. 그래야 미련 없이 새 출발할 수 있다. 그 과정을 함께 따라 해보자.

1단계 | 고치고 싶은 습관 정하기(목표 결정하기)

예시) 결정을 미루는 습관을 고치고 싶다.

2단계 | 그 습관의 장점과 단점 쓰기(탐색하기)

장점

예시) ▶▶▶ 신중하게 결정할 수 있다.

       ▶▶▶ 결정한 후에 후회를 덜한다.

       ▶▶▶ 충동적으로 하는 실수를 줄일 수 있다.

단점

예시) ▶▶▶ 좋은 기회가 왔을 때 주저하다가 놓치는 일이 있다.

       ▶▶▶ 나중에는 급하게 움직이니까 충동적으로 결정할 때도 있다.

       ▶▶▶ 내가 결정 장애라는 병에 걸린 게 아닌가 걱정된다.

       ▶▶▶ 고민만 하면서 시간을 낭비하는 게 가장 큰 단점이다.

3단계 | 그 습관을 대신할 대체물 결정하기(원하는 것을 얻기 위한 구체적 행동)

예시) ▶▶▶ 결정이 잘 안 되면 책에서 읽은 '결정 저울'이라는 방법을
택해보자.

       ▶▶▶ 아무리 고민이 되더라도 밤 11시 이후에는 고민하지 말자.

       ▶▶▶ 며칠 안에 결정해야 할지, 결정 기간부터 결정하자.

▸▸▸ 결정 기간 내에 결정하지 못하면 안 하는 걸로 결정하자.

4단계 | 마지막으로 그 습관에 편지 쓰기

예시) ▸▸▸ 결정을 미루는 습관아!

그동안 네 덕에 신중한 삶을 살 수 있었어. 어릴 때부터 모든 것을 혼자 결정해야 하는 나에게는 어쩔 수 없는 선택이었다고 생각해. 다른 가정처럼 부모님이 관여하거나 결정하는 법을 알려주지 않으셨지. 네 덕분에 나는 어른스럽다, 진지하다는 평판을 들을 수 있었어.

그런데 언제부턴가 점점 심해지더라고. 나이가 들고, 책임감이 커져서 그런 거라고 애써 합리화했지만 그냥 내가 많이 불안했던 것 같아. 오래 고민하면 후회도 덜할 것 같고, 더 좋은 결정을 할 것 같았어. 하지만 이제는 안 하려고 해. 난 인생에서 가장 바쁜 시기에 진입했거든. 더 이상 우유부단하게 질질 끌면서 스트레스받고 있기에는 시간이 없어. 그런 스트레스를 견디기에는 몸도 힘들고 말이야.

이제는 좋은 결정보다는 시간에 맞는 결정을 할 거야. 리포트에 어떤 그림을 넣을까 고민하다가 마감 시간을 놓치는 일 같은 거 하지 않을 거야. 어떤 회사에 입사 지원을 할까 고민하다가 놓쳐버리는 일도 없을 거야. 앞으로는 아무리 고민이 되더라도 3일 안에는 결정할 거야.

네가 좋은 친구이긴 하지만, 앞으로는 헤어져야 할 것 같아. 나중에 내가 노인이 되고, 시간이 많이 생기면 그때 다시 보자. 이제는 가볍게 살고 싶어. 너도 응원해 줄 거지? 그동안 고마웠어. 안녕!

아무것도
안 됐어도
괜찮다

10

도전해서 떨어지는 게 도움이 될까? ─────────

취업을 준비하던 한 청년이 조언을 구한 적이 있다. 본인이 원하는 회사에 응시해도 어차피 떨어질 상황이라 내년에 정식으로 도전하겠단다. 그렇게 생각하니 마음이 편해졌고 압박감에서도 벗어났다며 나에게 동의를 구했다. 안타깝지만 나는 반대 의견을 표했다. 떨어지더라도 시험은 치는 게 좋겠다고 했다.

"어차피 떨어질 텐데, 원서비 아깝게 왜 지원해요?"

"응시해보는 것도 경험이라 그 정도 비용은 지불해도 될 것 같아요. 처음보다는 두 번째가 익숙하니 실제 시험도 경험해 보고 시험장 분위기를 느껴보는 게 내년 시험에도 유리할 겁니다."

결국 그는 억지로 지원을 했다. 나뿐만 아니라 가족들과 친구들도 완강하게 시험을 보라고 했기 때문이다. 결과적으로, 그건 참 잘한 결정이었다.

막상 시험이 하루하루 다가오자 그의 마음이 변하기 시작했다. 기대하지 않았던 희망이 생겼다. 합격할 수도 있겠다는 욕심이 생기기도 했다. 응시 원서를 내고, 간절함까지 더해졌다. 포기하겠다던 마음은 온데간데없어졌다. 막상 시험을 치니 생각보다 잘 친 것 같고 경쟁자들도 대단해 보이지 않았다. 결과 발표 전날에는 아드레날린이 샘솟고 가슴이 두근거려 잠까지 설쳤다. 마치 이번 시험만을 위해서 몇 년을 노력한 사람처럼 기도도 했다.

하지만 결과는 불합격이었다. 막상 떨어졌다는 소식을 듣자 가슴이 먹먹해지면서 눈물이 흘렀다. 그의 부모님도 비슷한 반응을 보였다. 경험 삼아 쳐보라고 했지만, 막상 자식의 불합격 소식에 연신 한숨을 쉬셨다고 한다.

'아! 내가 떨어졌다니!'라는 심정을 직접 경험하고 느낀 불합격의 충격은 생각보다 컸다. 기대는 크게 안 했음에도 불구하고 그는 '떨어진다는 게 이런 거구나'를 생생히 겪었다.

하지만 며칠 후, 그는 웃는 얼굴로 나를 찾아왔다. "와! 선생님 실제로 떨어지니까, 기분이 진짜 나쁘기도 한데, 이걸 이렇게까지 무서워할 거였나 싶어요"라는 말을 남겼다. 그리고 1년간 준비해서 결국 합격했다. 나는 이 모든 것이 불합격 덕분이었다고 생각한다.

지구력을 높이는 킵고잉 정신

여러분은 지금 이 책의 3분의 2를 읽었다. 어떤 심정일지 궁금하다. 본인의 문제를 깨닫고 희망도 생겼다면 정말 좋겠다. 어떻게 하면 포기하지 않고, 성공까지 가는 힘을 얻을 수 있을지 알게 됐다면 얼마나 좋을까. 소진을 반복하게 하는 마음의 상처를 치유하고, 방해물로부터 방어할 수 있는 능력이 생겼다면 얼마나 좋을까.

하지만 아직 별 변화가 일어나지 않았다고 해도 괜찮다. 1부에서는 우리가 현재 겪는 문제인 소진 증후군을 다뤘고, 2부에서는 우리의 과거 상처와 연관된 방어력을 다뤘다. 그동안 얻은 게 많으면 좋지만, 그렇지 않아도 괜찮다. 우리에게 중요한 것은 미래다. 우리가 변화시킬 수 있는 유일한 시제는 미래밖에 없기 때문이다. 1부를 읽었는데 현재의 문제점을 잘 모르겠고, 2부를 읽어봐도 원인 파악이 잘 안 되었어도 괜찮다. 3부를 읽고 미래만 잘 풀리면 된다.

변화가 필요한데 생각대로 결과가 나오지 않을 때면 나는 그 취준생의 사례를 떠올린다. 억지로 시험에 응시했고 결과도 별로였다. 하지만 불합격을 생생하게 경험한 것은 매우 중요한 사건이었다. 지원을 안 했다면 며칠은 편했겠지만, 1년 내내 그 느낌을 모르고 지냈을 것이다. 떨어지면 힘들다는 것, 그래도 살 만하다는 것, 밥은 먹을 수 있고, 잠도 잘 수 있고, 생각보다 많은 사람이 격려를 해주고, 또 그만큼 많은 사람이 내게 무관심하다는 경험은 중요한 자원이 된다. 느슨해질 때는 불합격의 참담한 심정을 떠올릴 수 있고, 너무 불안할 때는 불합격도 견뎠다며 안정시킬 수 있었다. 잘 안 된 결과가 생산적인 결과를 만들어냈다.

그러니 여러분도 일단 부딪혀보는 게 어떨까. 하기 싫어도 하나 더. 못 하겠다 싶을 때 하나 더. 좋으면 좋은 대로, 불편하면 불편한 대로 하나 더. 안 될 것 같아도 하나 더 하는 게 이 책에서 강조하는 마음 지구력을 높이는 방법이다. 마지막 3부까지 Keep going 해보자.

주저하는
당신을 위한
'조금 특별한 끈기' 이야기

PART 3
MENTAL ENDURANCE

CHAPTER 5

시작하지 못한다면
완벽주의 때문이다

▶▶▶ 나는 달라야 한다는 생각 버리기

뭔가를 시작하지 못하고 있다면 완벽주의 때문이다.

이래도 될까? 이게 될까?

출발을 가로막는 완벽주의 ─────────

〈사랑의 이해(利害)〉라는 드라마에서 배우 유연석 씨는 갈팡질팡하는 은행 직원 하상수 역할을 맡았다. 어찌나 연기를 잘하는지 답답한 마음이 실감이 됐다. 그는 특유의 머뭇거림이 있다. 짝사랑하는 동료와 식사 자리를 마련해놓고는 마지막 순간에 망설인다. 그 덕에 엄청난 오해와 갈등이 시작되기도 한다. 대학 후배의 사랑을 받을 때도 그랬다. 사귀기로 약속하고 부모님께 인사까지 해놓고 망설인다. "후회하지 않을까?", "그때 망설이지 않았다면 어떻게 됐을까?"에 빠져 다음 단계로 나아가지 못한다. 그럴 만한 일을 겪었으니 그렇겠지만 "생각 좀 그만하고 그냥 결혼해라!"라고 소리치고 싶을 정도로 답답했다.

머뭇거림, 과도한 고민, 행동으로 옮기지 못하고 머리로만 뱅

뺑 도는 습관은 완벽주의와 관련되어 있다. 실수하면 안 된다는 생각, 본인의 선택이 여러 사람의 삶을 좌우할 수 있다는 부담감이 완벽한 선택을 강요한다. 나쁜 행동은 아니다. 무능한 것과도 거리가 멀다. 대개 완벽주의에 묶여 있는 사람들이 그렇다. 착하고, 유능하고, 남에게 해 끼치는 것을 극도로 싫어한다. 하지만 잘해야 한다는 이 평화로운 생각이 본인과 타인에게 상처를 준다. 하상수도 그랬다. 그저 저녁 식사 한번이라는 작은 사건에서 오만 가지 걱정과 번뇌를 만들어낸다. 나이에 대한 부담, 상대방이 다칠까 봐 부담, 본인이 다칠까 봐 부담. 겉보기에는 착하고 어른스럽지만 내면에는 두려움이 가득한 어린아이가 있다.

그런 걸 진중하다고도 하고, 생각이 깊거나 세심하다고 할 수도 있겠지만, 통합해서 완벽주의라고 부른다. 강박적이고 완고한 성향, 윤리적이면서도 실용적이고, 제대로 해보고 싶다는 생각, 좋은 의도에서 시작된 마음이지만 우리의 새 출발을 방해한다.

우리의 이야기는 번아웃에서 시작했다. 멘털이 부서지고, 무언가를 포기하고 있다면, 그 직접적인 원인은 '지쳐서'였다. 누군가 어떤 행동을 하는데 이해가 되지 않는다면 지쳐서 그렇다고 생각하면 대부분 맞는 답이다.

정신력과 끈기, 심폐 지구력 같은 마음 지구력에 대한 이야기를 1부에서 나눴다. 그리고 좀 더 근본적인 이유를 알아봤다. 왜 자꾸 번아웃이 오는지, 왜 자꾸 마음 지구력이 바닥나는지 원인을 살펴봤다. 정답은 상처였다. 방어력보다 방해력이 더 클 때 상처가 생겼고 상처가 쌓이면 유리 멘털이 된다. 그래서 평소에 우리 마음을 방어해주는 공감 능력과 생각의 변환에 대해 2부에서 알아봤다.

이제 새 출발을 하면 된다. 실패를 들여다보고 방지책도 알았으니 그대로 행하면 된다. 예전에는 목표도 없고 방법도 몰랐다. 성공하고 싶고, 회복하고 싶고, 새로운 인생을 살고 싶지만 방법을 몰라서 못했다. 하지만 이제 알게 되었다. 출발하면 된다. 여행으로 치면 "LA에 있는 유니버셜 스튜디오에 가려면 인천공항에 가야 한다"의 상태가 된 것이다. 하지만 많은 사람이 이 지점에서 머뭇거린다. 완벽한 길로 가려고 하기 때문이다. "공항에 가려면 공항 철도를 타야 해요? 버스를 타야 해요? 택시가 나아요? 어떤 게 가장 효율적이고 안전하면서 경제적일까요?", "내가 진짜 가고 싶은 곳이 유니버셜 스튜디오일까요? 막상 갔는데 별로면 어쩌죠? 제가 진짜 가고 싶은 곳은 디즈니랜드면 어쩌죠?" 고민만 하다가 결국 우울한 방구석을 벗어나지 않는다.

한참을 고민하느라 에너지를 다 쓰고, 다시 소진 증후군에 빠진다. 수십 권의 자기 계발서를 읽었으나 자기 계발이 되지 않는 사람들, 마음 공부를 하고, 상담을 받고, 이것저것 다 해봤는데 아직 변하지 않았다는 사람들, 머릿속으로는 알겠는데 가슴으로는 느껴지지 않는다는 사람들, 왜 아직 시작하지 못하고 계속 불행한지 모르겠다면 완벽주의의 늪에 빠져 있을 가능성이 높다. 완벽주의는 변화를 가로막는다.

완벽주의라는 문턱

완벽주의는 크게 두 가지로 우리를 방해한다. 첫째는 시작하기 전부터 진을 빼는 방식이다. 커플을 깨지게 하고 싶으면 "첫사랑이세요?"라고 물어보라는 말이 있다. 아무리 사랑하는 사이라도 첫사랑으로 만나서 끝까지 가는 경우는 거의 없기 때문이다.

아니다, 모른다, 못한다 등의 부정적 단어가 뇌에 떠오르는 순간 흐름이 깨진다. 편도체가 활성화되면서 브레이크가 걸린다. 그래서 무언가를 중단하고 싶을 때 "확실해?"라고 자문하는 방법이 있다. 금연을 시도하는 사람이 "담배를 피우면 스트레스가 풀릴 것 같아"라고 한다면 "확실해? 그거 스트레스인 거 확실해? 담배 피우면 스트레스 풀리는 거 맞아?"라고 질문해서 금연을 돕는 방법이다. 확실하게, 진짜로, 영원히, 근본적인 같은 부사어로 완벽주의를 끌어들이면 흐름이 끊어지고, 의욕이 꺾인다. 그래서 무언가를 끊을 때는 이 방법을 사용하면 좋다.

그런데 이 방법은 생산적인 활동에도 악용될 수 있다. 모처럼 결심하고 변하려는 사람에게 완벽주의를 끌어들이면 의지가 꺾인다. 재수를 시작하는 조카에게 "진짜 재수를 하고 싶은 거야? 확실하게 잘될 것 같아? 1년 후에도 부모님 속 안 상하게 하고, 후회하지 않을 자신 있어?"라고 묻는다면 금세 의욕이 사라진다. 부정적인 답을 유도하고 편도체를 자극해서 브레이크를 거는 방식으로 완벽주의는 우리를 멈추게 만든다.

둘째, 완벽주의는 성취감의 기회를 없애는 방식으로 우리를 허탈하게 한다. 이는 목표를 과도하게 세우는 것과 관련이 있다. 시작하기 전에 진을 빼는 것은 아니지만, 성취감을 충전하지 못해서 조기에 방전시키는 문제점이다.

아무리 굳은 마음을 먹고 새 출발을 했어도 보상 중추의 활성이 영원하지는 않다. 중간중간 작은 성취가 없으면 변화를 지속할 에너지가 바닥난다. 작은 성취가 없는 것은 사랑하는 연인이 기념일을 챙기지 않는 것과 같다. 아무리 뜨겁게 사랑을 시작했어도 쾌락 중추에 몰려 들었던 도파민은 자연스럽게 편도체 쪽으로 후퇴한다. 무질서도가 증가하는 방향으로 흘러간다는 열역학 법칙이 뇌에서도 적용된다. 살던 대로 사는 게 에너지 소모가 적고 안전하기 때문이다.

이런 흐름에 반기를 드는 게 성취감이다. 변화라고 하는 반란에 성취감은 보급품 같은 존재다. 누군가 우리의 변화를 보고 "정말 잘했네", "네가 새롭게 시작하는 모습을 보니, 나도 용기가 생겼다"라고 얘기해 준다면 다시 도파민이 보상 중추로 유턴한다. 굳은 의지보다 중요한 게 보상 중추를 지속적으로 자극하는 것이다. 성취감을 유발하고, 잘 느끼는 사람이 변화에 성공한다.

그런데 완벽주의자들은 목표를 지나치게 과하게 잡는다. 그래서 중간 성취감을 충전하지 못한다. 두 달 안에 10킬로그램 감량하기, 하루에 15시간씩 1년간 공부하기, 스트레스받지 않고 열심히 살면서 주변 사람들에게 기쁨 주기, 비난을 들었을 때는 쿨하게 넘기기, 친구의 성공을 진심으로 축하해주기. 이런 어려운 것들을 한번에 성공하려 한다.

욕구의 그릇이 있고, 그 그릇이 채워져야 보상 중추가 만족감을 느끼는데, 다급한 마음에 그릇의 크기를 키워버리는 게 완벽주의다. 그래서 성취를 해도 뇌에서는 기준치를 만족하지 못했으니 "한 번 더!"의 신호가 생성되지 않는다. 그럼 뇌에서는 만족감의 결핍을 한 방에 채우려고 점점 더 큰 그릇을 준비하고, 그럴수록 허탈감이 의욕을 지워버리는 악순환에 빠진다. 의지가 약해서가 아니라 완벽을 추구할 때 생기는 참사다.

완벽주의는
어떻게
탄생하는가

이 시대 최고의 단점

완벽주의는 끊임없이 노력하면 현재보다 완벽한 상태에 가까워진다는 생각이다. "넌 너무 완벽주의야"라는 표현에는 열심히 살고 있다는 칭찬의 의미도 있고, 그럴 필요까지 없다는 안쓰러움도 있다. 그래서인지 많은 사람이 완벽주의가 있다고 고백한다. 특히 면접장에서 듣게 되는 제일 흔한 단점이기도 하다. "완벽주의가 있어서 실수를 못 견딥니다", "중요한 업무가 있으면 집에서도 긴장을 풀지 못합니다"라는 표현은 단점이라고는 하지만 은근한 자기 홍보도 된다.

심리학적인 측면에서 완벽주의는 방어기제로 본다. 평가나 비난이 두려워서 그것을 피하기 위해 완벽을 추구한다는 관점이다. '잘 안 되더라도 사람들이 격려해 주겠지', '내가 못하는 것도 있지만, 나 자체는 괜찮은 사람이야'라고 생각한다면 굳이 완벽까지 추구할 필요는 없다.

게다가 열심히 한다고 성과물의 완성도가 높아지는 것은 아니다. 그래서 완벽주의는 성숙한 방어기제로 분류되지 못한다. 두려움에서 시작된 회피적인 반응이며 생산적인 활동도 아니기 때문이다.

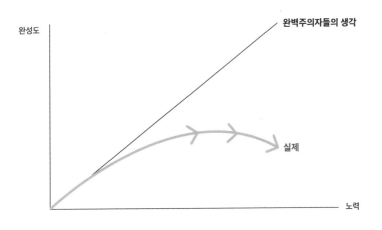

● 노력과 완성도는 정비례하지 않는다.

여러 가지 면에서 완벽주의는 양가적인 특성이 있다. 겉으로는 강건해 보이지만 내면에는 두려움이 있고, 목표 지향점은 높지만 낮은 자존감에서 출발한다. 단점이지만 장점처럼 사용하고, 생산적으로 보이지만 쉽게 지치게 한다. 그래서 완벽주의를 다루기 위해서는 완벽주의에 대한 양가감정에 공감해야 한다. "아, 완벽주의가 단점이라고 하면서도 은근히 장점으로 생각하고 있었구나", "아, 완벽주의를 끊어야 한다고 했지만, 막상 그걸 끊으면 비난을 받을까 봐 두려웠구나"라고.

완벽주의는 우리 사회 전반에 퍼져 있다. 잘해야 한다는 생각, 내일은 어제보다 더 나아야 한다는 압박감이 어느 시대보다 더 강하지만 그만큼 피로감과 무기력을 만들어낸다.

상대평가의 압박감과 완벽주의

우울한 청소년의 부모님들이 억울함을 토로하는 경우가 있다. "선생님, 저희 부부는요, 아이에게 공부를 강요하는 부모가 아니에요. 공부 좀 못하면 어때요. 꼴찌 해도 된다고 여러 번 얘기했어요. 그런데 얘는 왜 스트레스를 받을까요?" 부모는 그저 아이가 행복하기만 하면 되는데, 왜 저리 압박을 느끼는지 모르겠다고 한다. 자녀들도 그걸 안다. 부모님은 기대하지 않는다는 사실을. 하지만 스트레스를 받는다. 부모만 빼고 온 세상이 학생들을 압박하고 있기 때문이다. 학생은 공부해야 하고, 공부를 잘하는 게 부모를 사랑하는 방법이고, 어른이 되면 돈을 벌어야 하는데 그게 어려운 일이라는 사실을 초등학생도 알고 있다.

여름에는 덥고, 겨울에는 추운 것처럼 자연스럽게 스며드는 부담이 있다. 아이가 아빠에게 "아빠! 돈 안 벌어도 돼요. 우리 그냥 검소하게 살아요"라고 말해도 아빠가 직장을 그만둘 수 없듯 사회적 압박은 공기처럼 존재한다.

그게 나쁜 것만은 아니다. 인류의 시작부터 함께한 자연스러운 현상이다. 열심히 사는 것은 좋은 일이고, 잘 사는 사람들이 칭찬받는 것이 마땅하다. 하지만 그 기준이 상대평가에 있기에 우리는 늘 경쟁에 쫓긴다. 그냥 잘하는 정도가 아니라 남보다 잘하는 정도는 되어야 인정해주는 사회, 그런 토양에서 완벽주의가 자란다. 평범한 인간이 평범한 인간을 뛰어넘어야 인정받는 풍토가 우리를 압박한다.

여기에 하나 더, SNS의 발달과 리얼 예능의 유행은 상대평가를 더욱 부추긴다. 예전에는 소셜미디어를 통해서 음식, 여행, 예쁜 옷, 고급 차처럼 소비 지향적인 삶을 비교했다. 요즘은 한 단계 더 나아갔다. 자기 계발과 관련된 비교까지 더해졌다. 하루 종일 공부하는 수험생 영상, 퇴근 후에 셀프 인테리어를 하는 N잡러 직장인, 앱으로 스케줄을 관리하고 오운완(오늘 운동 완료)을 태그하는 시대다. 스마트폰만 열면 갓생을 사는 사람들이 줄줄이 나온다. 우리의 일상이 떠올라 마음이 급해질 수밖에 없다.

나는 달라야 한다는 생각

상대평가와 사회적 압박이 사회에 팽배해졌다고 모든 사람이 완벽주의로 향하는 것은 아니다. 여기에 "나는 남들과 달라야 해", "나는 실수하면 안 돼!" 같은 개인적인 신념이 더해져 완벽주의가 완성된다. 가까운 사람들의 강요로 촉발되는 경우도 있고, 오랫동안 쌓여온 자존감 하락이나 열등감이 작용했을 수도 있다.

완벽주의는 머릿속에 스쳐 지나가는 잡념이 아니다. '-주의 (-ism)'의 이름을 가진 자본주의나 민족주의처럼 개인의 의식에 깊숙이 파고든다. 여기에 지지 기반이 없거나 작은 실수조차 용납하지 않는 주변 분위기가 합쳐지면 자기비난, 자기혐오로 이어지기도 한다.

본인이 전문성을 가진 분야에서 완벽의 경지를 추구하는 건 그나마 괜찮지만, 완벽주의에 잠식된 사람은 아무것도 모르는 분야에서도 완벽한 결과를 바란다. 이는 헬스클럽에 처음 가본 사람이 보디프로필부터 준비하는 것과 비슷하다. 그러면 부상을 당하거나 진이 빠져서 버티지 못한다. 마치 체험 PT를 신청한 회원을 너무 고생시키면 등록을 안 하는 것과 같다.

우리 주변에서 흔히 볼 수 있는 대표적인 예가 첫아이를 키우는 부모들이다. 조카를 돌본 적도 없고, 기저귀 한번 갈아본 적 없는 초보 부모들이 아이를 낳았으니 프로 부모가 되어야 한다고 생각한다. 못 먹고, 못 자서 짜증이 났음에도 불구하고 "나는 왜 애를 사랑하지 않지?", "나는 부모 자격이 없나?" 하며 완벽한 부모와 자신을 비교한다. "엄마는 이래야 돼", "아빠는 이 정도로 힘들어하면 안 돼" 같은 주변의 말은 이들을 더 궁지에 몰고 지친 부모들의 기능은 급격히 저하된다.

마음이 아픈 분들도 그럴 때가 있다. 빠른 시간 안에, 힘들이지 않고, 남의 도움 없이 건강해지길 꿈꾼다. "약물 치료는 싫고, 심리 상담은 부담스러우니 혼자서 낫고 싶어요", "시어머니를 한 번에 변화시킬 수 있는 근본적인 솔루션을 알려주세요"라는 요구를 받을 때가 많다.

완벽주의가 마음을 지배하고 오랜 시간이 지나면 남에게도 완벽을 요구하게 된다. 그러면서도 자신이 완벽을 원하고 있다는 사실을 잊는다. "내가 바라는 건 정말 사소한 거예요"라고 말하는 사람들은 대부분 완벽주의자다. 본인에게도 완벽, 남에게도 완벽을 요구하니 고마울 것도, 만족할 것도 없다.

우리는 왜
노력 만능설을
끊지 못할까

노력 만능설 ─────────────────────────

내가 처음으로 읽은 자기 계발서는 《세상은 넓고 할 일은 많다》였다. 1989년에 출간된 베스트셀러로 단기간에 100만 부가 팔릴 정도로 폭발적인 사랑을 받았다. 가장 유명한 책 제목이 당시 사회상을 반영한다고 한다. 그때 어른들이 젊은이에게 해주고 싶은 한마디는 "하면 된다"였다. 희망이 통하는 시대였다.

1980년대 후반부터 1990년대는 수확의 시기였다. 배고픔에서 벗어났고, 자녀에게 공부방을 만들어주는 여유도 찾아왔다. 집집마다 텔레비전과 전화기, 컴퓨터와 승용차를 들여놓기도 했다. 베이비붐 세대의 피땀 어린 노력이 결과로 나타났다. 기업은 해외에 진출하고, 교육 수준도 훌쩍 높아진 시대. 세상은 넓었고, 정말 할 일이 많았다.

그때는 노력 만능설이 대세였다. 누구나 열심히 하면 이루지 못할 게 없었다. 경제는 성장하고, 메이드 인 코리아는 자랑스러웠다.

하지만 좋은 시절은 영원하지 않았다. 1990년대 후반 IMF가 터졌고, 사람들은 혼란에 빠졌다. 수많은 기업이 부도가 났고, 구조조정과 명예퇴직의 바람으로 가장들은 일자리를 잃었다. "열심히 했는데, 왜 이렇게 된 거지?" 하는 혼란이 덮쳤다. 기대와 희망은 흐릿해졌고 그 자리를 냉소가 채웠다. "열심히 해도 안 되는 건 안 되는구나" 하는 체념이 가치관 한편에 자리 잡았다.

이후 몇 번의 경제위기를 겪으며 노력 만능설의 입지는 점점 좁아졌다. 이제는 자수성가나 개천의 용은 비현실적으로 느껴진다. 출발선의 다름에 실망이 퍼졌고, 오죽하면 헬조선, 흙수저라는 단어가 공감을 얻었다. 노력의 위력보다는 노력의 한계가 더 강조됐다.

이 와중에 노력 만능설은 몇 단계 변형을 거쳤다. 성공하고 싶고, 잘 살고 싶은 욕구가 사라진 건 아니다. 힐링과 욜로, 소확행의 열풍도 있지만 인정받고 싶고, 부유하고 싶은 인간의 욕망이 사라질 리 없다.

인간의 노력은 분명 중요한 가치다. 노력의 한계에 쓴웃음을 보내면서도 우리는 여전히 노력에 희망을 건다. 열심히 노력하면 나아진다는 희망, 그 희망은 현재 완벽주의라는 이름으로 변형되었다.

완벽주의를 못 끊는 세 가지 이유, 세 가지 기능 ─────

완벽주의는 노력에 대한 기대를 기반으로 한다. 열심히 할수록 완벽과 가까워진다는 믿음이 깔려 있다. 그래서 완벽주의를 끊을 수 없다. 노력의 가치는 여전히 숭고하기 때문이다. 그 외에도 완벽주의를 끊기 어려운 이유가 있다. 완벽주의가 지닌 기능 때문이다.

우선 완벽주의는 우리를 바쁘게 만든다. '절대 실수하면 안 돼!'라고 생각하는 순간 뇌가 각성하고 생각이 많아진다. 사소하고 지엽적인 것에 집중력을 뺏긴다는 게 문제지만, 커피를 마신 듯 긴장감이 생긴다.

인간관계도 그렇다. '저 사람이 마음속으로 불편했으면 어떡하지?', '그 사람의 마음속은 어떨까?'를 생각하면 뇌는 바빠진다. 본인의 말과 행동을 수없이 되돌아보게 된다. 완벽은 평생 도달할 수 없는 목표이기 때문에 평생 해야 할 일이 생긴다. 바빠진 신체에는 활력이 돈다. 놀이동산에 있는 사람처럼 심장이 두근거리고 호흡이 가빠진다. 생산적인 활동으로 활성화되는 것은 아니지만 뇌는 이를 구분하지 못한다.

완벽한 상태를 꿈꾸면 노력하고 있다는 생각이 들고 잘 살고 있다는 느낌을 얻는다. 걱정하고, 자책하고, 후회하느라 바빴지만 성실하게 살았다고 만족한다. 그래서 느낌이나 감정을 중요시하는 사람들이 완벽주의에 자주 빠진다.

그리고 완벽주의는 비난받을 가능성을 줄여주는 방어기제로써의 기능을 한다. 예를 들어, 회사에서 중요한 제안서를 작성할 때가 있다. 완벽주의인 직원은 밥도 안 먹고, 퇴근도 미루고 방대한 양의 자료를 찾아서 빼곡하게 준비한다. 오탈자 하나하나에 과하게 신경 쓰고, 사소한 부분을 고치길 반복한다. 그러면 결과가 안 좋아도 그 사람에게는 책임을 묻기가 어렵다. 협동하는 분위기도 망치고, 성과물이 엉망이어도 초췌해진 얼굴로 쓰러져 있는 사람을 타박하는 건 쉬운 일이 아니다.

완벽주의, 일중독, 강박적인 성격, 사소한 것에 집착, 그러느라 늦어짐은 한 세트로 움직인다. 타인의 측은지심을 자극하지만 실질적인 도움은 되지 않는다. 팀 작업의 핵심은 소통인데 이들은 대하기가 힘들다.

완벽주의자들은 대개 사회적으로 고립되어 있다. 결과가 나빴을 때는 책임에서 멀어지는 게 주요 요인이다. '난 정말 열심히 했는데, 왜 사람들이 멀리하지?'라는 생각이 든다면 본인이 완벽주의자는 아니었나 생각해보자. 자신을 보호하는 게 늘 좋은 일은 아니다.

마지막으로 완벽주의는 패배감을 희석해준다. 일명 '졌잘싸'라는 말이 있다. "졌지만 잘 싸웠다"라며 위로하기에 좋은 말이다. 이 말은 패배한 사람이 절망의 악순환을 타지 않게 도와준다. "과정이 좋았으면 됐지. 다음에는 좋은 결과 있을 거야" 하고 멈추게 해준다. 자기 자신에게 해줘도 도움이 된다. 자존감이 떨어지지 않게 방어해주기에 좋은 위로 방식이다.

그런데 패배감이 지나치게 희석되면 패배에 익숙해진다는 문제가 생긴다. 마음이 덜 아픈 정도가 아니라, 결과를 외면해 버리는 지경이 된다. 그것은 받아들임과는 전혀 다르다. 화가 나지도, 우울하지도 않고 "사실상 성공이야" 하면서 복기할 기회를 날리는 것이다.

패배감도 쓸모가 있다. 실패가 안겨주는 가슴 아픈 후회는 쓰지만 영양가가 있다. 되돌아보고, 반성하고, 후회와 다짐을 해야 성숙해질 수 있다. 그런데 열심히 노력했다는 이유로 실패를 되돌아보지 않는다면 그것이야말로 진정한 패배가 된다. 와신상담할 기회가 사라지는 건 좋지 않다.

완벽주의가 없어도 잘 살 수 있다

노력은 중요하지만, 완벽주의는 내려놓아야 한다. 인간은 완벽하지 않기 때문이다. 몸이 버텨줄 때, 잠깐은 출력을 내는 데 도움이 되지만 사람을 빨리 지치게 만든다. 평생 도달할 수 없는 목표에 건강을 갈아 넣는 것은 무모한 일이다. 병으로 이어지기 전에 새로운 엔진을 장착해야 한다.

굳이 완벽주의를 추구하지 않더라도 잘 살 수 있다. 바쁘게 살고 싶다면 일정표를 만들어서 스케줄을 관리하면 된다. 처음에야 과도하거나 과소한 스케줄을 짜겠지만 만족과 불만족을 반복하면서 결국 적당한 속도에 도달하게 될 것이다.

사람에게 호감을 얻고 싶다면 친절한 말투와 표정을 연습하면 된다. 공부 잘하는 사람이 되고 싶으면 공부 잘하는 사람들의 조언을 듣고, 운동 잘하는 사람이 되고 싶으면 운동을 잘하는 사람처럼 훈련하면 된다.

비난에 대한 두려움도 마찬가지다. 언제까지나 평가가 두려워 도망 다닐 수는 없다. 본인이 좋아해서가 아니라 남이 싫어할까 봐 열심히 사는 것은 내적 동기가 아닌 외적 동기이기 때문에 금방 소진된다. 어차피 평가할 사람들은 오버한다고 평가할 것이고, 깎아내릴 사람들은 완벽주의가 지닌 비효율, 괴리감, 삶의 질 저하 등을 지적하며 깎아내린다. 완벽주의로 회피해봤자 완벽한 평판을 들을 수는 없다.

본인이 완벽주의를 가졌다고 생각한다면 "앞으로는 완벽주의를 내려놔야겠다. 성취감도 못 느끼면서 괴롭게 사는 게 완벽은 아니니까"라며 자신을 흔들어보길 권한다. 한때는 우리의 삶에 활기를 불어넣어 주었던 고마운 친구지만 평생 데리고 다닐 수는 없다. 함께했던 기억은 추억으로 남기고 서로 가야 할 길 찾아서 떠나야 한다.

본인이 완벽주의가 아니라고 생각해도 다음 장을 읽어보길 바란다. 본인도 모른 채 완벽주의를 지닌 사람들도 많다. 일명 숨어 있는 완벽주의의 사람들이다. 특히 자존감이 떨어지고, 부정적인 생각이 가득할 때는 무의식적인 반동에 의해 완벽주의자가 된다.

'나는 센스가 떨어지니까 성실하기라도 해야 해'라는 생각에 완벽한 성실을 추구하게 되고, '내 내면은 최악이야'라는 생각에 완벽한 외모에 집착하는 식이다. 특히 '평범한 사람은 나를 보완해줄 수 없어'라는 생각 때문에 주변 사람들에게 완벽을 강요하는 경우도 있다. 아무리 노력해도 자존감 문제가 해결되지 않는다면 꼭 짚어봐야 한다.

숨어
있는
완벽주의

완벽을 추구하는 사람들이 자주 하는 말 ————————

본인이 완벽주의를 추구하고 있다는 사실을 알고만 있어도 낫다. 성공하고 싶고, 잘 살고 싶어서 자발적으로 자신을 몰아친 것이기 때문에 힘들면 수위를 조절할 수 있다. "맞아. 내가 너무 욕심을 부렸네. 내가 완벽할 수는 없지" 하면서 목표를 변경하면 된다.

하지만 본인이 추구하고 있는 게 완벽주의인 줄 모르면 문제가 복잡해진다. 이들은 잘 살고 싶어서 완벽주의를 선택한 사람들이 아니다. '남들이 평가하니까'의 세계관과 '나는 만족시켜야 하니까'의 자아관이 만나 도망치듯 완벽주의에 스며든 사람들이다. 자신의 인생에 어떤 철학이 깔려 있는지 살펴볼 여유가 없다. 본인이 바라는 것이 어느 정도의 난이도인지 모른 채 도전과 실패를 반복한다. 그래서 은연중에 품고 있는 완벽주의를 파악해야 한다.

마음속에 완벽주의가 숨어 있으면 겉으로는 어떤 패턴으로 드러나는지 알아보자.

1 | 남들처럼, 평범하게 등의 비교 언어

> "내가 바라는 건 그저 남들처럼 평범하게 살고 싶을 뿐입니다."
> : 숨어 있는 완벽주의는 비교하는 언어로 드러난다.

완벽주의가 숨어 있는 사람들은 '남들처럼', '평범하게'라는 단어를 많이 쓴다. 남들과 자신을 비교하며 본인의 삶이 평범하지 않다며 자괴감에 빠질 때가 많다.

대개 이런 생각은 자기 연민이나 열등감으로 이어진다. 자신의 인생을 부족한 인생으로 간주하기 때문이다. 본인을 남들과 비교하고 불쌍해하고 동정하면서 술에 취하듯 자기 연민에 취하거나 열등감으로 폭발한다.

이런 패턴의 완벽주의자들에게는 "더 이상 비교하지 마세요"라는 조언이 통하지 않는다. "남들은 비교를 쉽게 끊지만 저는 못 끊어요. 그런 쉬운 시도도 하지 못하는 불쌍한 내 인생"하며 다시 자기 연민을 들이켜기 때문이다.

비교하는 게 나쁘다는 것을 모르는 사람은 없다. 하지만 비교를 끊기는 매우 힘든 게 현실이다. 인간은 사회적인 존재다. 사회에서 살고 있는 한 그 사회에서 평균 이상은 되었으면 하는 게 모든 사람의 욕심이다.

그래서 비교를 끊으려고 노력하는 것보다 차라리 제대로 하기를 권한다. 대부분의 사람이 남의 인생을 힐끗 쳐다본 다음에 결론을 낸다. "쟨 잘 살고 있어", "저 사람은 능력 있고, 가정도 화목하고, 인간관계도 좋은데, 그걸 아주 쉽게 해내고 있어"라고 말이다. 근거는 상당히 빈약하다. 겉모습, SNS에 올린 사진 몇 장을 보고 판단하거나 근거도 없이 느낌상 그냥 그렇다는 경우도 많다.

하지만 남들의 모습, SNS상 평범하게 보이는 일상은 진짜 평범한 일상이 아니다. 우리가 동창회에 나갈 때 한껏 꾸미고 나가듯 그들도 최대한 꾸미고, 가리고, 포장해서 세상을 돌아다닌다. 그들 딴에는 완벽한 모습을 꾸며놓고, 가장 잘 나온 사진을 골랐다. 그런데 그게 평범한 거라고 단정 짓고 비교하다 보면 우리도 모르는 새 완벽주의에 빠져든다.

비교는 병렬적으로 이루어져야 한다. 그 사람의 베스트를 우리의 베스트와 비교해야 한다. 남들의 베스트와 우리의 일상을 비교하니 자신이 초라해질 수밖에 없다. 가까운 사람이 있다면 물어보기라도 하자. 정말 그 사람은 행복하게 살고 있는지, 힘든 게 없는지, 그 모든 것을 정말 쉽게 해내고 있는지 구체적으로 비교해보자.

"책도 많이 보고, 강의도 많이 들어서 알긴 아는데 잘은 못하겠어요."
: 숨어 있는 완벽주의는 부사어와 왜곡 반응으로 드러난다.

누구에게나 변화하고 싶은 마음이 생길 때가 있다. 그래서 성실히 책도 읽고 자기 계발도 하는데, 시작부터 성과가 나올 리 없다. 거기까지는 모두가 똑같다. 그런데 숨겨진 완벽주의자들은 처음부터 완벽하게 해야 한다는 생각으로 의욕이 꺾인다. 자존감 관련 책을 읽고 "아, 나 자신을 사랑해야 하는구나!"를 깨닫는 것까지는 잘한다. 그런데 숨겨진 완벽주의자들은 "그걸 잘해내진 못할 것 같아요"라며 굳이 브레이크를 추가한다.

이들은 '잘', '제대로', '온전하게' 등의 부사어를 끼워 넣는다. 아침에 운동을 하라고 하면 "어떻게 매일 운동을 해요? 전 못해요"라고 브레이크를 걸고, 가족을 사랑하라고 하면 "어떻게 가족을 온전하게 사랑할 수가 있어요? 전 못해요"라며 부정적인 결론을 내린다. 잘하라는 것도 아니고, 매일 하라는 것도 아닌데, 마치 완벽하게 하라는 조언으로 왜곡한다. 그리고 거부한다.

이들의 마음속에는 완벽어를 쓰는 통역사가 존재한다. 그래서 조언이나 충고를 들을 때마다 완벽하라는 언어로 해석한다. 부담을 내려놓으라는 조언을 들을 때조차 "어떻게 모든 부담을 내려 놓지?"부터 고민한다.

이런 경우는 남의 말을 있는 그대로 듣기를 권한다. 해석이나 번역 없이 문장 그대로를 느껴보는 것이다. 만일 당신에게 이런 왜곡이 심하게 있었다면 '있는 그대로 듣기'라는 표현조차 '늘', '항상', '언제나' 있는 그대로 들으라는 뜻으로 해석했을 것이다. 그런 습관이 있음을 알고는 있어야 한다.

3 │ 여러 가지를, 한꺼번에, 쉽게 하기를 원함

> "좋아하는 일을 하고 싶어요."
> "제가 의욕적으로 꾸준히 할 수 있는 일 없을까요?"
> : 숨어 있는 완벽주의는 한꺼번에 여러 가지 가치를 충족시키
> 려는 마음으로 드러난다.

진로와 관련된 고민을 오랫동안 한 사람 중에 이런 완벽주의 가 숨어 있는 경우가 많다. 좋아하면서, 돈도 벌면서, 잘할 수 있는 일을 하고 싶어 한다. 일은 돈을 버는 행동이고, 좋아하는 일은 취 미인데, 일과 취미의 가치를 한꺼번에 추구하다 보니 교집합을 찾 기 어렵다.

"평생 의욕적으로 할 일을 찾고 싶어요. 성공한 사람들은 다

그러던데요? 열정이 중요하다고" 같은 말은 쉽게 할 수 있다. 그런 직업이 있기야 하겠지만, 우리가 좋아하는 일은 남들도 좋아한다. 그 일을 하려는 사람이 많다 보니 수입이 적을 수밖에 없다. 막상 낮은 수입이 지속되면 열정은 사라져버린다.

돈을 벌려면 좋아하지 않는 일도 해야 하고, 좋아하는 일로 돈을 벌려면 그 일을 아주 잘해야 한다. 돈을 벌 수 있을 만한 수준에 오르기 위해서는 그 일을 싫어하게 될 정도로 지긋지긋하게 열심히 해야 한다.

실제로 성공한 사람들은 확신이 없어도 시작부터 했고, 지쳤다가 회복하기를 반복했으며, 수많은 경쟁자에게 밀리고 치이며 상처받고 힘들어했다. 그게 성공의 현실이다. 그들처럼 잘되고 싶다면, 한 번의 선택으로 좋은 일이 생길 걸 기대해서는 안 된다. 나쁜 일을 경험할 각오를 하는 게 현실적이다. 결정 한번 잘한다고 인생이 풀릴 리 없다.

좋은 결과를 얻어내는 쉬운 방법은 없다. 좋은 사람을 만나고 싶으면 좋은 사람이 되어야 하고, 사랑을 받고 싶으면 사랑을 줘야 하고, 무언가를 잘하려면 공부하고 훈련하면서도 결과는 나타나지 않는 지겨운 시간을 견뎌야 한다. 모든 목표를 한꺼번에 해결하는 완벽한 방법을 찾느라 시간을 보내기보다는 이미 알고 있는 방법을 하루라도 빨리 시작하는 게 낫다. 막상 시작하고 나면 생각만 할 때보다 편할 것이고, 성공하고 나면 힘들었던 기억이 지워질 것이다.

> "아무리 속상해도, 감정적으로 흔들리면 안 되잖아요."
> : 숨어 있는 완벽주의는 의무와 금기를 강요하면서 드러난다.

숨어 있는 완벽주의는 스스로에게 무서운 선생님이 된다. 정해둔 계획에서 벗어나는 것을 못 견디고, 목소리가 떨리거나 얼굴이 붉어지면 큰일이 벌어진 것으로 생각한다. 자연스러운 신체 반응을 핑계로 자신을 약한 사람, 소심하고 유약한 사람이라고 깎아내리기도 한다.

감정이 느껴지거나 심장이나 땀샘 같은 신체 기관이 자율신경계의 지배를 받는 것을 수치스러운 일로 생각한다. 커다란 약점이라도 되는 양 감추고 억압하려 한다. 그 때문에 불편한 감정을 안고 산다. 자신에게 "~하면 안 된다", "~해야 한다"라는 잔소리를 끊임없이 하기 때문에 의무감, 불안감, 절박함 등의 감정이 반복된다.

말 한번 더듬지 않고 연설하는 사람, 모든 질문에 기다렸다는 듯 대답하는 사람, 바늘로 찔러도 피 한 방울 나오지 않는 로봇 같은 사람이 되어야 한다고 생각한다. 이들의 머릿속에는 수많은 의무와 금기가 있다. 본인이 정해둔 기준을 사회가 정해두었다고 오해하기도 한다. 엄격한 기준을 못 지키는 자신을 책망하다가 "내가 왜 이러고 살아야 하나?" 하며 기운이 빠져서 엄격함의 시작이었던 부모를 원망했다가 남 탓을 하는 자신을 미워한다.

이들은 자신을 감시하고 채근하느라 많은 시간을 보낸다. 그래서 자신이 무엇을 원했는지 잊어버리고, 세상에 자신을 사랑하는 사람이 있다는 사실도 망각한다. 자신만의 엄격한 세계관을 만들고 그 기준에 맞춰 살아가기에 급급하다. 즐겁거나 재미있거나 유머를 즐길 여유가 없어 이들의 삶은 완고하고 지루하다.

본인에게 관심과 격려를 아끼지 말자

이제야 본인이 완벽주의자라는 사실을 깨달은 사람도 있겠지만, 아직도 긴가민가할 수도 있다. 그런 경우는 둘 다가 섞여 있는 사람이다. 직장에서의 자아, 가정에서의 자아, 자녀로서의 자아, 어른으로서의 자아 등 우리 마음속에는 수많은 자아가 살고 있다. 어떤 면에서는 완벽을 추구하면서 어떤 면에서는 너무 무관심한 방식으로 살아가는 경우도 많다.

자신을 통째로 구분 지을 필요는 없다. 다만 이번 기회에 본인에게 애정도 가져보고, 격려와 칭찬도 해주는 게 어떨까. 완벽주의가 해로운 이유는 도달할 수 없는 애매한 목표만 강요하면서 성취감이나 보람도 없이 불행하게 살아가기 때문이다.

특히, 잘 살고 있는 사람이 완벽주의의 늪에 빠지는 경우를 볼 때 마음이 아프다. 성실하고, 착하고, 남에게 피해 끼친 적 없으면서 자신을 인정하지 않는다. "이 정도는 누구나 하는 거잖아요. 나보다 잘난 사람들이 얼마나 많은데요"지나친 겸손 때문에 자신에게 따뜻한 말 한마디 건네지 않는다.

아무리 대단한 잠재력을 가진 운동선수라도 매일 야단과 꾸중만 듣다 보면 주눅 들고 우울해서 그만두고 싶어진다. 세상에는 잘한다고 해야 진짜 잘하는 사람들이 훨씬 더 많다. 그러니 이제부터는 긍정적인 말을 많이 해주고, 못한 것도 잘했다고 해주고, 시도해 본 게 어디냐며 감싸주는 말도 해주면서 살자. 세상에 내 편을 들어주는 사람 하나 없어 서러워본 적 있지 않았나. 스스로 내 편을 들어주는 연습부터 하자. 당장 기분이 좋아질 뿐 아니라, 사랑하는 사람이 생겼을 때 그 사람의 마음을 녹이고 감싸주기 위해서도 지금부터 연습해야 한다. 다소 어색하고 쑥스럽더라도 다음의 문장을 따라 읽어보자.

"완벽하지 않아도 괜찮아. 이 정도면 잘하고 있는 거야."

알면서도
끊지 못하는
완벽주의

정과 미련이 발목을 잡는다

완벽주의도 습관이라 막상 끊으려면 미련이 남는다. 그동안 자신을 다그치고 불만스러워했던 시간 덕분에 성취한 것도 있었다. 이제 와 그 마음을 포기하면 능력 없는 사람이 될까 봐 두려움이 생긴다. 120점을 맞으려고 노력해야 90점이라도 맞을 수 있다는 생각에 계속 120점을 목표로 삼고 싶다.

이런 두려움과 미련이 있는 사람에게 완벽주의를 끊으라고 설득하는 건 무모한 일이다. 이들에게 완벽주의는 오랜 기간 성취를 이끌어낸 호랑이 선생님이다. 그 덕에 최선을 다할 수 있었고, 자랑스러운 자녀일 수 있었다. 그렇기에 완벽주의를 끊으라고만 하면 오히려 조언하는 사람을 끊어버린다.

차라리 이들에게는 건강에 대한 염려를 해주는 게 낫다. "세상에서 제일 중요한 게 건강인데, 잠은 잘 자고 식사는 맛있게 하셨으면 좋겠습니다" 정도가 적당하다. 생활에서 완벽주의를 빼는 게 아니라 건강을 중요시하는 철학을 추가하는 것이다.

완벽주의자에게는 잘하고 싶다는 욕심 외에도 노력할수록 성공에 이른다는 우상향식 믿음이 있다. 그래서 대충하라거나 내려놓으라는 말은 들리지도 않는다. 차라리 누구나 인정하는 건강과 행복, 사랑 같은 것의 중요성을 언급해주는 게 낫다. 완벽주의를 끊겠다고 다짐하지는 않겠지만, 세상에는 완벽주의 말고도 다양한 가치가 있음을 접할 기회가 된다.

여유롭고 개방적인 접근 자체가 이들에게는 신선한 충격이 된다. 글을 읽는 독자도 본인이 완벽주의자라고 생각된다면 '맞아, 건강도 신경 써야지' 정도의 생각을 한 줄 덧붙이길 바란다.

완벽주의를 대체할 새로운 철학을 찾지 못했다 ————

완벽주의를 쉽게 끊지 못하는 또 다른 이유는 대체할 철학이 없어서다. 보통 인생의 철학은 부모에게 물려받거나 부모에 대한 반감에서 출발한다. "우리는 처지가 달라. 그러니 더 독해져야 해!" "남들보다 더 노력해야 해. 끊임없이 성장해야 해"라는 성실의 가풍을 이어가는 사람들이 많다. 무언가 결핍이 되어 있다는 절박함이 높은 목표를 설정하게 만들고 강박적으로 달려들게 한다.

이들은 세상 모든 사람이 그렇게 살아야 한다고 생각한다. 성공한 사람들은 다들 독하고 승부욕이 있고 감정을 억압하며 살고 있다고 여긴다. 잘못하면 비난받고, 잘하면 시샘당한다고 믿기에 쉴 틈이 없다. 그런 세계관에서 살고 있으니 열심히 살고, 방심하지 말고, 오만하지도 말아야 한다는 철학을 내려놓지 못한다.

솔직히 나도 그랬다. 베이비붐 세대 부모님에게 태어났고, 살림이 넉넉하지 못했다. 몸이 자주 아프니 공부라도 잘해야 했고, 내성적인 편이라 착하기라도 해야 했다. 전문의가 되고, 사회생활을 시작할 때도 그랬다. 하나라도 더 배우고 성실하게 일해서 더 훌륭한 사람이 되어야 한다고만 생각했다.

그런데 막상 성공한 사람들을 보고 깜짝 놀랐다. 평소 존경하던 교수님들도 자기 인생을 즐기고 있었기 때문이다. 물론 연구도 많이 하고, 후학을 가르치는 일도 열심히 하셨지만 취미, 여행, 가족과의 시간, 혼자만의 휴식을 소중히 여기는 사람들이었다. 처음에는 살짝 실망도 했고 가치관의 혼란도 생겼다.

그런데 여러 사람을 만나며 나의 가치관도 천천히 변해갔다. "세상에 이런 사람들도 있구나", "이렇게 사는 것도 괜찮은 삶이구나" 하면서 발을 담가봤다가, 다시 예전의 강박으로 돌아갔다가, 또 다른 가치에 발을 담가보고, 또 돌아오기를 반복했다. 가치관은 그렇게 물들 듯이 더해간다.

여러분도 "세상에는 수만 가지 방법이 있으니 한 번씩 체험이나 해보자"라는 식으로 부담을 줄이길 권한다. 부자 아빠를 목표로 자본주의자의 삶도 살아보고, 좋은 평판만 들으려고만 했었다면 알프레드 아들러의 철학처럼 미움받을 용기도 내보고, 방어에 급급한 인생을 살았다면 타인의 행복을 우선시하는 박애주의의 삶도 체험해보는 게 어떨까. 다양한 경험에 가치를 부여하면서 경험주의자로도 살아보자. 법적, 윤리적으로 문제가 되지 않는다면 다양한 인생관을 직접 경험해보길 바란다. 인간의 수명은 길어지고 있지만, 대부분의 인생을 책상 앞에서 보내고 있는 게 참 억울하다. 이런저런 '-주의'를 경험해보는 것은 인공지능 컴퓨터로 대신할 수 없는 소중한 자원이 될 것이다.

이름을 잘못 붙였기 때문이다

완벽주의를 끊지 못하는 마지막 이유는 애초에 이름을 잘못 붙여서다. '완벽'은 좋은 단어다. 흠잡을 것이 없이 완전한 상태를 뜻한다. 완벽한 엄마, 완벽한 아빠, 완벽한 친구 등 완벽이라는 단어를 붙이면 어감이 좋다. 우리의 뇌는 나쁜 것을 피하고, 좋은 것을 유지하려 한다. 그래서 자신이 하는 행동에 좋은 이름을 붙여주면 끊기가 어렵다.

부담감에 시작하지 못하고, 사소한 것에 신경 쓰느라 마감 시간을 놓치고, 타인에게 완벽을 기대하다가 트러블이 생기면서도 '내가 추구하고 있는 게 완벽이라서 그래'라고 생각하는 순간 합리화가 일어난다. 변화할 이유가 사라지고, 마음이 편해지는데 어찌 변화를 생각할 수 있겠나.

담배를 피울 때마다 "식후 연초는 불로초야"라고 중얼거리는 친구가 있다. 그는 아직도 담배를 끊지 못했다. 발암 물질을 피우면서 '불로초'라는 거창한 이름을 붙였으니 뇌에서는 자꾸 담배와 가까워질 준비를 한다. 완벽주의도 그렇다. 우리의 신체를 소진으로 이끌면서도 완벽이라는 이름을 붙여놓으니 뇌는 떼어낼 생각이 없다.

완벽주의를 끊고 싶다면, 자기 행동을 '완벽주의'라고 표현하면 안 된다. 진짜 변하고 싶다면 본인이 하는 행동을 있는 그대로 표현하는 게 낫다. 실수해서 비난당할까 봐 불안해한다면 "실수해서 비난당할까 봐 불안해하는 것을 끊고 싶다"라고 결심해야 한다. 이런 식으로 "제대로 할 자신이 없다면서 포기하는 습관을 버리고 싶다", "사소한 것에 신경 쓰다가 큰 줄기를 놓치는 거 이제 그만두고 싶다"라고 결심해야 뇌도 방향을 잡는다.

이제는
어떤 인생관으로
살아갈까

06

잔소리일까 봐 걱정

글을 쓰다 보면 벽에 부딪힐 때가 있다. 잔소리의 벽이다. 잔소리 하는 글을 쓰지 않으려고 수도 없이 다짐을 하는데 쉽지는 않다. 이거 해라, 저거 해라, 이거 하지 마라 등 다 잘되라고 하는 말이 지만 공허한 울림이 될까 봐 늘 걱정이다. 나는 이래라저래라 하 는 소리를 들을 때마다 억울함에 발끈했다. 스스로에게 충분히 야 단을 치고 있었기 때문이다. 내가 보기에도 나는 단점이 많았고 고쳐야 할 것이 수만 가지는 보였다. 그러다 보니 남들이 주는 부 정적인 피드백을 견디지 못했다. "나도 알아요! 나도 고치고 싶죠. 안 되는데 어쩌라고요?"라고 튀어올랐다. 그래서 독자들도 똑같 은 반응일까 염려스럽다.

　그렇다고 무조건 잘한다, 당신이 최고다라고만 외치는 글을 쓸 수도 없다. 의사인 나에게 잔소리는 운명이다. 좋아하는 것을 끊으라고 하고, 하기 싫은 것을 하라고 하는 게 내 일이다. 잔소리는 아니면서 실질적인 도움을 주는 글, 그 지점을 찾는 게 나의 평생 숙제다.

그런 의미에서 완벽주의자의 마음도 이해가 된다. 부자, 매력, 끈기, 선함, 협동, 공감 등 세상은 많은 가치를 요구하고 비교한다. 어릴 때는 학교에서, 나이가 들어서는 직장과 가정에서 현대인들은 자의든 타의든 완벽을 추구하게 된다.

나도 한때는 '세상에서 제일 치료를 잘하는 의사'를 목표로 살았다. 좋을 때는 참 좋았다. 내담자들이 낫는 모습을 볼 때마다 보람도 많이 느꼈다. 목표를 이루지는 못했지만, 방향대로 가고 있다는 느낌만으로도 성취감을 느꼈다. 선배들의 칭찬, 동료들의 부러움, 내담자들의 만족감을 볼 때마다 힘들지만 행복한 시간이었다.

문제는 잘 안 될 때였다. 내담자들이 도저히 나아지지 않을 때, 내가 쓴 글에 대한 컴플레인이 들어올 때, 강연에서 청중의 반응이 시큰둥할 때 극심한 스트레스를 받았다. 그럴 때면 어김없이 내 마음속 잔소리꾼이 등장했다. 나의 단점을 지적했고, 이래라저래라가 끊임없이 울려 퍼졌다. 공부를 더 했어야지, 연습을 더 했어야지, 왜 똑같은 문제를 또 틀리냐며 자신을 다그쳤다. '이 내담자가 나보다 실력 좋은 의사를 만났더라면, 더 빨리 나았을 텐데'라는 생각이 들어 죄책감에 사로잡히곤 했다.

그런데 더 심각한 문제가 있었다. 세상은 나 혼자 사는 게 아니라는 점이었다. 어릴 때의 마음속 잔소리꾼은 나를 다그쳤고 나만 아프면 됐다. 운동이나 공부나 돈 버는 일을 할 때도 스스로가 스스로에게 지적하고, 변명하고, 방어하는 것으로 끝이었다. 하지만 언제부터인가 내 주변에는 많은 사람이 있었다. 내담자와 그들의 보호자들, 독자들, 시청자들, 가족들까지. 수많은 사람이 나를 지켜보고 있었다. 그러면서 내 행동과 관련된 오해도 생겼다.

　나로써는 미안함이고, 자기 질책이었다. 더 잘해보겠다는 다짐이었다. 하지만 남들이 보는 나는 달랐다. 남이 보기에 나는 지치고, 짜증 내고, 화가 난 사람으로 보였다. 나는 나에게 화를 내고 있었지만 "선생님, 왜 그렇게 저를 싫어하세요?", "내가 큰 실례를 했나 봐요", "선생님, 기분이 많이 나쁘신가 보네요" 피드백이 들려왔다. 그건 정말 가슴 아픈 오해였다. 그게 아니라고, 난 나에게 화가 난 거라고 목소리를 높여도 소용없었다. 그럼 더 화내는 사람, 불친절한 사람으로 보일 뿐이었다.

앞으로의 플랜 B

나는 결국 완벽주의와 헤어졌다. 후회하는 건 아니다. 능력 있는 사람이 되고자 했던 목표가 잘못은 아니라고 생각한다. 그 덕에 이룬 것도 많았고, 좋은 사람도 만났다. 그 시절에는 그게 옳았다.

　완벽주의는 기숙학원 같은 것이다. 한 가지 목표에 집중하게 해준다. 시간을 정해두고 한동안 푹 빠져 있기에 좋다. 사랑도 잠시 잊고, 우정과 꿈도 잠시 내려두고, 열정적으로 몰입하기에 이

만큼 좋은 이데올로기가 없다.

하지만 졸업은 해야 한다. 음식을 골고루 먹어야 건강해지듯 우리의 관심도 적절히 분산시켜야 한다. 일, 공부, 사랑, 취미와 잡생각도 적당하게 머리 한구석을 차지하고 있어야 마음의 건강을 유지할 수 있다. 때로는 충동적으로도 살고, 대충도 살고, 그냥도 살고, 시간 낭비도 해야 한다. 한쪽으로 치우치기 시작하면 중독이 되거나 일탈로 이어진다. 고등학교를 졸업하고 대학에 가듯 완벽주의도 그다음이 있어야 한다.

그래서 나도 목표를 바꿨다. 세계 최강 의사가 되는 것은 후배들에게 양보하기로 했다. 대신 친절한 사람이 되기로 했다. 부드러운 목소리로 천천히 말하는 사람, 억울해하지 않고 피해의식도 없고 격앙되지 않는 사람이 되기로 했다. 야단치지 않고 알려주는 사람, 잔소리 없이 도와주는 사람이 되고자 했다.

그랬더니 훨씬 낫다. 주변 사람들도 편안해하고, 나도 좀 숨을 쉬는 느낌이다. 책을 읽을 때도 부담이 적고, 나보다 잘난 사람을 만나도 질투가 덜 난다. 적절한 시점에 방향을 적절히 바꾼 것 같다.

이렇게 목표를 수정하는 것도 능력이다. 세상의 흐름에 따라, 나의 상태에 따라 정답은 늘 변한다. 융통성을 발휘하며 인생에 적응하는 능력, 그게 완벽주의의 대안이며 해결이다. 소진도 예방할 수 있다.

CHAPTER 6

완벽주의를 대체할
새로운 철학

▶▶▶ 플랜B 그리고 적응력

어떤 신발이 좋은 신발인가의 답은 상황에 따라 변한다.
인생도 그렇다. 인생에는 정답이 없는 게 아니라
아주 다양한 답이 있는 것이다.
융통성 있게 정답을 갈아타는 능력이 적응력이다.

이제는
적응의
시대

내 인생 최고의 술수 ──────────────

유급을 당하긴 했지만, 복학 후에는 정신을 차려서 꾸역꾸역 대학을 졸업했다. 국가고시도 합격하고 의사가 됐다. 그렇다고 시험이 끝난 건 아니었다. 인턴을 하기 위해서 수련 병원에서 입사 시험을 치러야 했는데 걱정이 컸다. 열심히 했지만, 성적이 눈에 띄게 오르지는 않았다. 나만 열심히 한 게 아니었으니 그랬을 것이다.

면접관인 교수님이 내게 물었다. 나를 합격시키려면 누군가를 떨어뜨려야 하는데 명분이 있냐고 하셨다.

"저는 중도에 포기할 수가 없습니다. 유급도 당했고, 성적도 별로고, 나이도 많은데, 인턴 하다가 도망간 이력까지 생기면 누가 절 뽑겠습니까? 저보다 성적 좋은 친구들이야 있겠지만 걔들은 중간에 포기하고 내년에 다른 병원 지원하면 또 붙습니다. 인턴들이 매년 10퍼센트는 중도 포기하고 도망간다고 들었습니다. 저는 도망 안 갑니다. 도망갈 곳이 없습니다."

그것 말고도 운동을 해서 체력이 좋다, 동아리 활동을 해서 사회성이 좋다 등 여러 가지 과장을 보탰다. 양심에 걸렸지만, 합격은 했다. 그러고는 잘 풀렸다. 인턴, 전공의 수련도 그럭저럭 마쳤다. 인턴 시험을 붙은 덕이다. 그때 떨어졌으면 많은 것이 복잡했을 것이다. 어떻게 그런 말이 나왔는지 스스로도 놀랐다. 그날 나는 내가 동원할 수 있는 모든 술수를 동원했다. 나 때문에 떨어진 한 명에게는 평생 미안해하며 살고 있다.

하지만 이것도 하나의 능력이다. 뛰어난 사람들에게는 필요 없는 능력이다. 그들은 잘하니까, 당당하게 지원하고 성취감을 누리면 된다. 평범한 사람은 이렇게라도 살아야 한다. 잔머리도 써야 하고, 포장도 해야 하고, 잘못한 게 없는데 사과도 해야 한다. 가끔은 신념을 꺾어야 할 때도 있다. 이를 적응력이라 부른다. 상황에 맞게 융통성을 발휘하는 능력이다. 임기응변을 발휘하는 잡초 같은 힘으로, 인생을 살면서 꼭 필요하긴 하다. 물론 이것만으로 살아가서는 안 된다. 능력계의 조미료 같은 것이다. 이것만 있어서는 안 되지만, 이게 없으면 인생이 너무 쓰다.

혼돈의 시대, 지금은 적응의 시대

세상을 행복하게 살려면 여러 가지 능력이 필요하지만, 적응력의 중요성은 점점 더 커질 것이다. 과학기술이 눈부시게 발전하고 있고, 한국인의 특성상 그 기술을 빠르게 적용시킬 것이기 때문이다.

농경사회에 살던 사람들은 적응할 게 기후밖에 없었다. 계절에 따라 할 일이 달랐지만, 소량의 세로토닌으로도 스트레스를 완화시킬 수 있었다. 태어난 곳에서 죽을 때까지 살면서 평생 같은 이웃들과 교류했고, 매년 같은 일을 반복했다. 해가 갈수록 세상과 익숙해졌고, 경험은 경륜으로 인정받았다.

요즘은 새로운 게 너무나 많다. 매년 업그레이드된 스마트폰이 나오고 살아가는 방식이 바뀐다. 나도 식당마다 설치된 키오스크가 낯설다. 사람들이 기다리고 있으면 진땀이 나고 심장이 뛴다. 수시로 새로운 결제 방식이 나오고 이동 수단, 여행 방법, 먹는 문화도 변해간다. 이에 맞춰서 우리 인생도 변해야 한다. 예전 중년들은 등산복 하나로 온갖 장소를 돌아다녔지만, 요즘 그랬다가는 여러 사람의 눈총을 받는다.

젊은 사람들도 해야 할 게 늘었다. 어릴 때는 개성을 억압하는 삶에 익숙해야 했는데, 스무 살이 넘는 순간 개성을 표현하는 삶에 적응해야 한다. 취준생 때는 나다운 삶을 살라는 조언을 듣다가, 취업하고 나면 왜 그렇게 본인 위주냐는 비난을 듣게 된다. 좋아하는 일에 미쳐보라고 하더니, 애는 왜 안 낳았냐는 핀잔을 듣기도 한다. 세상은 시시각각 새로운 요구를 하는 혼돈의 시대다.

어찌 보면 나도 그런 혼란에 동참하고 있는 것 같아 미안해진다. 열심히 살자고 하면서 번아웃은 해롭다고 하고, 이것저것 하자고 하면서 완벽주의는 피하자고 했으니 말이다. 도대체 정답이 뭐냐고 따져 묻지나 않을까 걱정이다.

내가 이제까지 찾은 답은 '적응력'이다. 이미 세상에는 문명이라는 변수가 휘몰아치고 있다. 처음에는 자연에 적응해보려고 이것저것 만들었는데, 이제는 인간이 만든 이것저것에 적응해야 할 처지가 되었다.

최근 인상깊게 본 〈고려 거란 전쟁〉이라는 드라마가 있다. 극중 고려 황제는 강감찬을 일컬어 이런 표현을 한다.

"처음에는 아버지처럼 자상한 늙은 신하, 다음에는 바른말 하기 좋아하는 고집쟁이 신하, 이제보니 승리에만 미쳐있는 광인같소."

강감찬은 거란과의 전쟁을 막기 위해 동분서주하지만, 전쟁이 터진 이후에는 광인에 비유될 만큼 승리를 위해 몰입한다. 주어진 환경에 따라 180도 태도를 바꾸는 이 입체적인 캐릭터는 현대 한국 사회에서 가장 필요한 기능이 수만 가지 상황에 적응하는 유연성임을 나타낸다. 처음부터 끝까지 지조 있는 선비나 늘 용맹스러운 장수보다 이 민첩한 적응력을 가진 인물이 우리에게 더 매력적으로 다가오는 이유는, 아마도 빠르고 복잡하게 돌아가는 지금 이 시대에 가장 어울리는 인재상이어서가 아닐까?

다양한 요구와 다양한 역할

앞으로 덜 지치고, 건강한 삶을 살기 위해서는 다양한 환경에 융통성 있게 대응해야 한다. 학생으로 살 때는 학생의 삶에, 취업을 준비할 때는 취준생의 삶에, 직장인으로 살 때는 직장인의 삶에 맞추는 능력이 필요하다. 직장인이 되어서도 다양한 역할을 해야한다. 회사에서는 직급에 맞는 역할을 했다가, 육아를 할 때는 부모 역할을 했다가, 지쳐 있는 배우자와 대화할 때는 따뜻하고 조심스러웠던 미혼 시절의 소통 기술을 끄집어내야 한다. 카멜레온처럼 색깔을 바꿔야 안전하게 살아남는다.

"다양한 역할이요? 하나도 수행하기 힘든데요?" 하며 볼멘소리가 나올 수 있다. 다시 한번 말하지만 모든 역할을 잘하라는 말이 아니다. 그건 완벽주의지 않나. 세상이 이렇게 변했으니 잘하려는 욕심을 버려야 한다.

설령 잘못한다는 생각이 들더라도 너무 기죽지 말자. 회사에서 인정을 못 받더라도 가정에서는 소중한 존재일 수 있고, 아이가 어린이집에 다닐 때는 너무 힘들었다가도 청소년기 때는 잘 맞을 수 있다. 20대까지는 잘 안 풀리던 일들이 30대에는 잘될 수도 있고, 중년을 넘어서 인생의 봄을 맞을 수도 있다. 희망을 가져도 된다는 말이다.

앞으로의 세상은 점점 더 변화무쌍, 예측 불가능할 것이다. 내일 세상이 멸망하더라도 오늘의 사과나무를 심겠다는 말은 멋있지만 "그런 일이 생긴다면 잘 적응해 봐야지" 하는 마음의 자세를 준비하는 게 낫다. 어차피 완벽한 대비는 없으니까.

적응력이란
무엇인가

적응력 vs 완벽주의 ──────────

적응력은 환경에 맞춰 변화하는 능력이다. 얼핏 들으면 멋없어 보일 수 있다. 우리는 주변에 개의치 않고 일관적인 모습에 대한 로망이 있다. 평생 같은 직업을 지킨 사람, 어디서든 뜻을 굽히지 않는 사람, 순애보와 원 클럽 맨의 가치를 추앙한다. 그래서 적응력을 발휘해서 살아가는 사람들을 기회주의자로 치부할 때도 있었다. 임기응변에 능하다는 표현은 긍정적으로만 쓰이지 않는다.

내가 말하는 적응력은 윤리적이고 정의로운 범위 내에서의 열린 태도를 말한다. 불의에 타협하자는 게 아니다. 가능성 없는 이상에 갇혀서 현실을 놓치는 경우가 얼마나 많은가. "사람은 이래야지!", "내가 옳고 네가 틀렸어"를 외치며 고집을 부려봤자, 설득도 안 되고 에너지만 낭비한다. 오히려 상처를 만들어서 주변까지 소진시킨다.

만약 완벽주의자가 여행을 한다면 가장 경제적이면서도 만족도가 높은 코스를 찾으려 한다. 필요한 물품을 빠트리지 않았는지, 취향에 맞을지, 유익한 결과를 남길지 여러 번 확인한다. 적응하는 사람들은 그러지 않는다. 비행기와 여권 같은 기본적인 준비는 하겠지만 빠듯한 계획과 불안으로 고생하지 않는다. 짐도 별로 없다. 대신 현지에서 답을 찾고자 한다. '거기도 사람 사는 덴데, 방법이 있겠지'의 마인드가 근저에 있다.

완벽주의자들은 '최고와 최선', '남들이 뭐라고 하겠어?'를 생각하지만, 적응주의자들은 미래 예측이나 남들의 의견에 별 관심이 없다. 다양한 상황, 다양한 사람이 수시로 변화하고 있으니 굳이 그 안에 섞이는 것도, 남들과 다르게 사는 것도 관심이 없다.

그러니 숭고하지도 않고 칭찬도 덜 받는다. 가볍고, 즉흥적이며, 무책임해 보일 지경이다. 하지만 은근히 실속은 잘 챙기고, 무례한 사람과는 어떻게든 거리를 둔다. 남의 눈치도 보지 않고, 참견도 하지 않고, 강요도 하지 않으면서 자유롭게 산다. 기발하지만 선을 넘지 않고, 검소하지만 가난한 것은 아닌 것이 적응주의자의 삶이다.

적응력이 있는 사람들

《삼국지》의 주인공 유비도 강력한 적응력의 소유자다. 돗자리 장사를 할 때는 효심 깊은 총각 역할에 충실했고, 세력이 약할 때는 천둥 번개를 무서워하는 약자 역할을 한다. 자신의 목표인 대업을 위해 굽힐 때는 굽히고 리더십을 발휘할 때는 카리스마를 내뿜는 리더 역할로 변신한다.

요식업 전문가 백종원 씨가 오랫동안 존중받는 이유도 적응력에 있다. 사업을 할 때는 철저하게 이윤을 남기지만, 청년들을 도울 때는 삼촌처럼 자상하다. 지역 상권을 활성화시킬 때는 전문가의 승부수를 띄우고, 여행 프로그램에서는 평범한 미식가처럼 음식을 즐긴다. 상황에 충실하게 다양한 모습을 가지고 있기에 여러 사람의 공감을 받는 게 아닐까?

이들이 가진 첫 번째 강점은 현실에 충실하다는 점이다. "내가 왜 이걸 하게 됐을까?"하면서 과거로 물러나지 않고 "이걸 내가 잘할 수 있을까?"하면서 미래로 떠나가지 않는다. 이들의 세상은 이미 불이 켜진 무대다. 도망갈 곳도 없고, 실패일지 성공일지 결론도 없다. 가지고 있는 것을 총동원해서 발산하는 것 외에는 방법이 없다. 그래서 'Here and Now', '카르페디엠'에 충실하다. 있는 그대로의 현실만 바라본다는 매력이 있다.

이들의 두 번째 장점은 긍정성이다. 이들은 '하늘이 무너져도 솟아날 구멍은 있다'고 믿는 사람들이다. 하늘이 무너지는 일은 없어야 하지만, 이런 일이 생겨도 희망을 놓지 않는다. "왜 하늘이 무너진 거지? 내가 뭘 잘못한 걸까? 나는 언제까지 하늘이 무너지는 꼴을 보고 있어야 하나?"라면서 개탄할 때도 있지만, 금세 솟아날 구멍을 찾는 데 집중한다. 애초에 구멍이 있다고 믿었으니

가능한 유연함이다.

　이들에게도 걱정은 있다. 부정적인 생각과 자책도 한다. 남 탓도 하고 모든 걸 내려놓고 숨어버리고 싶다는 생각도 한다. 몸짱헬스 트레이너가 초코바를 먹을 때가 있듯 달콤한 유혹에 넘어가기도 한다. 하지만 맛있게 먹고 이내 행복해진다. "스트레스받았다고 초코바를 먹다니, 난 망했어" 하면서 악순환을 만들지 않는다. 미숙한 방어기제를 써서라도 위기를 넘기는 게 우선이다. 초코바 하나에 인생이 망할 리는 없지 않은가.

● **적응력을 가진 사람은 탄력적으로 움직이면서 한발 한발 내디딘다. 숙여야 할 땐 숙이고, 피해야 할 땐 피한다.**

　적응주의자들이 늘 잘 사는 것은 아니지만 대체로 잘 살고, 늘 행복한 건 아니지만 대체로 행복하다. 처음의 목표가 대단하지 않았기에 만족감도 높다. 작은 성공부터 적응하다 보니 큰 성공까지 적응해버린다. 중간중간 만난 작은 만족감이 보상 중추를 자극해서 이들은 크게 지쳤던 기억이 없다.

지금 할 수 있는 것이 무엇인가

적응력 높은 삶을 살기 위해서 가장 먼저 필요한 건 "앞으로는 적응하는 삶도 살아봐야겠다"라는 메모를 적어두는 것이다. 그러지 않으면 적응하기로 했다는 사실을 잊고, 완벽주의자의 삶으로 자꾸 돌아간다.

이 책을 읽는 독자의 절반 이상은 지금도 완벽주의자의 본능을 드러내고 있을 것이다. '빨리' 그리고 '제대로' 적응력을 장착할 생각을 하면 결국 또 번아웃으로 간다. 그러니 결심한 것을 적어놓고 중간중간 깨달아야 한다. "맞다. 나 이제 번아웃되면 안 되지. 몸이 못 버티지. 적응하는 삶에 적응해야지" 하며 낙수에 구멍이 뚫리듯 꾸준하게 자극해야 한다. 번아웃이나 완벽주의는 한 번에 바뀌지 않는다. 오른손잡이가 왼손 쓰기를 연습하듯 꾸준히 깨닫고 행동하기를 반복해야 한다.

앞으로는 "내가 지금 할 수 있는 것이 무엇인가?"라는 질문을 자주 던지기 바란다. 우리는 어렸을 때부터 "무엇을 해야 하나?"라는 이성적인 질문과 "무엇을 하고 싶나?"라는 감정적인 질문에 집중하며 살았다. 이성적으로 살면 안전하고, 감정적으로 살면 재미가 있기에 그 둘의 중요성을 강조했다.

하지만 하고 싶은 것이든 해야 하는 것이든 할 수 있을 때 의미가 있다. 퇴근 후 운동해야 한다는 사실을 알고 있어도, 그것을 할 수 없는 사람에게 "운동하세요. 운동하면 건강해져요"라고 말해도 무슨 의미가 있겠나. 하루하루가 버거운 취업 준비생에게 "본인이 원하는 일을 하세요. 남 눈치 보지 말고 본인 인생을 살아요"라고 아무리 말해도 위로조차 안 되고 힘만 빠진다. 할 수 없는 일이기 때문이다.

일단 지금 무엇을 할 수 있을까를 먼저 생각하자. 선택할 수 없는 보기를 들여다보면서 기운 빼다 보면 무기력이 생긴다. 내가 할 수 있는 것, 내가 가진 것, 내가 사용할 수 있는 자원 등을 생각하는 게 현실에 집중하는 것이고 세상에 적응할 준비를 하는 것이다.

적응력을 가지기 위해 오늘 해야 할 일

내가 가진 것 적어보기

적응력은 현실적인 능력이며 가지고 있는 자원으로 세상에 대처하는 힘이다. 아무리 좋은 자원이라도 자신에게 없으면 의미가 없다. 자신이 가진 것, 동원할 수 있는 모든 능력을 적어보자.

1 | 내가 타고난 능력

2 | 내가 노력을 통해 얻은 능력이나 스펙

3 | 내가 도움을 청하면 동원할 수 있는 능력

4 | 남들에게도 있지만 나에게도 있는 힘

5 | 남들에게는 없는 나만의 힘

부정적인
감정을
통과하다

내가 할 수 있는 것의 힘 ——————————————

나는 운동하는 사람이다. 잘하는 것은 아니고, 매일 하는 것도 아니지만 장기간 운동을 거르지 않았다. 20년은 된 것 같다. 처음부터 이렇게 오래할 생각은 없었다. 대학생 때 혼자 있을 공간을 찾다가 우연히 발견한 게 헬스클럽이었다. 의도치 않게 시작한 운동인데 달리기, 등산, 복싱, 수영, 골프, 자전거 등으로 바꾸면서 꽤 오래했다. 20년 전, 누군가가 "앞으로 20년간 운동을 하실 겁니까?"라고 물었다면 나는 한 치의 망설임도 없이 "아니요"라고 대답했을 것이다. 운동 신경도 별로인 데다가 무언가를 꾸준히 할 끈기나 열정도 없었다.

그럼에도 불구하고 이렇게 된 이유는 중간중간 '내가 지금 할수 있는 게 뭘까?'를 생각했기 때문이다. 일요일 아침에 등산을 가기로 했는데, 막상 눈을 뜨니 너무 가기 싫을 때가 있다. 가고 싶지도 않고, 갈 수 있을 것 같지도 않다. 한 발도 움직이지 못할 때, 나에게 묻는다. "내가 지금 할 수 있는 게 뭘까?" 그러면 "오른쪽으로 반 바퀴 굴러서 침대에 걸터앉을 수는 있겠다"라는 답이 나온다. 그럼 침대에 비스듬히 기대어 앉아 또 질문을 던진다. "지금 내가 할 수 있는 게 뭘까?" 걸어가서 세수는 할 수 있을 것 같다. 그다음에는 토스트를 구워 먹을 수 있을 것 같고, 그걸 하고 나면 등산복을 입을 수는 있을 것 같고, 엘리베이터를 타고 1층까지 내려갈 수는 있을 것 같다.

그런 식으로 집을 나오면 그다음부터는 쉽다. 헬스클럽에 갈 때는 '샤워만 하고 출근해야지' 하는 생각으로 가고, 자전거를 탈 때는 '슈퍼에 가서 소시지나 사야지' 하고 집을 나선다. 처음부터 운동이 가능한지, 하고 싶은지 생각하는 게 아니다. 그때그때 상황에 맞춰서 할 수 있는 걸 하다 보니 20년 동안 운동하는 사람이 됐다.

감정이라는 귀한 아기

당장 할 수 있는 것에 집중할 때 얻는 이득은 감정에 속지 않는다는 점이다. 등산하기로 마음은 먹었지만 이는 감정이라서 수시로 변한다. 감정은 지속성이 짧고, 가변성은 높다. 무엇보다 중요한 특징은 침투성이 탁월하게 강력하다는 점이다. 판단이 달라질 정도로 파괴적이다. 부정적인 감정이 팽배해지면 할 수 있는 일도 할 수 없게 느껴지고, 해야 할 일도 안 해도 될 것처럼 느껴진다.

많은 사람이 하기 싫은 감정 때문에 혼란을 겪는다. 건강을 최우선으로 살고 싶었는데, 몇 시간이 지나지 않아 그러기가 싫어진다. 막상 해가 지고 스트레스가 쌓이면 술을 먹고 싶고 밤새도록 드라마를 보면서 깨어 있고 싶다.

감정 중추는 신체 상태에 영향을 받고 이성 중추에 영향을 준다. 예를 들어, 배가 고프고 혈당이 떨어지면(신체 상태), 서러움과 짜증이 밀려오고(감정 반응), 이성적인 판단도 흔들어 놓는다. 탄수화물을 먹으면 행복해질 것 같고, 그게 더 건강하고 예뻐 보인다는 판단에 도달한다. 먹으면서 스트레스 푸는 걸 그렇게 혐오했으면서 바로 잊어버린다. 자신의 능력을 과소평가해 "역시 난 안 돼. 내가 무슨 식단 관리를 해? 나는 어차피 이렇게 살 운명이야" 하면서 포기를 합리화하기도 한다. 감정이 크게 흔들린 탓이다.

감정은 늘 이런 식이다. 그래서 소중하면서도 중요하지는 않다. 문제가 생겼을 때 가장 먼저 달래주고 이해해야 하지만, 행동하거나 결정할 때는 어느 정도 배제해야 한다. 공감을 충분히 해야 한다는 말은 "그랬구나. 그래서 그런 감정을 느꼈구나"를 반복하고 그냥 그 자리에 머물라는 말이다. "그랬구나. 그래서 그런 감정을 느꼈으니까 마음대로 해라"라며 한발 더 나아가서는 안 된다.

감정은 아기 같은 존재다. 힘도 약하고 권력도 없으면서, 온 집안을 들었다 놨다 한다. 아기가 웃으면 고목 같은 할아버지도 함께 웃고, 아기가 아프기라도 하면 온 가족들이 침울해한다. 그렇다고 집안의 대소사를 아기에게 결정하라고 해서는 안 된다. 감정은 중요하지만, 결정까지 맡기면 안 된다.

느려도 된다, 방향만 잡자

적응력을 가진 사람들의 가장 큰 무기는 부정적인 느낌에서 자유롭다는 사실이다. 못할 것 같고, 안 될 것 같고, 필요 없을 것 같은 상황에서도 흔들리지 않는다. 적당히 무시하고, 적당히 공감하고, 감정과 다투기도 하면서 갈 길을 간다.

감정을 무조건 억압하거나 회피하는 것도 아니다. 자기 공감을 통해 감정을 끌어안기도 하고, 예술 활동을 통해 감정을 자원으로 쓰기도 한다. 본인의 감정이 무너질 때를 대비해 지지 세력도 만들어둔다. 방어력이 중요하지만, 내 방어력이 영원하지 않다는 사실을 인정한다. 그래서 여분의 에너지와 휴식, 조력자도 준비해 둔다.

그럼, 이들은 어떻게 적응력을 키울 수 있었을까? 어떻게 부정적인 느낌이나 무기력을 뚫고, 상황에 맞춰서 한발 한발 나아갈 수 있었을까? 구체적인 방안에 앞서 '방향성'을 강조하고 싶다.

무엇을 하려 해도 늘 방해하는 힘이 작용한다는 사실은 적응력에도 적용된다. 앞서 '지금 할 수 있는 것이 무엇인가 생각하기'를 권했지만, 그게 처음부터 잘될 리가 없다. 긍정적인 자원에 집중하고, 현실을 있는 그대로 받아들이는 것도 마찬가지다.

심리학 서적이나 자기 계발서를 읽을 때 늘 한계에 부딪히는 게 이런 부분이다. 이론은 그럴싸하고, 이야기는 감동적인데 막상 잘 안 된다. 작은 성공이라도 해야 성취감이 분비되어 더 큰 욕구를 만들어낼 텐데 적용이 힘들다.

우리를 힘들게 하는 것은 속도다. 빨리 성장하고 싶고 빨리 변화하고 싶은데, 속도가 더디니 괴로워진다. 원하는 게 이뤄지지 않아 보상 중추가 차가워지고 편도체가 달아오르는 이유는 속도에 대한 인식 때문이다. 빨리 변하고 싶고, 빨리 적응력을 장착하고 싶은 욕구가 동기를 만들어내지만, 지치게도 만든다. 하지만 적응력을 키우는 건 인생의 가치관과 생활 패턴을 변화시키는 일이다. 오늘 하루 열심히 했다고 바로 생성될 리가 없다. 속도만 중요시해서는 보상 중추를 자극할 수 없다.

이때 필요한 것이 방향에 대한 개념이다. 오늘 당장 적응력을 향해 달려가지는 못하더라도, 삶의 방향을 잡는 것은 가능하다. 이상적인 것보다는 현실적으로, 미래 예측이나 원인 분석보다는 문제 해결에 초점을 맞추며 방향을 정립하고 훗날을 기약하는 패턴에 의미를 두어야 한다. 이런 마음을 품고 있으면 무엇을 해도 부담이 적다. 독서를 하거나 강연을 듣거나 일기를 쓰거나 타인과의 갈등을 해결할 때도 목표를 구체적으로 잡을 수 있다. 오늘 당장 자기 계발의 성과가 나지 않아도 '적응할 줄 아는 사람'이 되기 위한 과정으로 받아들일 수 있다.

결국 속도는 붙는다. 속도를 만드는 것은 의지가 아닌 반복이기 때문이다. 처음에는 부정적인 감정에서 벗어나 목표로 향하는 데 3일이 걸렸다면, 나중에는 30분 정도 걸린다. 예전에는 누가 봐도 감정을 다친 게 티가 나고 아파하고 힘겨워했는데, 나중에는 정말 친한 사람에게만 보일 정도로 약하게 앓고 지나간다. 완벽한 사람이 아니라 부드러운 사람이 되는 것, 철저한 사람이 아니라 인간적인 사람이 되는 것, 시간이 좀 걸리더라도 행복하고 건강한 사람이 되는 것, 이 정도를 삶의 방향으로 잡아보자.

적응력을 높이기 위해
준비해야 할 것 1
: 일단 시작하기

04

준비의 끝, 실전의 시작 ―――――――――――――――

적응력은 인생이라는 실전에서 사용하는 기술이다. 복싱으로 치면 시합에 나갔을 때 발휘되는 능력이다. 그날의 환경에 맞춰서 당장 경기를 치러야 한다. 관중이 없으면 없는 대로, 있으면 있는 대로 긍정적인 마인드를 가져야 하고, 컨디션이 나빠도 최선을 다해 좋은 척을 해야 한다. 연습이 안 된 부분이 생각났다고 지금 훈련할 수는 없다. 오늘 하루라는 미션이 주어졌고, 시작 벨이 울렸다. 공격하든 수비하든 도망다니든 뭐라도 하는 능력이 적응력이다.

학생으로 치면 수능 시험 당일에 발휘되는 능력이다. 몇 시에 일어나 무엇을 먹고 어떤 마음가짐으로 임하는지가 적응력에 달려 있다. 모르는 문제는 적당히 포기해야 하고, 집중은 해야 하지만 집착은 버려야 한다. 약간의 자만심도 필요하고, 근자감(근거 없는 자신감)이나 정신 승리도 필요한 게 이날의 적응력이다. 그러니 평소 학교나 학원에서는 가르쳐줄 수가 없다. 실전에 부딪히기 전에는 오히려 적응력과 반대되는 가치에 집중해야 한다. 자신을 바꾸고 고치고 책망하고 후회하는 행동이 훈련에는 도움이 될 수 있다.

하지만 현실에서도 그러면 안 된다. 아무리 유능한 코치라도 시합 중에 새로운 기술을 전수하지는 못한다. "잘한다!", "그 정도면 잘하는 거야!"라며 응원을 하거나 "심호흡해", "많이 움직여"라며 평소에 강조했던 것을 다시 한번 얘기해줄 뿐이다.

적응력은 준비를 시작하는 능력이 아니다. 준비의 대미를 장식하는 능력이다. 그러다 보니 어린 내담자보다는 성인 내담자에게, 취업을 준비 중인 내담자보다는 직장 생활을 시작한 내담자에게, 연애를 꿈꾸는 내담자보다는 이미 교제를 시작한 내담자에게 강조하게 된다. 준비의 마지막이자 진짜 인생을 시작하는 능력이다.

이미 시작됐다, 일단 시작해라

적응력을 높이기 위해서는 '이미 시작됐다'는 인식이 확고해야 한다. 생각보다 많은 사람이 이 사실을 깨닫지 못해서 적응력을 꺼내지도 못한다. 예를 들어, 수업은 시작됐는데 "이 수업이 나에게 필요한 수업일까?"를 고민하는 학생들이 있다. 강사는 핵심을 말하기 위해 질문을 던지고, 관심을 유도하고, 빌드업을 해나가는데, 학생은 자신의 결정을 곱씹고, 평가하고, 고민을 반복한다.

'내가 제대로 이해할 수 있을까?', '오늘 배운 내용을 열심히 공부하면 사회에 나가서 써 먹을 수 있을까?' 뇌는 혼란을 겪는다. 한쪽 귀로는 강사의 목소리가, 한쪽 귀로는 내면의 목소리가 들리기 때문에 결국 아무 소리도 듣지 못한다. 보상 중추를 자극하지 못하고 이내 지루해진다. 그 시간은 어떤 강사가 어떤 강의를 했어도 무익한 시간이 된다.

헤어짐을 받아들이지 못하는 경우도 비슷하다. 이별의 아픔 때문에 병원을 찾아올 지경이지만, 전 연인에 대한 관심을 놓지 못한다. "어떻게 하면 그 사람의 마음을 돌릴 수 있을까요?", "나는 이렇게 불행한데, 그 사람은 왜 행복한가요?"를 묻는다. 이미 전 연인이고 헤어진 사람인데 말이다. 이별에 적응해야 하는데, 아직도 솔로 인생이 시작됐다는 사실조차 모르고 있다. 이는 링위에 올랐다는 사실을 모른 채 시합을 뛰고 있는 복서와 같다. 헤어지자는 얘기를 꺼낸 그 순간 이미 "땡!"하며 공이 울렸다. 이별에 돌입했기에 미련과 서운함의 펀치가 날아온다. 그런데 본인은 아직 시합을 앞둔 사람처럼 줄넘기와 복근 운동을 하고 있으니 무차별 펀치를 맞고 KO를 당할 수밖에 없다.

이미 진짜 인생은 시작됐다. 그러니 일단 시작해라. 시험을 치기로 했으면 일단 공부하면서 점수를 높일 대책을 찾아야 한다. 입사를 했다면 일단 일부터 잘해야 한다. 어차피 이게 좋은 결정인지 아닌지 알 수 있는 방법은 영원히 없다. 이미 내려진 결정이다. 그래서 결정을 잘하는 것에 대한 욕심은 잠시 버려야 한다. 수행에 집중하느냐, 못하느냐의 차이가 있을 뿐이다.

시행착오를 통해서 성장함을 믿기 ───────────

그럼 어떻게 해야 일단 시작하기가 가능해질까? 인간의 행동은 결정하기(decision state)에서 수행하기(performance state) 순서로 이어지는데, 일단 시작하기 위해서는 수행하기에 집중해야 한다. 그런데 자꾸 결정하기로 돌아가 더 좋은 결정을 하고 싶은 마음이 적응력을 방해한다. '내가 지금 잘 가고 있는 걸까?', '방향을 잘못 잡은 거면 어떡하지?' 이런 생각이 수행하기를 방해한다. 이를 해결하기 위해서는 시행착오에 대한 믿음이 필요하다.

물론 결정하기 단계에서 잘못했을 수도 있다. 헤어진 게 잘못일 수도 있고, 다이어트를 결정해서 더 불행해졌을 수도 있다. 하지만 한번 내린 결정은 되돌릴 수 없다고 전제부터 지켜야 한다. 그래야 다음 결정의 순간에 더 나은 결정력을 발휘할 수 있다. 잘못된 결정이라도 꾸준히 밀고 나가야, 결정 상황에서 무엇을 잘못했는지 뼈저리게 안타까워한다. 이때 하는 후회는 얼마든지 가슴 아파도 된다. 이왕 할 후회는 제대로 하는 게 좋다. 다만 자신에 대한 인신공격이나 비하하는 후회가 아니라 "앞으로는 결정할 때 이런 점을 놓치지 말아야지!" 하는 미래형 후회를 해야 한다. 그래야 시행착오를 통한 성장이 가능하다.

결정은 전세 계약을 맺은 것과 같다. 이 집에서 살기로 계약했으면 일단 2년은 살아야 한다. 전세 계약을 파기하고 다른 곳으로 이사하는 것은 상당히 복잡한 일이고 비용도 많이 든다. 집이 마음에 안 들어도 2년은 꾸역꾸역 적응해야 한다. 그러면서 훗날을 기약하는 수밖에 없다. "다음 계약을 할 때는 이런 점을 철저히 따져봐야겠군!" 하고 말이다.

결정력은 시행착오를 통해 성장한다. 결정이 잘못됐다고 다시 기회를 주고, 다시 기회를 주면 결정력은 자라지 않는다. 이를 기억해야 일단 적응을 시작할 수 있다. 이미 결정은 끝났고 바로 시작하기. 그게 잘못된 결정이라도 일단 시작하고 보는 게 현재의 성과를 높인다. 그리고 결정하는 능력도 높인다. 그러니 빨리 시작해라. 결정은 끝났고, 종은 벌써 울렸다.

일단 시작하기를 성공하는 실제적인 방법

내 뇌와 마음에 시동을 거는 방법

아무것도 하지 않고 걱정만 하는 것은 참 괴로운 일이다. 이때 부정적인 감정에 휩싸인 뇌는 강렬한 신체 반응을 유발하기 때문에 몸이 빨리 지친다. 나중에는 체력이 떨어져서 활동도 하지 못하고 걱정만 반복하는 악순환이 생긴다.

무엇부터 시작해야 할지 모르겠거나 무엇을 해야 할지 알아도 시작하지 못할 때는 원래의 목표와 관계가 없이도 행동의 시동부터 걸어야 한다. 다소 쓸모없는 행동으로 보이더라도 뇌와 몸을 자극한다는 게 큰 의미가 있다. 자신의 건강을 해치지 않고, 남에게도 피해가 되지 않는 행동으로 스타트를 끊는 게 중요하다. 본격적인 행동을 앞당기는 마중물 역할을 하는 생활 수칙에는 어떤 것이 있을까?

1 | 무엇을 해야 할지 모르겠다면 플랭크부터 해보기

무엇을 하든 코어 근육은 필요하다. 그래서 플랭크를 하면 시간을 낭비한다는 느낌에서 벗어날 수 있다. 게다가 플랭크 자세를 취하면 시간은 더디게 가고 뇌는 해야 할 일을 급하게 찾는다. 누워서 생각할 때보다 뇌를 압박하는 힘이 거세진다.

무엇부터 시작해야 할지 모르겠을 때는 플랭크부터 하자. 아이디어가 떠오르면 좋지만, 그렇지 않아도 시간 낭비는 아니다. 최소한 코어 근육과 근지구력이라도 늘릴 수 있기 때문이다.

2 | 낮이면 걷고, 밤이면 잠자기

해야 할 일은 늘 바뀐다. 다양한 일이 있지만 낮에 할 수 있는 일 중에 뇌에 가장 좋은 행동은 걷는 것이고, 밤에 할 수 있는 일 중에 뇌에 가장 좋은 행동은 자는 것이다. 당장 뇌가 결정하지 못하고 있다면 무리하게 소프트웨어를 가동하지 말고, 하드웨어라도 업그레이드시키자. 낮이면 걷기, 밤이면 자기. 이 두 가지가 뇌 회로의 최적화 작업이다.

3 | 잘 안 될 때는 잘하는 척하기

뇌는 행동에 적응한다. 잘하고 있는 척만 해도 선순환의 사이클에 올라탈 수 있다. 야구 선수가 배트 박스에 들어서면 아무리 컨디션이 안 좋아도 호쾌하게 방망이를 돌린다. 상대방을 압박하는 의도가 아니라 본인의 몸을 세팅하는 동작이다.

공부도 마찬가지다. 공부를 잘하는 사람처럼 행동하는 게 공부를 잘하기 위한 가장 적극적인 해결책이다. 걸으면서 외울 거리를 중얼거리고, 못 지킬 것 같더라도 계획표를 만들고, 집중한 사람처럼 책에 줄을 치고, 라벨링을 해야 한다. 그러다 보면 진짜로 외워지는 게 나오고, 새로운 지식을 깨달으면서 기분도 좋아져 진짜 공부를 하게 된다.

돈을 많이 못 벌더라도 여유 있는 표정을 지어야 하고, 마음이 불편하더라도 친절해야 한다. 다이어트에 매번 실패하더라도 예쁜 사람처럼 밝게 웃는 게 좋고, 발표할 때 겁이 나도 가슴을 펴고 여유 있는 표정을 지어보는 게 좋다.

준비가 끝난 다음에 행동하는 게 순서지만 행동부터 하고 준비가 따라오는 경우가 더 많다. 누군가를 속이라는 얘기가 아니다. 행동을 먼저 실천하자는 말이다. 하기 싫더라도, 불완전하더라도 일단 아닌 척하자.

적응력을 높이기 위해 준비해야 할 것 2 : 상수도 하수도 설

05

노력과 성공의 역설

의대를 목표로 정한 다음에는 며칠 동안 내 인생 최고로 열심히 살았다. 학교에서도 공부하고 집에 와서도 문제지를 풀었다. 쉬는 시간 틈틈이 영어 단어를 외웠고, 버스 안에서는 역사 연표를 들여다봤다. 정신 없이 바쁜 날을 보내고 있는데, 어느 날 아버지가 "홍균아, 그렇게 하면 못 쓴다. 그렇게 하면 안돼"라고 말씀하셨다. 그러지 말라는 말이다. 화가 났다. "아니! 공부하는데 왜 그러세요? 다른 집 애들은 공부 안 해서 난리인데, 왜 아버지는 아들이 공부하는데 하지 말래요?"라면서 신경질을 냈다. 아버지는 말없이 한숨을 쉬셨고, 나는 문을 쾅 닫고 씩씩거리며 방으로 들어갔다.

다음 날 아침에 눈을 떴는데 일어날 수가 없었다. 머리가 깨질

듯이 아프고 어지러웠다. 옆에서 자고 있는 형을 부르는데 목소리가 안 나왔다. 감기몸살에 편도선염까지 걸린 것이다. 고열이 나고, 코가 꽉 막혀서 꼼짝없이 누워 있었다. 아버지는 출근하셨고 어머니가 물수건을 이마에 얹어주며 말씀하셨다.

"유도하는 외삼촌 알지? 걔는 대회를 준비할 때도 쉬어가며 하더라. 몸도 풀고, 준비 운동도 하고, 운동 끝나면 잠만 자더라. 열심히만 하면 금방 다쳐. 탈 난다 탈 나."

속이 상해서 눈물이 났다. 몸도 아프지만 내 머릿속을 채운 것은 난감함이었다. "그냥 열심히 하면 좋은 거 아니야? 왜 이리 어려운 거야?" 열심히 해야 한다는 소리만 들었는데, 막상 열심히 하니까 쉬어가며 해야 한다니. 인생은 왜 이리 어려운 걸까?

제한하라! 집중하려면

그 후로는 최선을 다하지 않았다. 아니, 그러지 못했다. 혹여나 편도선염에 또 걸리면 적어도 3, 4일은 꼼짝 없이 누워 있어야 했기 때문이다. 그 사실을 받아들이지 못해서 몇 번 더 시행착오를 겪은 끝에 내린 결론이었다. 맘껏 열심히 해도 안 되는구나.

결국 나에게 적절한 공부 시간은 열 시간이라는 사실을 알게 됐다. 신기한 일이었다. 하루에 열한 시간을 공부하면 며칠 안에 꼭 편도가 부었다. 공부를 더 하고 싶어도 내게는 열 시간밖에 없었다. 공부를 해본 사람은 알겠지만, 하루 열 시간은 결코 긴 시간이 아니다. 아침 9시부터 오후 1시까지 네 시간을 공부하고. 점심 먹고 좀 쉬다가 2시부터 5시까지, 저녁 먹고 좀 쉬다가 6시부터 9시까지 공부하면 다음 날 공부 시작까지 열두 시간이 남는다. 8시간을 수면에 써도, 네 시간은 운동하고, 만화책 보고, 휴식을 취할 수 있었다. "의대 간다고 해놓고, 이렇게 여유를 부려도 되나?" 싶을 정도였다. 하지만 어쩌겠나.

그런데 더 중요한 사실을 깨닫게 되었다. 공부 시간을 제한하니까 집중력이 생겼다는 것이다. 하루 공부 시간을 정해놓지 않았을 때는 시간을 방만하게 운영했다. 열심히는 했지만, 밤으로 미뤄둘 수가 있었다. "이건 어렵네. 밤에 다시 외워야겠다", "이 문제가 안 풀리네, 별표 쳐놓고 새벽에 정신 맑을 때 봐야지" 하면서 은연중에 긴장을 풀었다. 그런데 시간이 제한되자 미룰 수가 없었다. 아침 네 시간, 점심 세 시간, 저녁 세 시간 안에 해결해야 했다. 의지와 굳은 결심으로 만드는 집중력이 아니라, 집중할 수밖에 없는 상황이 만들어졌다. 시간의 압박은 괴롭지만 효율적이었다.

상수도 하수도 설

성공한 인생을 살아가는 것은 튼튼한 집을 짓는 것과 같다. 어릴 때 나는 내 일상이라는 집에 깨끗한 물을 공급받겠다는 생각만 했다. 그래서 상수도를 만드는 데 모든 배관을 썼다. 깨끗한 물로 채우고 싶은 마음은 자연스럽지만 현실적이지 않았다. 퇴로가 없으니 편도선염으로 역류를 했다.

대책은 하수도 설치였다. 상수도를 열 시간으로 제한하니 수압이 올라갔고, 열네 시간을 하수도로 사용할 수 있었다. 잠을 충분히 자고, 몸도 움직이고, 스트레스를 푸는 시간이 생겼다. 그러니 피로가 덜 쌓여서 고3이 끝나고, 재수할 때도 집중력을 유지할 수 있었다.

그때의 경험은 성인이 되어서도 도움을 주었다. 아무리 굳은 결심을 해도 생산적인 활동은 제한을 두어야 한다. 하루에 몇 시간만 공부하기, 직장 생활을 6개월만 열심히 하기, 사랑하는 사람에게 이것만큼은 군소리 없이 해주기, 고민이 될 때는 이 사람들과 상의하기, 이런 설정이 있어야 한다. 늘 열심히 하려고 하거나 너무 많은 사람과 의논하려 하면 오히려 누수가 생긴다. 정작 중요한 순간에 힘이 빠진다.

성공으로 향하기 위해서는 스트레스를 받는 시간이 필요하지만, 스트레스를 푸는 시간도 필요하다. 보디빌딩 선수들에게 가장 중요한 시간이 수면이라고 한다. 땀 흘리며 중량을 드는 시간도 중요하지만, 실제적인 근 성장은 자고 있을 때 일어나기 때문이다.

"그러면 안 되는데" 하며 말끝을 흐리던 아버지의 표정을 나중에야 이해하게 되었다. 모든 것을 이야기해주고 싶으셨겠지만, 맞는 말도 잔소리가 되는 상황이라 시행착오를 온몸으로 느끼는 시간이 필요했다. 인생과 성공은 이런 역설이 있어서 어렵다. 그러니 성공이 아름다운 게 아니겠는가. 상수도와 하수도, 양가적인 요소가 다 필요하다.

스트레스를 푸는 시간에는 무엇을 할 것인가

당신의 자원 재활용 센터는 무엇인가?

무엇을 해도 스트레스가 생긴다. 청결한 최고급 레스토랑에서도 음식물 쓰레기가 나오듯 무엇을 하든 부산물이 있다. 그 쓰레기가 방치되면 삼류 식당이 되고, 차단된 공간에 모았다가 안전하게 버려지면 위생적인 식당이 된다. 우리는 앞으로 어떤 방식으로 스트레스를 풀어야 할까? 우리의 인생에도 분리수거 대책이 필요하다.

고민의 시간을 줄이기 위해 몇 가지 제안을 적어두려고 한다. 더 좋은 아이디어가 있으면 그것으로 선택하고, 무엇이 더 나은지 모르겠다면 다음의 세 가지를 해보기를 바란다.

1 | 달리기

달리기는 뇌에 혈액을 공급하고 잡념을 지워준다. 나쁜 기억을 정리해주고, 생존 본능을 충족시켜 행복감을 만들어낸다. 유산소 운동이지만 전신의 근육도 발달시킨다. 시간과 장소에 구애받지 않고 비용도 많이 들지 않는다.

운동은 스트레스 해소에 도움이 되지만, 달리기는 좀 다른 차원이다. 자세가 멋지지 않아도, 빠른 기록을 내지 않아도 움직임 자체가 본능적인 즐거움을 준다. 걷기, 빨리 걷기, 천천히 달리기 순서로 운동 강도를 높이고, 순차적으로 거리를 늘려가는 방식을 취해보자. 달리기를 시작하고 후회하는 사람은 보지 못했다.

2 | 감사 일기 적기

감사 일기는 인식과 행동을 한꺼번에 수정하는 대책이다. 감사할 일을 떠올리는 과정에서 긍정적 인식이 일어나고, 손을 움직여 기록하고, 그것을 다시 한번 읽으면서 강력한 메시지를 뇌에 남긴다. 행복감을 만들어내는 효과도 강하고, 지속성도 길다. 꾸준히 감사 일기만 잘 적어도 성격의 변화까지 이어질 수 있다.

하루에 세 가지 감사한 일을 적고 내용을 기록하자. 사람, 날씨, 음식, 책, 음악, 방송, 동물 등 모든 것이 감사의 대상이 될 수 있고, 반복적으로 감사해도 된다. 감사 일기를 구상하고 행동으로 옮기자.

3 | 자신의 일상 기록하기

자신의 삶을 기록하는 것은 두 가지 측면에서 좋은 점이 있다. 첫째는 자신을 돌보는 작업이라는 것이다. 내가 몇 시에 일어나서 무엇을 먹었는지, 누구를 만나고 어떤 생각을 했는지, 자신에게 관심을 가지고 물어보고 답하는 과정이다. 사랑의 시작은 관심 아니겠나. 일상을 기록하다 보면 자신에 대해 많은 것을 알게 되고 이해의 폭도 커진다.

또 하나는 기록물 자체가 훌륭한 작품이라는 것이다. 씨앗을 뿌리고, 꽃을 피우는 농부처럼 일상 기록은 자신의 작은 자서전으로 자란다. 스트레스를 문자화해 간결하게 정리할 수도 있고, 경험을 공유함으로써 타인에게도 도움이 될 수도 있다. 잠자기 전 일기 쓰는 시간을 만든다면 숙면을 취하는 데도 좋다. 사진도 찍고, 글도 적고, 자신의 삶을 표현하도록 하자.

적응력을 높이기 위해
준비해야 할 것 3
: 플랜 B

06

모든 계획은 틀린다 ────────────────

어느덧 이 책도 끝을 향하고 있다. 함께해 준 독자분들께 감사를 전하며, 마지막 메시지를 전해야겠다. 이제까지의 모든 임상 경험과 연구를 종합해서 내리게 된 가장 중요한 결론을 전하겠다. 바로 인생은 생각 같지 않다는 것이다. 계획은 늘 틀린다. 잘될 것 같은 것은 잘 안 되고, 어려울 것 같은 일은 의외로 쉽게 끝난다. 그런데 쉬워도 생각처럼 쉽지는 않고, 안 되는 일도 전혀 엉뚱한 이유로 어렵다. 늘 예측은 틀린다.

참 미안한 말이다. 지금까지 원고를 쓰면서 내 생각을 전했는데, 이제 와 세상이 생각과 다르다니 얼마나 허망한 일인가. 하지만 현실이 그렇다. 이 책을 읽은 모든 분에게 성공하시라 덕담은 할 수 있겠지만, 그게 어렵다는 점은 슬프지만 맞는 말이다. 성공에 이르게 하는 힘, 회복력의 비밀에 대해서 최선을 다해 적었지만 이대로만 한다고 다 성공할 리가 없다. 하라는 대로 했는데도 번아웃이 오고, 방해에 휘청거리고, 억울한 비난에 속도 상할 수 있다. 하지만 그게 얼마큼일지, 얼마나 자주 그런 일이 생길지도 생각과는 다를 것이다.

그러니 포기하고 내려놓으라는 말이 아니다. 그런 역설적인 세상에 맞춰서 준비하자는 말이다. 계획과 다르게 펼쳐질 인생에 어떻게 대비해야 할까. 계획대로 되지 않는 세상에 대응할 계획이 필요하다.

그래도 계획은 있어야 한다

혹자는 계획한 대로 되지 않을 것이니 계획을 세울 필요가 없다고 한다. 현실과 이론은 다르다며 전문가의 말에도 귀를 기울이지 않고, 자기 계발서도 읽지 않는다. 어차피 생각대로 되지 않을 것이니 준비도 하지 않는 게 맞는 걸까? 이는 타산지석의 자세로 생각하면 이해가 쉽다.

만일 내가 이 책을 쓰면서 아무 계획 없이 생각나는 대로 글을 썼다면 여러분이 이 책을 읽었을까? 우리가 식당에 갔는데 어떤 메뉴를 어떻게 준비할지 아무 계획 없이 운영하는 곳이라면 인기가 있을까? 연습과 실전은 전혀 다르다며 연습하지 않는 운동선수가 성공할 수 있을까?

세상일이 생각처럼 되지 않는다고 해서 내 계획까지 없애버려서는 안 된다. 계획이 사라지면, 무엇을 하려고 했는지, 무엇을 추구하려고 했는지도 함께 잊어버린다. 문제가 생겨도 어떤 프로세스에서 문제가 생겼는지 알 수 없고, 평가나 수정 또한 곤란해진다. 이탈을 해도 어디에서 얼마나 벗어났는지 기준점이 없기에 같은 오류를 반복해서 범한다.

계획대로 안 됐을 때는 계획을 세우는 능력부터 조절해야 한다. 대개는 목표치를 낮추는 게 도움이 된다. "남들은 다 잘하는데, 왜 나만 못해?" 하고 자학할 때가 아니다. 본인의 능력치나 작업의 난이도를 잘못 알고 있는 것은 흔한 일이다.

계획은 지도와 같다. 지도 그대로 따라가는 것은 아니지만, 지도가 없으면 길을 잃었을 때 대책이 없다. 어디로 어떻게 가려고 했는지, 그 길을 벗어났을 때는 어떻게 할지도 계획이 있어야 한다. 국가대표 축구팀 주전 명단을 뽑을 때는 늘 후보를 뽑고, 그 후보의 후보도 뽑고, 상비군도 뽑지 않나. 플랜 A뿐만 아니라, 플랜 B도 필요하다.

잘 안 됐을 때 가동할 플랜 B까지 있어야 플랜 A에 혼신의 힘을 다할 수 있다. 그리고 무엇보다 "A가 안 되면 어떡하지?"라고 끊임없이 찾아오는 불안과 걱정을 진정시킬 수 있다.

인생 4대 플랜 B

그럼 플랜 B로 어떤 계획을 짜둬야 도움이 될까. 너무 많은 변수와 걱정거리를 대비하려고 하면 괜히 불안만 가중시킬 수 있다.

그래서 가장 많은 사람이 겪는 불편 상황을 제시하고, 이와 관련된 플랜 B를 정리해 보겠다.

플랜 B 1 | 비난에 대한 대비

먼저 비난에 대한 대비를 해야 한다. 아무도 비난하지 못하도록 성과를 내는 것이 플랜 A라면, 비난을 흘려 맞으며 마음의 내상을 덜 받는 게 플랜 B다. 억울한 비난에 정면 대결해서 옳은 소리를 하는 것이 플랜 A라면, 말귀를 못 알아듣는 사람을 평화롭게 피하는 방법이 플랜 B다.

평생을 운동과 식단 관리로 보낸 선수들도 감기에 걸리듯 아무리 노력해도 우리의 노력을 평가절하하는 사람들이 있다. 아마 친구일 수도 있고, 모르는 사람일 수도 있고, 가족 중에 있을 수도 있다. 정서적으로나 물리적으로나 최대한 멀리 두는 게 답이다.

인터넷에 떠도는 밈 중에 "당신 말이 맞습니다"라고 말하는 현자의 사진이 있다. 비난과 얽히거나 논쟁으로 이어지는 소통보다는 연결을 이어가지 않는 게 나을 수 있다.

개인 사업을 병행하는 방송인 한 명이 자신이 만든 상품에 대한 비난 댓글이 올라오자 "저에게 관심 주셔서 감사합니다. 최선을 다하고는 있지만, 모두를 만족시키지 못하는 점은 양해해 주시기 바랍니다"라며 점잖게 응답하는 것을 본 적이 있다. 배울 만한 방식이라고 생각한다. 타인을 존중하면서도 자신에 대한 존중을 잃지 않으면 대부분은 거리를 두면서 사라지기 마련이다.

플랜 B 2 │ 그만두는 상황에 대한 대비

아무리 간절히 원하고, 열심히 했는데도 결국 포기하게 될 때도 있다. 경쟁해야 하는 경우가 특히 그렇다. 가고 싶었던 대학에 못 갈 수도 있고, 얻고 싶었던 자격증을 못 딸 수도 있다. 끊임없이 도전하는 것도 존경받는 방법이지만, 세상은 넓고 길은 많다. 닿지 않는 인연도 있다.

사랑과 관련된 문제도 포기해야 할 때가 많다. 상대가 거절하면 지체없이 돌아서야 한다. 자식도 놓아줘야 할 때가 있는데, 연인이라고 그럴 때가 없을까. 인간관계에서의 끈기는 법적 문제로 이어질 수도 있기에 특히나 포기하는 힘이 중요하다.

최대한 긍정적으로 생각하는 게 그만둘 때도 좋다. 나빴던 일보다는 좋았던 일을 떠올리고, 도전 과정에 얻은 것을 생각해야 그만두면서도 성장한다. 좋았던 일이 많았으면 좋았어서 고맙고 나쁜 일이 많았으면 버티는 동안 강해졌다고 믿으며 새로운 길을 찾아야 한다.

실패라고 낙인찍기보다는 최종 목적지로 가는 길에 잠시 들렀던 정거장이라고 생각하자. 진인사 대천명에서 진인사했어도 안 되는 건 안 되는 거다. '좋은 경험이 될 것이다'라고 생각하며 성장하는 인간이 되어보자.

플랜 B 3 │ 눈물을 흘릴 준비

눈물은 감정에 대한 준비다. 행복하게 잘 사는 게 플랜 A지만 울

만큼 서러운 일이 생기는 것도 감안해야 한다. 요즘은 덜하지만 아직도 눈물을 억압하고 숨기는 것이 미덕이라는 믿음이 있다. "잘한 것도 없으면서 왜 울어?", "남자는 평생 세 번 운다" 우는 사람에 대한 타박이 우리를 압박한다. 사실 잘못한 사람도 울어도 되고, 눈물이 남에게 피해를 주는 것도 아니다. 울었다고 진 것도 아니고 나약한 것도 아니다.

감정이 복받칠 때 인간은 눈물을 통해 호흡을 조절한다. 더우면 땀이 나고, 추우면 소름이 돋는 것처럼 자연스러운 신체 반응이다. 괜히 눈물을 참으려고 소리를 지르거나 독설을 내뱉을 필요 없다. 차라리 흐느끼며 우는 게 낫다.

눈물은 아픔과 슬픔이 발생할 수밖에 없는 인간의 인생에서 생긴 자연스러운 신체 현상이다. 우리는 눈물에 관대할 필요가 있다. 진료실에서도 꼭 챙겨두는 게 일회용 티슈와 거울이다. 특히 부부 사이에 갈등을 겪는 남자들에게 나는 울기를 권한다. 아무리 사회적으로 명성을 얻고, 부를 쌓아도, 가족의 사랑을 받지 못하는 일만큼 서글픈 상황도 없다. 눈물을 보이지 않으려다가 소리 지르고, 술을 먹고, 궤도를 벗어나는 사람은 있어도, 평생 울고만 있는 사람은 없다. 울면 뭐가 달라지냐고 비난하는 사람도 있지만, 그런 사람들이 있기에 우리는 울 준비를 해야 한다.

조언을 하나 하자면, 아무 데서나 우는 건 위험하다. 아무 데서나 밥을 먹거나 아무하고나 커피를 마시지 않는 것처럼 우는 것도 적절한 장소와 사람을 준비해야 한다. 울고 싶을 때 어떤 음악을 들을지, 누구와 있을지, 어디에서 울지 생각해 두자. 우는 일은 중요한 일이라서 아무렇게나 울어서는 안 된다.

플랜 B 4 | 새로운 목표를 설정할 준비

인생은 도전의 연속이다. 대학만 가면 모든 일이 해결될 줄 알았는데 취업이라는 세계가 열리듯, 돈 벌고 결혼하고 애 낳고 키우면 뭔가 완성될 줄 알았는데 부모님이 아프고 내 건강에 문제가 생기고 매번 새로운 과제가 생긴다.

"언제쯤 이 굴레에서 벗어날까?", "과연 편안한 날이 오기는 할까?" 한숨만 나오는 날도 있다. 오랫동안 열심히 살았는데도 부족하다니. "영원히 못 벗어나, 인생은 원래 고통이야"라고 답하는 건 너무 냉소적인 것 같고 "열심히 하다 보면 세상이 변해. 좋은 날 올 거야"라고 말하면 너무 순수해 보인다.

매번 새로운 목표가 생기는 건 어찌 보면 자연의 이치다. 인생에도 계절이 있고, 계절마다 할 일이 있고, 우리는 대자연의 섭리 한가운데에 있다. 봄에는 씨 뿌려야 하고, 여름에는 잡초 뽑아야 하고, 가을에는 추수해야 하고, 겨울에는 내년 계획을 세우고 거름을 준비해야 한다. 왜 또 봄이 왔냐고, 올해는 왜 이리 수확이 적냐고 투덜대고 있다 보면 다음 해 농사까지 망친다. 약한 부분을 보완하고, 다음에는 잘할 수 있는 기회로 생각하자. 우리도 누군가에게는 과업이 아니었겠나.

신은 우리에게 매번 선물을 보낸다. 달콤한 과자만 보내는 게 아니다. 운동 기구도 보내고, 풀어야 할 문제도 보내고, 돌봐야 할 강아지와 금붕어를 보낼 때도 있다. 나쁘게 보면 한없이 나쁘지만 선물이니 감사하게 받자. '하다 보면 익숙해지겠지', '뭔가 좋은 일도 있겠지' 하면서 말이다. 과업도 자연에 존재하는 것이라 언젠간 변한다. 한 문제 한 문제 풀다 보면 어느새 성장해 있을 것이다. 새로운 문제를 만난다는 건, 그만큼 우리의 인생이 전진하고 있다는 증거다.

좋은 뜻을 품고, 열심히 살자 ─────────

요즘도 악몽을 꿀 때가 있다. 실수하는 꿈, 쫓기는 꿈, 소중한 사람을 떠나보내는 꿈. 어릴 때는 그런 꿈을 꾸고 나면 한참을 울었다. 걱정하고 불안했고 그런 자신을 약하다고 생각했다. 지금은 그러지 않는다. "어휴, 깜짝 놀랐네" 하며 다시 잠을 청한다. 아침을 먹으며 꿈 얘기를 할 때도 있고, 꿈 내용을 찾아보기도 한다. 꿈속에서 꿈을 알아차릴 때도 있다. "전문의 시험이 끝났는데, 또 시험이 남았다고? 이거 꿈인 것 같은데?" 하면서 덤덤하게 깰 때도 있다.

아주 많이 변한 건 아니지만, 그런 식으로 변했다. 학생 때는 오답 노트를 만들면서 성적이 좀 올랐고 운동을 하면서 조금 활력이 생겼다. 젓가락을 입에 물고 발음 연습을 하면서 말을 더 똑똑하게 했고, 웃는 연습과 말을 천천히 하는 습관을 들이면서 조금

씩 친절하다는 얘기도 듣고 있다. 가끔은 감사 일기를 적고, 지하철역에서 길을 헤매는 사람을 도와주기도 한다.

인생은 그렇게 변한다. 파도에 모래가 쓸려 나가듯 들어왔다 나갔다를 반복하며 조금씩 달라진다. 체험하고, 느끼고, 고민하고, 또 체험하고. 다음에는 어떻게 달라질지 고민하기도 하고, 아무 생각 없이 지내기도 하면서 조금씩 변한다.

어느 날 고개를 돌려보면 많은 게 달라져 있다. 매일매일 똑같은 것 같지만 어디선가 경험이 쌓이고 퇴보하는 듯하지만 성장하고 있다. 지금 제대로 가고 있는 건지, 이대로 가면 정말 성공할지 아무도 모르지만 제대로 가고 있길 바라면서 오늘도 반복하는 방법밖에 없다.

너무 겁내지도 말고, 너무 자만하지도 말자. 최대한 긍정적으로 생각하면서 앞으로 가자. 확신이 들면 어찌할 것이며 그렇지 않으면 또 어찌할 것인가. 좋은 뜻을 품고 열심히 하자. 세상과 자신을 사랑하면서 웃으면서 가자. 그것 외에 다른 방법이 있다면 그렇게 하겠지만, 대안이 떠오르기 전까지는 그렇게 살자. 이 책을 여기까지 읽어낸 당신이라면 해내지 못할 게 없다는 생각이 든다.

이 책을 읽어보겠다는 목표는 어떻게 되었나. 읽으며 성장과 변화가 일어났을까? 이 책도 선물이 되었을까? 내가 도움이 되었길 바라고, 그렇지 않았다면 너무나 미안하고, 다음에 당신이 읽을 책은 많은 깨달음과 감동을 주기를 바라본다. 수고 많았다. 이 책이 당신에게 선물이 아니었을지라도, 내게 당신은 선물이었다.

이렇게 착하고 끈질긴 독자가 어디에 있겠나. 진심으로 감사를 드리며 내 인생 세 번째 책을 마친다. 여러분들은 계속해서 새로운 책을 읽으며 마음을 회복하고 성장과 성공으로 나아가길 응원한다. 파이팅! 킵고잉!

KI신서 11601

마음 지구력

1판 1쇄 발행 2024년 1월 10일
1판 9쇄 발행 2025년 1월 8일

지은이 윤홍균
펴낸이 김영곤
펴낸곳 (주)북이십일 21세기북스

인생명강팀장 윤서진 **인생명강팀** 박강민 유현기 황보주향 심세미 이수진
디자인 강경신 **일러스트** 유재이
출판마케팅팀 한충희 남정한 나은경 최명열 한경화
영업팀 변유경 김영남 전연우 강경남 최유성 권채영 김도연 황성진
제작팀 이영민 권경민

출판등록 2000년 5월 6일 제1406-2003-061호
주소 (10881) 경기도 파주시 회동길 201(문발동)
대표전화 031-955-2100 **팩스** 031-955-2151
이메일 book21@book21.co.kr

ⓒ 윤홍균, 2024
ISBN 979-11-7117-287-0 03190

(주)북이십일 경계를 허무는 콘텐츠 리더

21세기북스 채널에서 도서 정보와 다양한 영상자료, 이벤트를 만나세요!
페이스북 facebook.com/jiinpill21   **포스트** post.naver.com/21c_editors
인스타그램 instagram.com/jiinpill21   **홈페이지** www.book21.com
유튜브 youtube.com/book21pub

서울대 **가**지 않아도 들을 수 있는 **명강**의! 〈서가명강〉
'서가명강'에서는 〈서가명강〉과 〈인생명강〉을 함께 만날 수 있습니다.
유튜브, 네이버, 팟캐스트에서 '서가명강'을 검색해보세요!